2021 年度湖北省社科基金一般项目（后期资助项目）项

WTO 法框架下数字产品跨境交易规则研究

叶进芬　著

中国原子能出版社

图书在版编目（CIP）数据

WTO 法框架下数字产品跨境交易规则研究 / 叶进芬著．
-- 北京：中国原子能出版社，2022.8
ISBN 978-7-5221-2054-6

Ⅰ．① W… Ⅱ．①叶… Ⅲ．①数字技术 – 电子产品 –
国际贸易 – 贸易法 – 研究 Ⅳ．① D996.1

中国版本图书馆 CIP 数据核字 (2022) 第 145038 号

内容简介

本书属于电子商务法、国际经济法方面的著作。全书从数字产品跨境交易的概念出发，分析数字产品跨境交易常见的分类；通过梳理 WTO 现有与数字产品跨境交易有关的规则，找出 WTO 法框架下相关规则存在的主要问题；后文针对存在于 WTO 内部的三个规则问题和 WTO 外部的一个规则问题分别展开论述，在分析问题的基础上对 WTO 数字产品跨境交易规则体系构建提出若干建议；最后根据中国数字产品跨境交易立法的现有措施，分析中国现存的问题，并对中国数字产品跨境交易立法提出前瞻性的建议。

WTO 法框架下数字产品跨境交易规则研究

出版发行	中国原子能出版社（北京市海淀区阜成路 43 号　100048）
责任编辑	王　蕾
装帧设计	河北优盛文化传播有限公司
责任校对	冯莲凤
责任印制	赵　明
印　　刷	北京天恒嘉业印刷有限公司
开　　本	710 mm×1000 mm　1/16
印　　张	12.75
字　　数	243 千字
版　　次	2022 年 8 月第 1 版　　2022 年 8 月第 1 次印刷
书　　号	ISBN 978-7-5221-2054-6　定　价　78.00 元

前　言
Preface

随着互联网和数字信息技术的不断发展，数字服务平台在全球范围内得以建立。在国际贸易领域，数字产品跨境交易发展迅猛。数字产品跨境交易具有无国界性和不受时间限制等特征，还具有交易空间更广、交易时间更快等优越性，但其交易规则与传统国际贸易又存在诸多不同。当前，数字产品跨境交易相关规则的制定还处于起步阶段。数字产品跨境交易迅速发展和与之配套的交易规则相对滞后之间的矛盾，导致数字产品跨境交易对传统国际贸易体制、规范等方面产生了较大的冲击，世界各国如何尽快制定能够与数字产品跨境交易相匹配的交易规则，已成为当今国际贸易领域重要的问题。

在世界贸易组织制定的相关规则中，虽已有部分涉及上述问题，但由于其主要成员间在部分关键问题上的分歧太大，因此历经 20 余年的谈判，世界贸易组织仍未形成统一、完整以及各成员方普遍接受的数字产品跨境交易规则。

本书从数字产品跨境交易的概念出发，分析数字产品跨境交易常见的分类；通过梳理 WTO 现有的与数字产品跨境交易相关的规则，找出 WTO 法框架下相关规则存在的主要问题；针对存在于 WTO 内部的三个规则问题和 WTO 外部的一个规则问题分别展开论述，在分析问题的基础上对 WTO 数字产品跨境交易规则体系构建提出若干建议；最后，分析中国数字产品跨境交易立法的现有措施及存在的问题，并对中国数字产品跨境交易立法提出前瞻性的建议。全书共六章，分为四个部分：概念、规则、问题概况以及完善我国相关规则的建议。

本书是在笔者博士毕业论文的基础上，结合国内外最新的立法动态修改后完成的。本书的研究工作得到了湖北省社科基金的大力资助，笔者所在的单位——武汉东湖学院也给予了莫大的帮助。感谢王雅鹏、胡柳波的帮助和支持，感谢出版社同仁为本书的出版付出的辛勤劳动。书中有部分内容参考了有关单位和个人的研究成果，均已在参考文献中列出，在此一并致谢。

　　由于相关国家数字贸易政策频出，国际、国内规则的变化太快，书中的论据部分如果想要时刻与之保持一致，笔者还需要对书中涉及的论据进行追踪研究。加之笔者水平有限，虽几经改稿，书中难免存在不足，欢迎广大读者予以批评指正。

目　录
Contents

绪　论

一、问题的提出和研究的意义

随着现代信息技术向传统领域的不断渗透，全球产业结构、商业模式、生产组织方式以及交易内容等都发生了深刻变化。其中，贸易作为国际资源配置的核心环节，也在经历数字化带来的深刻变革。数字化、网络化、智能化的信息技术手段使国际贸易突破了原有的交易模式，交易过程更为便捷、结果更为高效。信息技术已经渗透了国际贸易的各个领域，电子商务平台已成为国际贸易的重要枢纽。此外，互联网使各种数据和以数据形式存在的货物与服务的可贸易程度大幅提升，是当前非常重要的贸易对象。数字产品跨境交易是跨境电子商务的一部分，在国际贸易中所占比重逐年攀升，它的出现极大地促进了当今国际贸易的发展。

近年来，国际贸易实务中数字产品跨境交易增长迅猛，中国信息通信研究院最新报告显示：2008—2018 年，全球数字交付贸易出口规模从 18 379.9 亿美元增长到 29 314.0 亿美元，增长接近 60%，年平均增长率约为 5.83%（同期服务贸易出口增速为 3.80%，货物贸易出口增速为 1.87%），在服务贸易出口中的占比从 45.66% 增长到 50.15%。2018 年，发达经济体在数字服务贸易、服务贸易、货物贸易的国际市场占有率分别达到 76.1%、67.9% 和 52%。其中，2018 年美国和欧盟的数字服务①出口规模分别达到 4 667.2 亿美元和 14 490.6 亿美元，在世界数字服务出口中的合计占比超过 65%。发展中国家中，中国和印度数字服务出口规模分别为 1 314.5 亿美元和 1 326.0 亿美元，在世界中的

---

① 此报告中统计的对象数字服务被界定为，可通过互联网进行远程交付的产品和服务，不仅包括信息技术通信服务产业、数字媒体产业等全部通过数字化手段进行交付的服务，还包括养老、金融、知识产权等可数字化交付程度较高的服务，与本文的研究对象数字产品的范围较为接近，故引用此报告中的数据。

占比分别达到 4.45% 和 4.52%。① 可见，全球范围内数字产品跨境交易的增长速度已超出传统贸易类别，发达国家与发展中国家之间的不均衡性表现明显。

相对于传统国际贸易，数字产品跨境交易作为一种新兴的贸易方式，就其较快的发展速度而言，其交易规则却尚不完善。目前，究竟该如何完善这些规则，国与国之间存在较大争议。一般情况下，在数字产品跨境交易中，就交易主体而言，数字服务提供商身处其他国家，在进口国缺乏实体存在，直接监管的难度较大；就交易对象而言，贸易过程自线下转移到线上后，检查产品的难度加大了；此外，不同国家的治理价值标准不同，同样的交易，会因为评价标准的不同，而出现是否合法合规等不一样的评价结果。可以说，数字产品跨境交易的发展，是机遇与挑战并存的。因此，尽快制定与完善数字产品跨境交易规则的工作就显得日益迫切，该问题也已成为新一轮国际规则竞争的焦点。

上述问题已经引起世界贸易组织（World Trade Organization，以下简称WTO）的足够重视，WTO 探讨制定数字产品跨境交易相关规则的相关工作主要体现在电子商务议题中。WTO 在 1998 年的部长会议上通过了《全球电子商务全球宣言》，并成立了专门的电子商务工作小组来处理电子商务相关事务。② 但过去 20 多年，历经多次部长级会议，各成员方（国家、组织和地区）立场不同使下列问题长期无法得到解决：数字产品属于货物还是服务，应选择WTO 框架下的哪项规则；WTO 现有规则对数字产品跨境交易中数据跨境流动监管的不适应问题；个人信息保护规则严重缺失，有损现有 WTO 自由贸易体系等问题。在 WTO 框架内要想确立具有适用性的统一多边数字贸易规则，必须对上述 WTO 框架内数字产品跨境交易规则相关的问题进行专门研究，分析现有规则的局限性并提出解决方案。

鉴于在 WTO 框架下未形成全球数字贸易框架，不少国家和地区为了适应国际贸易全球化、信息化、新兴化的发展需要先行一步，采取各项措施推动数字产品跨境交易规则的制定。美国、欧盟等主体依托其在全球数字产品跨境交易市场的优势，在各自签订的自由贸易协定（Free Trade Agreements，以下简称FTAs）中推行数字规则模板。FTAs 之外的其他区域贸易协定（Regional Trade Agreements，以下简称RTAs），如《全面与进步跨太平洋伙伴关系协定》

---

① 中国信息通信研究院. 数字贸易发展与影响白皮书（2019）[EB/OL]. (2019-12-26)[2022-03-16]. http://www.caict.ac.cn/kxyj/qwfb/bps/201912/P020191226585408287738.pdf.

② WTO.Declaration on global electronic commerce[EB/OL]. (1998-05-20)[2022-03-16].https://www.wto.org/english/thewto_e/minist_e/min98_e/ecom_e.htm.

（Comprehensive and Progressive Agreement for Trans-Pacific Partnership， 以下简称 CPTPP①）已经生效，2020 年 10 月正式签署的《区域全面经济伙伴关系协定》（Regional Comprehensive Economic Partnership，以下简称 RCEP②）将于 2022 年 1 月 1 日生效。正在谈判的《跨大西洋贸易与投资伙伴协议》（Transatlantic Trade and Investment Partnership，以下简称 TTIP）和《国际服务贸易协定》（Trade in Service Agreement，以下简称 TISA）中也已体现了数字时代国际贸易中的重大变化。从上述协定的谈判过程来看，美国在其中的作用和影响不容小觑。除此之外，经济合作与发展组织（Organization for Economic Co-operation and Development，简称 OECD）与亚洲太平洋经济合作组织（Asia-Pacific Economic Cooperation，简称 APEC）在数字产品跨境交易中的个人信息保护与数据跨境方面也有不少先进经验业已得到国际社会的认可。

总体来看，全球范围内数字产品跨境交易规则的立法呈离散状态，美国和欧盟等发达经济体在国际贸易新规则制定中掌握了相当大的话语权与领导力量，给中国等发展中经济体带来了极大的压力③，对 WTO 现有多边贸易体系也构成冲击。因而，研究 WTO 之外 RTAs 的数字产品跨境交易规则与 WTO 相关规则之间的外部协调问题，对维系 WTO 多边贸易体系在全球贸易治理体制中的核心地位，促进其未来发展非常必要。

应该指出的是，在全球数字产品跨境交易规则重构的过程中，已经出现了因为结构性的变化，导致发达国家与发展中国家之间利益分化矛盾日益加剧的现象。一方面，发达国家要求发展中国家在享受经济全球化利益的同时承担更多的国际责任，进一步开放其国内市场，并希望不断制定新规则以规范甚至

---

① CPTPP 是由《跨太平洋伙伴关系协定》(Trans-Pacific Partnership Agreement，简称 TPP) 演变而来的。以美国为首的 12 个国家于 2015 年 10 月达成了 TPP 协定，TPP 协定需要至少占到 TPP 成员经济总量 85% 的六个成员国通过批准才能生效 (参考 2013 年的国民生产总值)。12 个成员中，美国当时占总量的 60.4%，日本占 17.6%。因而，美、日能否批准 TPP 非常关键。实际上，美国国内对 TPP 协定的部分内容分歧非常大，TPP 协定在美国国内立法中一直无法获批，特朗普就职当天就宣布退出 TPP，致使 TPP 被废。此后，在日本的力推下，TPP 剩下的 11 国继续推进谈判，于 2018 年 3 月签订 CPTPP，2018 年 12 月 30 日正式生效。CPTPP 中的数字产品跨境交易规则基本上是对 TPP 相关内容的复刻。

② RCEP 是由东盟十国发起，邀请中国、日本、韩国、澳大利亚、新西兰、印度共同参加，历经 8 年的谈判，最终东盟十国、中国、日本、韩国、澳大利亚、新西兰于 2020 年 11 月 15 日正式签署该协议。

③ 谭观福 . 多边贸易体制下互联网的规制 [J]. 现代管理科学 , 2019 (2): 21-23.

限制新兴经济体的发展壮大，从而维护和强化自身的竞争优势。另一方面，发展中国家则希望在新一轮国际经贸规则重构的过程中，走出被动接受规则的局面，实现更大的话语权。这样的矛盾虽非势不两立，但想要任何一方让步都非易事。谈判中讨价还价，磋商时寸土必争，直接导致了WTO多边贸易体制寸步难移，区域一体化发展却突飞猛进两种截然相反的局面。这样的局面对发展中经济体而言，挑战和机遇并存，消极等待的结果必将是被边缘化。数字产品跨境交易在中国蓬勃发展，为中国提高参与全球经济治理能力提供了重要契机。[①] 中国应主动、积极参与WTO框架下数字产品跨境交易规则制定的相关行动，掌握数字产品跨境交易国际规则制定的话语权。

令人欣喜的是，目前全球范围内数字产品跨境交易规则的立法行动有了新进展。WTO启动的新一轮电子商务议题谈判，已经取得了WTO大多数成员方的共识[②]，数字产品跨境交易的相关问题极有可能在本次多边谈判中得到解决。为了使谈判达成积极结果，许多成员方也在认真应对。可以预料，谈判过程也会一如既往地艰难。因而，在这样的背景下，应认真研究、梳理当前数字产品跨境交易中出现的认识分歧，从国内外学者对数字产品跨境交易的各种观点中筛选出共同点；在动态环境下，就如何完善WTO现有数字产品跨境交易规则进行研究。对建立与现阶段发展相适应的数字产品跨境交易相关框架协议，促进数字产品跨境交易快速稳健发展，具有重要的理论和现实意义。

二、国内外相关研究成果综述

（一）国内主要研究成果综述

目前，国内数字产品跨境交易相关的理论研究成果相对而言较为分散，学者关注的对象从早期数字产品及相关概念的定性、数字产品跨境交易在WTO框架下应适用哪些具体规则，逐渐转向关注数字产品跨境交易相关的国际和国内立法。

1. 数字产品跨境交易的性质界定问题研究现状

陈建国在《难以归类——WTO电子商务贸易政策探析》一文及其专著

---

① 徐金海，周蓉蓉.数字贸易规则制定：发展趋势、国际经验与政策建议 [J]. 国际贸易，2019 (6): 61-68.

② 中华人民共和国商务部. 75 个世贸成员决定启动世贸组织电子商务规则谈判 [BE/OL]. (2019-01-31)[2022-03-16]. http://www.mofcom.gov.cn/article/i/jyjl/m/201901/20190102831986. shtml.

《WTO 的新议题与多边贸易体制》中已提到电子商务方面的贸易政策需要在 WTO 框架下妥善解决，建议采用全面性定义来自动解决分类难的问题。宋波、夏廷在《WTO 规则下的数字化产品定性之争》中关注 WTO 框架下数字化产品的定性问题，他们从货物和服务性质的理论基础、WTO 基本贸易规则与技术中立原则之间的关系以及实践中的具体操作三个方面分析了定性问题的法律基础，归纳了解决定性问题应考虑的因素。郭鹏在《信息混合产品交易的法律性质确定》一文中指出，中国目前并没有对信息产品或信息混合产品进行专门立法，在司法实践中，可以借鉴美国法院标准来确认交易的法律性质和适用条款。陈儒丹在《WTO 框架下数字产品在线跨境交易的法律性质》一文中提出，数字产品的归类涉及数字产品的交易在 WTO 法律规则中应该如何适用的问题，适用规则选择不同，交易的自由化程度也会不一样。笔者认为，在 WTO 现有法律框架内并不能够解决，也无须解决数字产品的归类问题，首先要解决的是交易的法律性质问题，之后再解决归类问题。齐爱民在《数字文化商品确权与交易规则的构建》一文中专门针对数字产品中的数字文化商品进行探讨，他提出数字文化商品既不是知识产权的客体，也不属于物权的客体，它属于一种新型的财产形态，提出应该以信息权为其权利基础来构建其交易的规则，并确立买卖双方的权利义务分配。

2. WTO 法框架下数字产品跨境交易适用规则问题研究现状

吕国民在《WTO 对数字化产品贸易的规制问题探析》一文中提出，数字化产品的相关贸易应适用于 WTO 框架下的《服务贸易总协定》（General Agreement on Trade in Services，以下简称 GATS），但在具体待遇上，可以参照《1994 年关税与贸易总协定》（General Agreement on Tariffs and Trade 1994，以下简称 GATT1994）的相关规则，即成员方可以在协商一致后，同意将数字化产品视为服务，可以在享受 GATT1994 所列待遇的同时，免于做出 GATS 协议要求的承诺。莫万友在《GATS 对电子服务的规制问题及其解决方法》一文中主张电子服务相关问题的谈判应在 GATS 现有框架的基础上，应对 GATS 现有规则进行必要的修订，并建议在 GATS 中增加新文本来专门解决电子服务中存在的特有问题，对其现有 WTO 文本要进行水平改革（horizontal reforms），以利于 WTO 框架下的 GATS 协定、GATT 协定和 TRIPs 协定（Agreement on Trade-Related Aspects of Intellectual Property Rights，以下简称 TRIPs）更好地发挥作用，共同规范网络环境下的新型贸易内容。郭玉军、张函在《WTO 体制下数字产品的法律规制》一文中提出，WTO 成员方可以考虑在贸易伙伴间达成这样的共识：无论数字产品采用何种方式交付，都不应被区别对待。郭鹏在《信息产品数字化交易的法律规制：美国的双重标准》一文中指出，对待数字化信息产品，美国对国内、国外的态度有别，在国内，被排除在货物概念之外；在国外，美国主张将数字化信息产品视为货物，以保护美国自身利益，维护其经济地位。

此外，国内还有不少学者通过 WTO 争端解决机构的具体案例来分析数字产品的法律适用问题。例如，一个典型案例是韩龙在《GATS 第一案——"美国赌博案评析"》中建议具体承诺表应多考虑措施的影响和后果，以免相关措施被 WTO 裁定为违反我国在 WTO 已做出的承诺。之后，刘晴[①]、胡建国[②]、宋相林[③]等人分别从市场准入、公共道德例外的适用以及 GATS 义务与国内规则平衡等角度对美国赌博案进行了探讨。另一个典型案例是中美出版物和视听产品案，刘瑛在《论 GATT 公共道德例外的适用——美诉"中国影响出版和视听产品贸易案"评介及启示》一文中从 GATS 中公共道德例外条款的适用角度对此案进行了分析，这对我国数字文化产品的未来走向有一定的指引作用。

3. 数字产品跨境交易相关国际规则的研究现状

美国和欧盟在数字产品跨境交易中一直处于发展前沿，在相关规则的制定方面也处于主导地位。因而，国内很多学者对美国和欧盟的数字产品跨境交易的规则进行研究，并总结两者的特点，得出"美式模板"和"欧式模板"两种规则。

李杨等在《数字贸易规则"美式模板"对中国的挑战及应对》一文中对数字贸易规则"美式模板"进行了深入研究，认为美国在自由贸易协定中，将跨境服务贸易专章引入机制创新元素，可推动数字服务贸易的自由化发展。何其生在《美国自由贸易协定中数字产品贸易的规制研究》一文中，介绍了美国通过自由贸易协定的方式单独设立电子商务专章，为了拓展本国数字产品贸易的发展空间，美国将国内政策在国际上推广，对关于双边和区域性贸易协定的立法活动也非常积极。周念利、陈寰琦在《基于＜美墨加协定＞分析数字贸易规则"美式模板"的深化及扩展》和《从 USMCA 看美国数字贸易规则核心诉求及与中国的分歧》两篇文章中专门研究了《美国—墨西哥—加拿大协定》中美国模板的核心内容。郭鹏在《数字化交付的内容产品的国

① 刘晴 . 论在 GATS 下对以电子手段跨境提供服务的适当监管——对"美国赌博案"的再思考 [J]. 甘肃社会科学 , 2006 (5): 194-197.

② 胡建国 . 安提瓜诉美国赌博案评析 [J]. 武大国际法评论 , 2007, 7(2): 243-272.

③ 宋相林 . GATS 第 6 条与第 16 条关系探析——对"美国赌博案"重新审视 [J]. 法制与社会 , 2008 (28): 94-95.

际贸易竞争性自由化策略——基于美国的视角》一文中对美国数字化贸易议程在 WTO 中遭到的阻力与其在特惠自由贸易协议中的成功进行对比后，认为美国的自由贸易协议还会继续影响其他国家。周念利、陈寰琦在《数字贸易规则"欧式模板"的典型特征及发展趋向》一文中总结出"欧式模板"的四个主要特征①，并对欧盟所签订的自由贸易协定中的跨境数据自由流动、知识产权保护和视听例外三大争议点进行深入研究。周念利和李玉昊在《全球数字贸易治理体系构建过程中的美欧分歧》一文中较为全面地分析了美国和欧盟的数字贸易规则的区别及分歧存在的根本原因。关于其他大型区域自由贸易协定的相关研究也有很多，如李墨丝在《超大型自由贸易协定中数字贸易规则及谈判的新趋势》一文中详细介绍了《跨太平洋伙伴关系协定》（Trans-Pacific Partnership Agreement，以下简称 TPP）、TTIP 和 TISA 三个超大型自由贸易协定的数字贸易谈判的主要内容和分歧，认为美欧之间在隐私保护、知识产权、公共服务等问题上因为存在的分歧较大，想要形成更高水平的数字贸易规则的难度也很大。

在全球视阈下，沈玉良和金晓梅在《数字产品、全球价值链与国际贸易规则》一文中认为数字产品颠覆性地影响着全球价值链，数字产品直接导致国际利益需要重新进行分配，因此在制定数字产品规则时需要考虑到这些因素。沈玉良等人在《数字贸易发展趋势与中国的策略选择》和《塑造面向数字贸易的国际经贸新规则》两篇文章中也强调了全球价值链，认为中国应高度重视数字贸易的发展，扩大开放政策、建立国内数据保护制度、制定跨境数据传输规则、促进贸易便利化。周念利等人在《多边数字贸易规制的发展趋向探究——基于 WTO 主要成员的最新提案》中分析了 WTO 主要成员的电子商务提案中的核心诉求，认为 WTO 近期应重点关注《信息技术协议》（Information Technology Agreement，以下简称 ITA）扩围、数据流动协调、GATS 适用范围细化等问题，并对 WTO 在多边数字贸易规则构建上可能会取得的突破进行了合理的预测。陈维涛和朱柿颖在《数字贸易理论与规则研究进展》中对数字贸易相关理论研究进行了较为系统的综述。

总结国内学者的研究观点可以发现，大多数学者意识到对数字产品的性质界定不同，会直接影响其能享受的待遇，主张数字产品与其他电子商务的客体

---

① "欧式模板"的四个主要特征：文本缺乏一个成熟完整且独立的体系；欧盟坚持"视听例外"和"隐私保护"两个基本原则；欧盟会根据缔约对象的数字贸易发展情况分别列出谈判条件；对知识产权保护和信息交流技术合作方面的高度重视。

一样都应属于服务，接受服务贸易规则调整的观点占主流。相关学者近期研究的主要方向是"数字贸易"理论下的相关问题，相比数字产品跨境交易，数字贸易的概念要更大、内涵更广，表明学者更希望从宏观上对此予以考量。现有研究对数字产品跨境规则完善具有较大的参考价值，但还存在一些不足，主要表现在对数字产品跨境交易的概念方面，学者缺乏统一权威的界定。数字化产品、数字信息产品、电子商务等各种提法均存在，学者的界定没有通过权威途径予以强化，导致目前概念上的不统一。对数字产品跨境交易定性问题的研究方面，国内学者的研究方法相对单一，在最近几年研究成果较少。在自由贸易协定中数字贸易规则的研究方面，相关学者主要聚焦于对"美式模板"和"欧式模板"内容的分析，比较研究也是集中于美国、欧盟之间的共性与区别，对中式模板与美、欧模板之间分别有怎样的区别，以及中式模板应如何打造缺乏系统深入的研究。此外，虽有学者提出了中国应积极参与国际数字产品跨境交易规则的制定，但由于提出的对策缺乏与全球规则的对比研究，因而在构建中国数字产品跨境交易规则体系主要思路与政策建议方面存在一定的局限性。

（二）国外相关研究成果综述

1. 数字产品跨境交易基本原理的研究现状

国外学者对数字产品跨境交易规则的早期研究集中在对数字产品定义和内涵方面，Hui 和 Chau 在 "Classifying Digital Products" 一文中将数字产品界定为可以被数字化的产品或服务，根据功能的不同可以分为功能型、内容型和服务型三类产品，每类产品的交付方式、可测试性和粒度会存在一定的差别。这一概念侧重于从产品的属性而非国际贸易角度来考虑数字产品跨境的问题。Daniel 在 "Analysis of Data Localization Measures Under WTO Services Trade Rules and Commitments" 一文中将数字产品描述为通过电缆、卫星和云技术连接世界各地的服务供应商和客户的跨境服务供应驱动。这一定义明显扩大了数字产品的范围，探讨范围不再仅限于跨境服务贸易领域，作者认为 WTO 框架下是否可以进行数字贸易和数字贸易壁垒程度如何，需要分析各成员方在 GATS 之下的承诺减让表中的承诺水平。[①]

有学者认为对数字产品内涵的早期研究不够全面，又对数字产品的内涵做了进一步分析。Gao 在 "The Regulation of Digital Trade in the TPP：Trade

---

① CROSBY D. Analysis of data localization measures under WTO services trade rules and commitments[Z/OL]. 2016-12-24 [2022-03-16]. http://e15initiative.org/publications/analysis-of-data-localization -measures-under-wto- services-trade-rules-and-commitments/.

Rules for the Digital Age"一文中从广义和狭义两个方面对数字产品的概念进行了界定。Neeraj 等在 "Trade Rules for the Digital Economy：Charting New Waters at the WTO"一文中将数字产品分为在网络上订购的有形商品，数字化的音乐、软件和书籍等的媒体，3D 产品以及其他智能商品以体现商业贸易覆盖的全部产品和交易平台。Gao 也将数字贸易等同于电子商务或者是跨境电子商务。①

在数字产品跨境交易性质问题的研究方面，Wunsch-Vincent 在 *The WTO, the Internet and Trade in Digital Products：EC-US Perspectives* 一书中从美国和欧盟两个角度，较为详尽地介绍了 WTO 谈判过程中数字产品分类问题产生的历史背景和发展现状，并分析了分歧存在的根本原因是否是各方的内部利益之争。Smith 等人在 "A Distinction Without a Difference：Exploring the Boundary Between Goods and Services in the World Trade organization and the European Union"一文中以 WTO 和欧盟对货物和服务的分类争议为研究对象，通过比较分析，得出经济上或法律上有关货物或服务的争议存在的原因主要是利益之争。Smith 又在 *Regulating E-Commerce in the WTO：Exploring the Classification Issue* 一书中对电子交易归类的重要性进行了充分论证，认为 WTO 框架下的在线交易到底应该适用 GATT 还是适用 GATS，并不能简单地做出定论，就该问题的探讨应在达成普遍共识之前，持续进行下去。Fleuter 在 "The Role of Digital Products under the WTO：A New Framework for GATT and GATS Classification"一文中对 WTO 现有框架下数字产品的分类标准进行了分析，认为语义分析法和功能分析法均存在很大的缺陷，应从 WTO 的基本原则和目标来分析应该如何进行分类。

2. 数字产品跨境交易境外法规研究现状

在 WTO 现有框架下的研究方面，Burri 在 *The Global Digital Divide as Impeded Access to Content* 一书中提出 WTO 中的数字贸易规则是不完整且过时的，WTO 成员因受多哈回合谈判的掣肘，应对数字产品贸易所带来的机遇和挑战的能力有限。Gao 在 *The Regulation of Digital Trade in the TPP：Trade Rules for the Digital Age* 一书中探讨了 GATT 中例外的规则问题，Meltzer 还认为 WTO 在 GATT 协定和 GATS 协定中虽然都规定了国民待遇和最惠国待遇原则，均不允许实施歧视性措施，但由于数字产品贸易规则下的市场准入更

---

① GAO H. Digital or trade? the contrasting approaches of China and US to digital trade[J]. Journal of international economic law, 2018,21(2) :297 - 321.

高，两者也会因此产生很大的差异。Meltzer 又在 "Governing Digital Trade" 一文中进一步强调了在制定数字规则方面，GATS 协定的优势更大，当数字贸易中货物贸易可以转化为服务时，GATS 协定可以代替 GATT 协定。

美国数字产品贸易起步较早，相关学者早期主要梳理美国的数字产品规则，针对美国不断提出的数字贸易政策目标进行评析。例如，Vincent 在 "The Digital Trade Agenda of the U.S.: Parallel Tracks of Bilateral, Regional and Multilateral Liberalization" 一文中详细研究了美国数字贸易政策目标，将美国的数字贸易领域细分为四个领域后，对四个领域的政策目标均进行了分析。Mikic 在 "Multilateral Rules for Regional Trade Agreements: Past, Present and Future" 一文中指出美国早期构建的数字贸易规则主要集中在电子传输免关税、贸易无纸化、透明度和数字产品非歧视性待遇等方面。

国外学者对欧盟数字产品贸易规则的研究也不在少数。Vincent 等人在 "Towards Coherent Rules for Digital Trade: Building on Efforts in Multilateral Versus Preferential Trade Negotiations" 一文中主要研究了欧盟签订的自由贸易协定，认为欧盟非常重视数字贸易规则的制定，从数字贸易中的三个不同方面对欧盟现有数字产品贸易政策的特点进行了总结。Ahearn 在 "Europes Preferential Trade Agreements: Status, Content, and Implications" 一文中从知识产权的角度对数字贸易规则 "欧式模板" 中网络知识产权保护的早期协定做了系统的梳理。Hahn 和 Sauve 则深入研究了欧盟在视听部门开放中的立场。

在关于区域贸易协定的研究中，Mark Wu 在 *Digital Trade-Related Provisions in Regional Trade Agreements: Existing Models and Lessons for the Multilateral Trade System* 一书中总结了区域贸易协定中与电子商务相关的条款，目前 164 个 WTO 成员中，大约有一半已经至少签订了一个包含电子商务条款的区域贸易协定，主要体现在对数字产品的非歧视原则、市场准入限制、关税、电子认证与签名、无纸化贸易和消费者保护等相关条款。

3.WTO 数字产品跨境交易案例研究现状

Wunsch-Vincent 在 "The Internet, Cross-Border Trade in services, and the GATS: Lessons from US-Gambling" 一文中，对 WTO 做出的美国赌博案裁决极为肯定，并认为该案是多哈回合贸易谈判以来最振奋人心的一案，本案极具现实指导意义。同时，Wunsch-Vincent 也清醒地认识到在 WTO 框架下，GATS 减让表的适用问题、电子商务的分类问题、电子商务 "技术中立" 原则的澄清、GATS 市场准入的范围以及 GATS 的例外都是棘手且悬而待决的问题，需要 WTO 成员在今后的谈判过程中逐一加以解决。Munin 在 "The GATS: a

Legal Perspective on Crossroads of Conflicting Interests" 一文中专门对 WTO
争端解决机构对 2007 年美国赌博案和 2010 年中国视听产品案的裁决进行了
比较分析，并得出以下结论：GATS 是存在诸多利益冲突成员之间达成的共识，
即使 GATT 和 GATS 充分考虑到发展中国家经济地位的特殊性，这些国家也
不可能在 WTO 争端解决机构中获得完全同等的对待，国际贸易自由化的核心
价值观要远远高于一国的国内政策目标。

从国外学者的研究成果看，发达国家的数字产品跨境交易发展较领先，
对数字产品跨境交易法律制度的研究已涉及交易过程的大部分内容。国外学者
的研究数据更加丰富、新颖，研究内容比国内学者更深刻、更广泛、更前沿，
研究方法也更科学。本书对数字产品的定义正是借鉴了国外学者广为认可的观
点。但国外学者侧重于对发达国家进行研究，相关学者主张数字产品跨境交易
应该自由发展，相关数字产品跨境交易的障碍应尽量消除，这些内容对于中国
这种数字产品基础设施建设和网络安全技术并不完善的发展中国家来说，需要
有选择性地使用。此外，有些学者的研究结果有失偏颇，他们在对中国数字产
品跨境交易中的市场准入限制、数据本地化要求和限制数据跨境流通方面的规
定进行研究后，一味指责中国对数字产品跨境交易市场监管过严，缺乏对中国
实际的客观认识，有损中国在国际社会上的形象，对此需要专门澄清。

综合国内外学者的研究成果，本书在研究时不仅关注规则本身，还关注
规则产生过程中需要考虑的各种利益的冲突和协调。对 WTO 框架内和框架外
的数字产品跨境交易规则进行比较分析后，再结合中国的具体情况进行综合分
析，有利于为中国打造更合适的数字产品跨境交易规则。

三、研究框架和研究方法

（一）研究框架

全书共六章，包括概念、规则、问题概况以及我国相关规则的完善建议
四部分内容。

第一章为本书的第一部分，旨在界定数字产品跨境交易的概念及其包含
的主要内容，将全书的研究内容限制在狭义数字产品的范围内，即无形存在
并以电子方式传播和使用的产品。之后，从数字产品具体含盖的内容对数字产
品跨境交易的概念进行界定和分类。因分类标准不同，分类结果会存在较大差
异，而不同类别的规则又迥异。通过分析数字产品跨境交易对 WTO 的影响，
归纳出现有 WTO 法框架下数字产品跨境交易规则中的主要问题，并分析各问

题的重要性和相互之间的关系，为后文的具体分析奠定基础。

第二章、第三章和第四章是本书的第二部分，分析了WTO法框架下数字产品跨境交易规则存在的主要问题，其中第二章从宏观上分析了WTO法框架下数字产品跨境交易规则选择的问题。从规则选择问题产生的由来出发，根据WTO成员方关于数字产品跨境交易应选择规则的不同主张及相关理由，以及理论界解决规则选择问题的方法，笔者认为应由《服务贸易总协定》（GATS）调整数字产品跨境交易。此外，笔者通过对比GATS规定的四种国际服务贸易模式，认为在GATS之下，数字产品跨境交易应采用跨境交付模式下的相关规则。第三章和第四章则是微观层面的分析，第三章分析了数字产品跨境交易中数据跨境流动的重要性，并对其展开系统的研究。不同的发达经济体之间、发达经济体与发展中经济体之间对待数字产品跨境交易中的数据跨境流动的态度迥异，因而规则也出现许多冲突。WTO法框架下数字产品跨境交易规则中的数据流动的规则存在不适应性，通过分析冲突的具体表现后，提出如何在WTO法框架中寻求这些冲突的平衡。第四章关注微观层面上数字产品跨境交易中的个人信息保护问题，因为个人信息保护关乎数字产品跨境交易主体对交易活动的信心，WTO法框架下并未对其进行专门规定。本部分在分析数字产品跨境交易中个人信息的主要内容和保护的意义后，对WTO现有与之相关的条款进行评析，并结合WTO之外的立法实践，对构建WTO法框架下数字产品跨境交易中个人信息保护规则进行了一定的探索。

第五章是本书的第三部分，侧重于分析WTO数字产品跨境交易规则与区域贸易协定的冲突和协调的问题。本章从WTO的外部环境出发，通过对以美国和欧盟为代表的国家和地区所签订的自由贸易协定和几个极具影响力的大型自由贸易协定CPTPP、RCEP、TTIP（谈判中）和TISA（谈判中）中的数字产品跨境交易规则与WTO相关规则的比较，分析这些规则对WTO相关规则的影响，从而寻求WTO法框架下数字产品跨境交易规则与区域贸易协定中数字产品跨境交易规则的协调之路。

第六章是本书的第四部分，也是本书研究的落脚点，根据中国在WTO中有关数字产品跨境交易的承诺和我国在自由贸易协定中所达成的数字产品跨境交易条款，结合中国在国际层面上的其他立法行动，提出中国在国际层面上应如何完善数字产品跨境交易规则，然后介绍中国数字产品跨境交易立法的现有措施，分析其中存在的问题，对国内层面上完善中国数字产品跨境交易立法提出若干建议。

（二）研究方法

为充分阐述 WTO 法框架下数字产品跨境交易规则问题，本书主要采取了如下研究方法。

（1）规范分析法。本书在研究过程中，查阅了大量数字产品跨境交易的国际和国内立法，分析了这些规范性文件的构成，解读了规则的具体内容，总结出这些规范性文件起到的作用或存在的不足之处，从而为我国构建数字产品跨境交易规则体系提供规范依据。

（2）比较研究法。数字产品跨境交易尚属新兴事物，相关国际贸易规则的制定必然会存在一定的滞后性，研究 WTO 法框架下数字产品跨境交易规则问题，并不是出于批判的目的，而是为了在短时间内找到或创造与之相匹配的规则，以适应不断变化的数字产品跨境交易发展的需要，实现数字产品跨境交易自由化。因此，本书在研究 WTO 现有规则时，对 WTO 框架外已有的数字产品跨境交易规则也有一定篇幅的阐述。通过比较研究，可以明确 WTO 法框架下数字产品跨境交易规则与其他国际组织或国家相关规则之间的共性和差别，从中总结经验和教训，从而找出哪些规则更有利于实现 WTO 的目标。除了上述横向对比外，本书也有大量的纵向对比，对不同时期 WTO 法框架中数字产品跨境交易立法和区域贸易协定的立法演变过程进行对比分析，以便把握其发展的一般趋势。

（3）学科综合研究法。涉及数字产品跨境交易的法律规范均属于电子商务法调整的范围，电子商务本身属于边缘学科和交叉学科，如果囿于传统法学的研究方法，很难对数字产品跨境交易规则得出新的研究结论。WTO 的存在和发展建立在国际经济学的理论基础上，WTO 作为国家间贸易交流与合作的平台，还涉及政治经济学和国际关系学等学科的理论。采用多种学科综合研究的方法，对 WTO 法框架下数字产品跨境交易规则进行多角度、多维度的研究，可以确保更为全面地取得研究结果，从而实现法律规则与法律实践之间的统一。

（4）案例分析法。国际社会与数字产品跨境交易相关的案例虽然并不多见，但现有典型案例的影响力并未因此而被减弱。在理论分析的基础上，结合具体案例中的事实认定、抗辩理由、法律释义和裁判结果等内容，可以分析现有数字产品跨境交易的实体规则及程序规则可能存在的缺陷。

四、创新点和不足

本书紧扣当前国际社会经济发展中的新兴问题展开研究，这些问题也是WTO新一轮电子商务谈判中的重要议题，因而本书具有一定的理论价值和现实意义。本书的创新点如下。

第一，研究对象的创新。狭义数字产品跨境交易是一种新型的国际贸易方式，有着良好的发展态势，但当前学界的关注点主要是跨境电子商务和数字贸易等内容，对WTO法框架下狭义数字产品规则并没有系统的研究。本书选取狭义的数字产品作为研究对象，分析WTO法框架下数字产品跨境交易规则问题，具有一定的新颖性。

第二，研究思路的创新。在研究数字产品跨境交易问题时，本书以问题为导向，对WTO法框架下数字产品跨境交易规则问题进行了不同层次的研究。不仅涉及宏观上的问题，还涉及微观上的问题；不仅涉及内部问题，还涉及外部问题。相比其他学者的研究思路，本书力图在经过更为全面的分析后，提出解决对策。

第三，观点的创新。在数字产品跨境交易规则的产生过程中，利益相关者之间分歧重重，争议不断，在WTO多边贸易体系中表现得更为明显。笔者认为，WTO法框架下数字产品跨境交易规则中四个亟待解决的关键问题之所以存在，是因为问题背后所涉及的利益主体之间难以达成共识。因此，要解决这些问题，必须在诸多的利益冲突中寻求平衡，继而提出解决WTO法框架下数字产品跨境交易规则问题应该遵循的五项原则。而在中国数字产品跨境交易规则体系构建方面，本书提出从国际和国内两个层面进行构建，既要积极参与多边与双边、区域和诸边谈判，重视服务贸易和投资规则并密切关注新议题；又要立足本国实际，通过实施自由贸易试验区战略、扩大跨境电子商务试验区的模式、细化行政规则、自查不符措施等举措，实现国际规则与国内法治之间的良性互动。

本书还存在以下不足。

第一，数字产品是新兴事物，在立法实践中，除了部分区域贸易协定中有较为完整的规则，其他规则大部分只是规定了数字产品跨境交易的部分内容，而无论是在WTO还是在中国数字产品跨境交易中都没有专门的法律规则，基于文章篇幅的限制，本书并没有囊括规则中所有的问题。

第二，在研究的广度方面，因为近年来WTO法框架之外的国内法和区域法相关立法异常活跃，本书只选取了具有典型意义的部分国家的立法实践作为研究的样本，缺乏对大多数国家的法律规范文本进行全面的调查分析，这可能导致本书的研究缺乏必要的广度。

第三，由于国际和国内可参考的相关案例甚少，本书还需要跟踪研究。

第一章 概 述

　　纵观人类贸易活动的历史，可以发现贸易活动中必然有某种规则起着调节作用。原始的物物交换活动，其交易形式是各尽其有、各取所需，交换者之间价值判断的共同点在于价值平衡，且自觉遵守交易规则。之后，在国际贸易从近代向现代发展的过程中，相关贸易规则相继出现。虽然上述惯例、规则或公约在不同时期的形式各异，但其特征与作用基本相同，即调整的对象是明确的，规则的条文是确定的，特定的交易对象由相应的规则调整。传统国际贸易之所以能发展到今天并且仍得以快速发展，与上述规则的产生、发展以及所起的调整作用密不可分。

　　随着历史的发展，国际贸易领域出现了另外一种情况，即面对不断涌现的新兴的贸易形式，相应规则的制定却相对落后。例如，对现代国际贸易中出现的服务贸易概念，至今都没有统一的说辞。即使在 WTO 框架下的 GATS 协定中，也只是以四种服务贸易的模式来列举其调整的对象。与服务贸易相比，数字产品跨境交易涉及的行业更多。究竟该如何定义数字产品跨境交易的相关内容，不同法系的国家，不同观点的学者众说纷纭，莫衷一是。但是，既然是国际贸易的新兴交易形式，由相应统一的贸易规则调整，应该较少出现有争议的问题。因此，对数字产品跨境交易规则要展开深入的研究及探讨，就必须对前面提到的各种学说、做法、论述进行梳理。虽然这是一项复杂而困难的事情，但却是尤为必要。

第一节　数字产品跨境交易概述

一、数字产品概述

数字产品跨境交易是现代国际贸易中的一种新兴形式。本书将从数字产品的概念、分类等问题入手，由浅入深、由点到面予以阐述，进而对数字产品跨境交易相关问题予以探析。

（一）数字产品的概念

从国内外学者对数字产品[①]基本理论的研究可知，目前学界对数字产品并无统一的定义。学者的界定，主要是强调数字产品依托互联网和物理上的无形性等主要特征。例如，美国学者夏皮罗等人将数字产品定义为一种交换产品，该交换产品由字、节、段组成，包含数字格式并且可以编码为二进制流。[②]《美国—智利自由贸易协定》将数字产品定义为"以电子方式进行数字编码和传输的计算机程序、文本、视频、图像、录音和其他产品，无论一方将此类产品视为其国内法下的货物还是服务"[③]。

从上述研究和协定对数字产品的阐述中，可以得出数字产品的定义包括广义和狭义两种。广义上，被数字化后用计算机进行存储和处理，通过互联网进行传输的产品都可以归为数字产品。数字产品可以分为三类：利用先进的数字技术加工完成的产品（如无人机、数字电视机、数码摄像机、MP3 播放器等）；存在和传输均通过网络进行的无形产品；附在有形载体上传输和使用的产品（如已刻录电子书籍的光盘等）。其中，第一类和第三类与传统货物贸易下的货物没有实质区别，在跨境交易时海关可以按照货物贸易予以征税。而狭义的数字产品，仅包括广义数字产品分类中的第二类，即以数字化的无形状态

---

① 各界对数字产品的称谓并未达成一致。文献综述部分有"数字化产品"的提法，这个提法主要意指传统物质形态产品被数字化之后的无形产品，这个概念无法含盖一直都是非物质形态的产品（如搜索引擎服务）。而不使用"数字商品"的概念，则是因为产品的概念更为中性，指向更广泛。因此，本书采用"数字产品"的提法。

② 夏皮罗，范里安.信息规则：网络经济的策略指导 [M].孟昭莉，牛露晴，译.北京：中国人民大学出版社，2000：3-5.

③ 见《美国—智利自由贸易协定》第 15.6 条。

存在、借助网络传播的产品。本书仅以狭义数字产品为研究对象展开论述，下文所提及的数字产品均指狭义范围内的数字产品。

因此，数字产品是指数据借助信息技术和通信技术呈现后，通过互联网交易传输和使用的虚拟交易物，该交易物一般不具有实物形态。对产品本身进行是货物还是服务的分类，附着于有形载体或仅通过网络传输都不影响其基本属性。数字产品属于经济学中的一种公共产品①，数字产品具有公共产品效用的不可分割性、消费的非竞争性和受益的非排他性等特征，这也是数字产品规则设计的基础。调整数字产品的规则应致力于有效激励数字产品的生产和供给，满足社会发展需求，还要平衡数字产品传播中秩序的维护等问题。

（二）数字产品的分类

依据不同的分类标准，数字产品可以进行如下分类。

Vincent 根据数字产品的内容差异，将其分为影视、相片、图像产品，歌曲和音乐产品，软件和视频产品以及计算机娱乐游戏四种。②

因数字产品内容和传输方式不同而表现出不同的特征，Hui 等学者从数字产品的交付方式、粒度的可分割性和可试用性三个方面详细阐述了数字产品的特征（表1-1）。

表1-1　不同数字产品的特征对比

产品类型	交付方式	可分割程度	可试用程度	具体表现
内容型数字产品	线上交付	高	低	电子音乐、电子书等
工具型数字产品	线上交付	中	高	搜索引擎、社交网站等
服务型数字产品	线上线下均可	低	中	导航服务、支付服务等

资料来源：HUI K L, CHAU P Y K. Classifying digital products[J]. Communications of the ACM, 2002, 45(6): 73.

内容型数字产品与传统的纸质书、CD、期刊等无本质区别，主要是消费者的获取方式发生了变化，交易的过程非常灵活，可以拆分后进行电子传输，随时可以下载、阅读或收看，这类产品的价值主要在于其信息内容，例如电

---

① 公共产品即消费某种产品或服务时，不会使该产品或服务减少的产品。

② 此处对数字产品的界定范围仅限于版权保护范围内的数字内容。

子报纸、期刊和研究报告，在线娱乐产品以及包含各种期刊资料或数据分析报告等的数据库类产品。用户需要的是其发布的内容而不仅仅是检索服务。工具型数字产品较多表现为数据服务平台，这些产品可帮助用户实现特定的目标或任务，例如可以进行病毒扫描和杀毒的软件、用于创建和查看 PDF 文件的 Adobe Acrobat 以及用于播放影音文件的 RealPlayer 等。服务型数字产品可对有用资源提供访问服务，例如帮助用户完成特定任务的在线实用程序、在线搜索服务、在线法律服务等。[①] 这类产品与第二类工具型数字产品有一定的联系，但客户只能通过付费使用它们，无法购买。

（三）特征分析

数字产品是一种科学电子技术和互联网技术发展创新的产物。之所以要强调数字环境，是因为数字环境修改了内容的供给和需求规则，使用户最大限度地获取内容成为可能。这使数字产品与传统的货物和服务都存在较大的差异，总结数字产品的特征如下。

1. 非物质性

数字产品最大的特征，是其不具备有形载体的物质性。与传统货物不同，数字产品一旦形成，就可以永久存续，不会因使用或传输等发生损耗。不同于传统的服务只能使用一次，数字产品只要不被人为地删除或篡改，就能够反复使用并且长久地保存下去。

2. 便利性

技术融入数字产品后，数字产品具有极大的便利性。这种便利性体现在许多方面：它可以存储在电子邮箱和云空间中，不像传统产品那样需要物理空间来存储。只要有合适的电子设备，任何数字产品都可以在不同的地方随时被快速打开，而不用像传统产品那样必须随身携带。数字产品的便利性还体现在传输速度上，交易完成后，数字产品将通过网络进行传输、处理，交货时间几乎可以忽略不计。

3. 易篡改性

数字产品的载体并不能体现其价值，真正体现其价值的是数字产品所蕴含的信息。由于大多数信息可以分割，即数字产品可以通过技术操作被分成多份，商家可以根据用户的需求决定是将数字产品整体打包销售、分割成单独的

---

① HERNÁNDEZ-LÓPEZ E. Trade in electronic commerce services under the WTO: the need to clearly classify electronic transmissions as services and not tariff-liable[J].The journal of intellectual property, 2001(4): 557-580.

产品销售还是将不同的数字产品组成一个新产品进行销售。这种销售方式并不是让用户一次性下载获取产品，而是需要通过双方多次的交互来得到产品。在沟通的过程中产品容易被篡改，使商家失去完整的产品。数字产品在互联网上产生和传播的速度极快，瞬间复制数字产品变得非常容易。通过互联网，数字产品可以以秒为单位进行传播，在世界范围内传播的成本几乎为零。由此引发的问题是，低成本的传播使大量的盗版产品出现，数字产品侵权行为时有发生。

二、数字产品跨境交易的概念和分类

（一）数字产品跨境交易的概念

根据数字产品的概念，可以将数字产品跨境交易定义为"通过网络将以电子方式交付的数字产品跨越边境进行传输的交易活动"[①]。在传统贸易中，有形货物经过边境时可以由海关统计，以确认交易是否属于跨境。判断数字产品是否跨境就复杂多了。数字产品从生产、销售，再到用户的使用，整个过程可以完全借助网络进行，不像传统货物贸易必须经过物理上跨境。因此，不适合用传统关税制度下的跨境因素来认定数字产品交易是否跨境。

实践中，可以根据交易的连接点，如买卖双方的服务器所在地、双方的IP地址所在地、注册登记地等来确认该笔数字产品交易是否属于跨境交易。

（二）数字产品跨境交易的分类

对数字产品跨境交易，可以按照交易与网络的依附程度不同进行区分，具体可以参考电子商务交易形式的分类。

1. 学者的分类

著名经济学家 Wunsch-Vincent 将电子商务基本交易形式分为以下四类：①信息技术类产品交易，如电脑、半导体等可以连接网络或处理电子商务活动的高科技产品的交易；②与互联网接入相关的服务，包括与处理电子商务活动相关的基础电信服务、增值电信服务；③在线服务，包括在线视听服务、在线咨询服务、在线金融服务等各项专业服务；④数字产品交易，包括软件、游戏、书籍等已经完全可以借助网络进行交易的产品。[②]

---

① VAN ZYL S P. The collection of value added tax on online cross-border trade in digital goods[D]. Pretoria:University of South Africa, 2013.

② 见 WTO 文件《电子商务和信息技术：从乌拉圭回合谈判到多哈发展议程》。

在上述四个分类中，第一种属于纯实物的交易，经 GATT 协定调整后可予以排除，后三种分类可以纳入数字产品跨境交易的范畴，即互联网接入服务类产品交易、在线服务类产品交易和数字化产品交易。

2.WTO 框架下的分类

1999 年，WTO 各成员方在第三次部长级会议上，确认了三种形式的国际互联网交易：一是从挑选到购买再到运输完全通过网络进行的交易，如银行、证券、咨询、教育等，通过互联网提供服务，应属于服务贸易，受 GATS 协定约束；二是涉及电信传输功能的交易，包括网络信息服务功能的交易，如通信网络服务等；三是通过网络选择和购买，但还是需要传统运输实现交付的交易，根据标的物是货物还是服务分别适用于 GATT1994 或 GATS 协定。[①]WTO 框架下的三种交易形式是以网络在电子商务活动中的作用来分类的。第一种体现电子商务交易标的无形化、数字化和信息化的特征，属于较高形态的具有典型意义的电子商务；第二种是运用通信子网[②] 所进行的数据传输服务；第三种网络作为提高商务活动效率的交易媒介，扩大了商务活动的地域范围，等同于尚未脱离传统物理手段的初级形态电子商务。WTO 所做的分类可以适用数字产品跨境交易，但要适用哪个协议，不应该简单做出结论。

综上可知，在具体贸易实务中，数字产品跨境交易会表现出不同的模式，每一种模式涉及的法律关系不尽相同。须正确全面认识数字产品的定义、分类及范围，为进一步的研究奠定基础。

三、数字产品跨境交易相关概念辨析

数字产品跨境交易的不同主体提出不同的概念，且概念的内涵各不相同，导致目前国际社会长期以来难以就此取得共识。因此，对相关概念进行辨析，就显得十分必要。前述不同概念中，出现频率较高的是（跨境）电子商务、数字贸易和数字经济。而跨境电子商务只是交易的要素具有跨境性，其本质与电子商务并没有区别，此处一并进行辨析。

（一）数字产品跨境交易与（跨境）电子商务

区别于仅在线下进行交易的传统交易模式，通过互联网进行的交易就是

---

① MURPHY E E J. The lessons of Seattle: learning from the failed third WTO ministerial conference[J]. Transnat'l law., 2000 (13):273.

② 通信子网是通过专用或公共通信线路实现计算机间的通信。

电子商务。WTO 总理事会将电子商务定义为"通过电子方式进行的货物或服务的生产、销售、交付等一系列商业活动"①。美国国际贸易委员会（United States International Trade Commission，USITC）则将其界定为"借助互联网信息交换来完成的商务活动，这些信息经由电子的、光学的或其他类似手段形成、存储或传输"②。中国在 2018 年的《中华人民共和国电子商务法》第二条中也有明确界定："通过互联网等信息网络销售商品或者提供服务的经营活动"。

通过以上定义可知，虽然在国际上电子商务的定义并不统一，但一般认为，电子商务不仅包括借助互联网进行的实物交易，还包括可以数字化交付的无形（数字）产品和服务的交易。电子商务既可以是一种贸易方式，也可以指这种交易本身。而跨境电子商务是指不同国家或地区间的交易主体通过网络平台实现的各种商务活动，包括跨境进口电子商务和跨境出口电子商务两个层面。从定义看，数字产品跨境交易被包含在跨境电子商务的范围之内。但鉴于我国目前规定跨境电子商务的相关文件③，跨境电子商务被限定为基于互联网而进行的跨境货物贸易，核心仍然在于货物流动，海关统计的跨境电子商务的数据时也主要针对实物商品进出口，因此本书没有采用跨境电子商务的说法。不过，在 WTO 中一直使用"电子商务"议题来研究数字产品跨境交易相关的问题，在许多国家的自由贸易协定中使用了电子商务专章，因而在论证部分，搜集数字产品跨境交易规则的论据时，会涉及部分电子商务内容的文件。

（二）数字产品跨境交易与数字贸易

目前，对数字贸易的认识也尚不统一。2013 年，USITC 发布全球首部数字贸易调查报告④，其中将数字贸易分为国内和国际两类数字贸易，均为通过互联网实现交付的产品和服务，包括数字内容、社会媒介、搜索引擎及其他数字产品和服务四大类，但不包括有形商品的贸易。⑤2018 年，浙江大学组建的

---

① 见 WTO 文件 Work Programme on Electronic Commerce（WT/L/274）。

② GIBBS J, KRAEMER K L, DEDRICK J. Environment and policy factors shaping global e-commerce diffusion: a cross-country comparison[J]. The information society, 2003, 19(1): 5-18.

③ 见《关于实施支持跨境电子商务零售出口有关政策的意见》第三条。

④ USTID. 美国数字贸易和全球经济报告 1[R/OL]. (2013-08-15) [2022-03-16]. https://www.usitc.gov/press_room/news_release/2013/er0815ll1.htm.

⑤ 上海 WTO 事务咨询中心. 中国贸易运行监控报告 2016：积极适应外贸发展新形势 [M]. 上海：上海人民出版社，2016：92-96.

"大数据＋跨境电子商务"团队在发布的蓝皮书中提出，数字贸易是现代数字信息网络使用的基础，信息的有效利用和通信技术，实现了传统实物、数字产品和服务、知识的有效交换，从而促进了消费互联网向互联网产业化转型，以制造业智能化为最终目标的新型的贸易活动，是传统贸易向互联网的发展和延伸。①

通过对比，美国的定义与本书所研究的狭义数字产品跨境交易的概念比较接近，国内学者的定义与广义电子商务的内涵接近。本书仅研究不具有实物形态的数字产品的跨境交易，因此没有使用数字贸易的概念，力求系统全面地对数字产品的跨境交易规则进行分析。

四、数字产品跨境交易带来的机遇

数字产品跨境交易，不管是在技术、品牌还是在服务上，都取得了巨大的成就。由于衡量数字产品跨境交易的规模以及相关的价值创造充满困难，特别是发展中国家缺乏关于其关键组成部分和层面的可靠统计数据，因此其机遇还不能被充分评估。

数字产品跨境交易提供了更加丰富的跨境交易生产和支付方式，持续开拓了国际服务贸易市场。互联网信息技术渗透全球服务分工网络体系的每一个环节，通过数据采集和远程通信，越来越多的服务可以进行网络交易，可以远程提供。商业服务（如营销和管理咨询）的外包和离岸业务的扩大，降低了发展中国家的经营者生产和出口此类服务的障碍和进入成本。全球通信技术服务和可数字化交付服务②的出口增长速度远大于整体服务出口的增长速度，反映了世界经济的日益数字化。数字化交付的服务出口在 2018 年已达到 2.9 万亿美元，占全球服务出口的 50%。在最不发达的国家，此类服务约占服务出口总

---

① 浙江大学"大数据＋跨境电子商务"创新团队.世界与中国数字贸易发展蓝皮书 (2018)[R/OL] (2018-09-27) [2022-03-16]. http://rwsk.zju.edu.cn/_upload/article/files/1b/ee/49ffeb734663ac2538a3a7fdce89/4ffa645f-6fe6-4d60-b0aa-91812bf77af3.pdf.

② 可数字化交付服务是指可以通过数字化交付或信息通信技术支持的服务。以这种方式实际交付的服务规模和组成很难用现有方法和调查工具衡量。此类数据在政府设计和实施相关政策所需的工具包中构成了巨大的空白。但是，官方统计数据可用于估计那些可能以数字方式交付的服务的出口价值，这些服务有时被称为"数字可交付的"服务。它们包括保险和养老服务、咨询服务、计算机软件服务、视听以及其他商业服务等。

额的 16%，2005 年至 2018 年，增长了两倍多。① 目前，数字产品跨境交易发展呈现出极大的不平衡性，发达国家的电子商务市场发展相对成熟，亚洲和太平洋地区的市场正在迅速崛起，而包括南美等在内的许多新兴市场发展相对滞后，电商渗透率②仍较低。从商业角度来看，通过数字化实现所有部门和市场的转型，可以以更低的成本生产更高质量的商品和服务。数字产品跨境交易为各大数字产品交易服务平台提供了广阔的发展空间。

数字产品跨境交易中交易数据的价值不可估量。数字产品跨境交易中沉淀了海量的交易数据，一旦将数据转化为数字智能，将会为企业创造巨大的价值。数据已经成为创造和捕获价值的新经济资源。数据控制对将数据转化为数字智能有重要的战略意义。在几乎每一个价值链中，收集、存储、分析和转换数据的能力都会带来额外的力量和竞争优势。数字数据是数字技术的核心，如数据分析、人工智能、区块链、物联网、云计算和所有基于互联网的服务。所以，以数据为中心的商业模式不仅被数字平台采用，还被各个行业的公司采用。

数字产品跨境交易为发展中国家带来了转型的契机。贸易方式数字化，降低了贸易的成本，使国际贸易的开展更为便利高效，发展中国家中小企业将有更多的机会将其产品出口到国际市场，这些国家参与全球化的程度将进一步提升；全球范围内的优质数字服务的引进，能加快发展中国家数字化转型进程，提升其数字产业国际竞争力；分工机会增多，发展中国家有望更广泛地参与数字服务的全球分工，实现新的经济增长。当前，许多关键数字技术和服务不断涌现，发展中国家通过大力发展数字经济，加强关键技术领域研发创新，同样有可能在新的领域中取得一定优势。③ 在本地数字产品交易平台建设方面，发展中国家的本土公司如果能够使用全球性平台提供的服务，就能从中受益。在某些情况下，本地知识（如搜索习惯、交通状况和文化差异）也可以给植根于本地的数字平台带来优势，使它们能够提供适合本地用户的服务。

① UNCTAD. Digital Economy Report 2019[R/OL]. (2019-09-04)[2022-03-16]. https://unctad.org/en/PublicationsLibrary/der2019_en.pdf.

② 电子商务渗透率是指网上零售额占社会消费品零售总额的比重。

③ 中国信息通信研究院. 数字贸易发展与影响白皮书（2019）[R/OL]. (2019-12-26)[2022-03-16]. http://www.caict.ac.cn/kxyj/qwfb/bps/201912/P020191226585408287738.pdf.

第二节　WTO 法框架下数字产品跨境交易规则

WTO 法框架下涉及数字产品跨境交易的规则较为分散。在了解具体规则之前，有必要先对 WTO 现有与数字产品有关的跨境交易进行简要划分（图 1）。

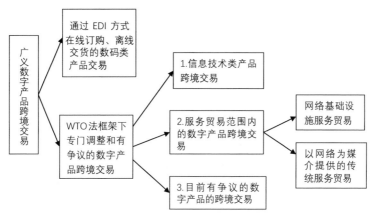

图 1　WTO 现有数字产品跨境交易分类示意图

从图 1 的划分可以看出，通过电子数据交换 ①（electronic data interchange，EDI）方式进行的在线订购、离线交付的数码类产品的交易，虽然采取的商业模式不同，但并不影响其传统货物贸易的本质，属 GATT1994 调整范围的普通货物。WTO 专门调整的数字产品跨境交易中的第一种是信息技术产品（Information Communication Technology，简称 ICT 产品），包括半导体、计算机、电子元件等，是商家或消费者接入互联网和企业内部局域网，参与在线交易的基础设施。ICT 产品没有脱离货物的本质属性，仍属 GATT1994 的管辖范围。基于其对数字产品跨境交易过程的重要程度，WTO 成员方对此进行了专门的谈判，并使其中很大部分产品受《信息技术协定》（Information Technology Agreement，ITA）的规范，享受零关税的税收优惠待遇。② 第二种

---

① 　EDI 交易常见于企业对企业 (B2B) 的电子商务交易中，指贸易伙伴通过计算机网络实现数据交换和交易自动处理的活动。

② 　见《信息技术协定》第 1.1 条。

是与电子交易有关的服务贸易，其中一部分是数字产品跨境交易中的网络基础设施服务，包括基础电信服务、增值电信服务和计算机及相关服务；另一部分是传统服务，借助电子技术手段得以通过网络提供的服务，如在线交易、在线咨询等服务。这些服务贸易大部分在现有 GATS 协定规范的范围之内，不影响规则的选择。只是 GATS 协定中的服务贸易的分类并不能全部含盖现有以及将来还会细分出来的服务类型，因此这部分该怎么解决，也有较大争议。而第三种就是目前存在较大争议的数字产品，如后文专门探讨的 3D 打印，成员方对现有规则如何适用于这些无实物形态对应或者说无须实物形态对应的数字产品的争议直接影响了 WTO 多边贸易谈判的整体进程。

一、WTO 框架下相关规则概览

1998 年，《全球电子商务宣言》宣布对电子传输暂免关税。数字产品跨境交易相关的电子商务议题在 1998 年被 WTO 正式列入全球贸易政策制定议程。虽然进展缓慢，但此后历次部长级会议上，成员方仍然同意原有的方案，保持不对电子传输征税的做法。尽管 WTO 规则确立时，并没有预料到数字技术对贸易的深远影响，但 WTO 建立的框架对数字产品交易确实产生了影响。[①]

GATS 协定中确立了与服务数字化相关的一些重要规则。GATS 协定下还有关于电信服务和金融服务的两个附件，分别是《基础电信协议》（GATS 协定第四议定书）和《金融服务协议》（GATS 协定第五议定书），都与数字产品跨境交易相关。在线交易过境时会涉及 GATT 协定规定的义务。《贸易便利化协定》（Trade Facilitation Agreement，TFA）规定了简化的海关手续，促使交易活动更加便捷高效，从而进一步促进在线交易的发展。此外，《技术性贸易壁垒协定》（Agreement on Technical Barriers to Trade，TBT）含盖了政府采取的有关信息和通信技术及电子产品的技术法规和标准的措施，如电信和宽带网络的标准或加密条例等。在信息和通信技术产品贸易方面，ITA 协定也在发挥作用，其中一些产品构成了数字产品交易所需基础设施的部分，如计算机和电信设备。技术发展后出现的部分新产品（如新一代半导体、GPS 导航设备等）被含盖在 ITA 扩围协定中。许多数字产品的价值体现在嵌入其中的知识产权，交易过程容易涉及版权侵权和专利侵权等问题，TRIPs 协议为保护这些

---

① WU M. Digital trade-related provisions in regional trade agreements: existing models and lessons for the multilateral trade system[M]. Geneva: ICTSD, 2017:23-56.

权利设定了最低标准，特别当涉及计算机程序时，授予了它们与文学作品相同的保护。

表 1-2 概述了上述 WTO 协议如何在以下三个不同的层面上调整数字产品跨境交易：即内容层、技术层（操作网络的代码）和网络基础设施层。内容层主要涉及交易的内容，技术层涉及交易网站、平台建设，而网络基础设施层则是访问交易网络所需要的基础设施。

表1-2　WTO法框架下数字产品相关规则

分　层		相关 WTO 规则			
内容层	娱乐产品（书籍、电影、音乐、游戏、电视）	GATS	TRIPs			
	通信（互联网接入、电子邮件、语音电话等）		基础电信协议			
	网站零售和供应链管理在线平台		GATT		TFA	
	金融支付服务和其他金融传输		金融服务协定			
	其他大众传媒、数据存储和处理、云计算等		TRIPs	GATT	TFA	ITA
技术层	域名	TRIPs	TBT			
	IP 地址					
	软件					
	互联网协议 TCP/IP					
网络基础设施	海底和地面线缆	TBT	GATT	ITA	基础电信协议	
	卫星与无线网络					
	互联网交换点					
	设备（计算机、智能电话等）		TRIPs	GATT	TFA	ITA

根据前文所述交易内容的分类和交易活动所涉层面看，与技术密切相关的协定在 WTO 成员中比较容易取得一致，但争议比较大的还是在服务贸易领域内。因此，对 WTO 现有与数字产品跨境交易有关的具体规则介绍主要集中于 GATS 协定之下的规则。

二、GATS 协定中的相关规则

（一）适用范围

GATS 协定适用于所有成员方所有的服务和影响服务的相关措施，政府公共服务被排除在外。GATS 协定下的规则分为两类：在成员间普遍适用的一般义务和在特定成员间适用的具体承诺。一般义务规则包括最惠国待遇原则、透明度原则等，不论成员方是否作出准入承诺，都普遍适用。具体承诺规则需要成员方通过谈判来实现，包括市场准入原则和国民待遇原则等。具体承诺的内容均体现在各成员方的承诺减让表上，作为附件与 GATS 协定构成一个整体。在一定程度上，服务贸易自由化的程度由该成员方的具体承诺体现。

GATS 协定只将服务贸易分类为四种模式：跨境交付、境外消费、商业存在、自然人存在。四种模式以服务贸易的提供者和消费者所在的地理位置不同加以区分。至于服务采用何种方式，GATS 协定中并没有加以限定，这意味着通过电话、传真、因特网、移动网络、邮件发送文件等，都属于有效交付。因此，GATS 协定能含盖数字产品跨境交易。

其中，与数字产品跨境交易关系最密切的两种服务模式，是跨境交付和境外消费。主要以服务提供者和消费者的来源地、服务提供时双方地理位置变化的情形不同来区分这两种模式。具体来讲，由于这两种模式的提供者与消费者不属于同一成员管辖区域，选取哪一种模式取决于服务是输入还是输出。由一方服务提供者向另一方成员消费者境内提供服务属于跨境交付；仅仅在消费者所在境外的成员方提供的服务属于境外消费。很明显，数字产品跨境交易是一种远程供应，应在跨境交付模式之下，然而如果消费者访问外国网站，而该网站被托管在外国时，应被视为境外消费模式。此外，由于数字产品跨境交易的无形性质，三种模式之间的界限变得模糊，服务供应商会基于成本和当地立法，尽量选择最有利的地方建立服务主机站点。在互联网环境下，没有了传统的地理概念，消费者和提供者所属区域更难确定，这导致选择哪一种服务贸易模式的问题凸现，进而影响数字产品跨境交易的自由化水平和管制程度。

（二）一般义务

GATS 协定中与数字产品跨境交易相关的规则，体现在最惠国待遇、透明度、国内法规、一般例外和安全例外等方面。

GATS 协定第 2 条第 1 款规定的最惠国待遇赋予了相同服务和服务提供者

相同待遇。要确认最惠国待遇是否适用于数字产品跨境交易，关键在于确认"相同性"的问题，即电子方式交付的产品与传统方式交付的产品是否是相同的产品。产品是否相同，应根据产品的性质来判断，而不应根据传递方式来判断。对相同的服务给予不同的待遇，不符合最惠国待遇原则。因此，同样的服务如果仅因为交付方式不同而享受不用的待遇，有违此原则。只不过 WTO 成员方在对服务是否相同的认定上还存在很大的分歧。①

GATS 协定第三条的透明度原则规定了成员方及时公布服务措施和及时向 WTO 服务贸易理事会通报规则的义务。在数字产品跨境交易中，成员方应该将影响数字产品跨境交易的措施予以公布。

GATS 协定第六条有关域内法规的规定适用于数字产品跨境交易。因此，国内主管当局应审查有关数字产品跨境交易的国内法规。第六条的主要目的在于确保国内数字产品跨境交易方面的规定对数字产品贸易不构成不必要的障碍。许多国家和地区进行域内法规制定时，针对数字产品跨境交易制定的规则相对较少，这种"放任"在数字产品跨境交易初期起到了较明显的促进作用。在域内法规方面，目前面临的最大问题就是各成员方域内法中对某些类型数字产品的准入限制以及设置限制数据流动的条款等方面的数字贸易壁垒。

虽然在国际贸易法领域，WTO 法律框架追求贸易自由化，但也应承认存在比"贸易自由"更需要被尊重和保护的对象，因而在调和经济利益和非经济利益、国际承诺与国内价值和具有敏感性的某些机制时规定了例外条款，如 GATT 协定第 20 条、GATS 协定第 14 条中规定的一般例外。根据一般例外原则的规定，成员方可以采取非变相限制的措施，列出相关的例外情形。在服务贸易领域，GATS 协定第 14 条及第 14 条之二规定的一般例外和安全例外能够适用于数字产品跨境交易。该条款允许成员采取他们认为有助于实现某些公共政策目标的措施，以及采取必要的措施维护公共安全利益。

由判例形成的合规检测，会伴随时代的发展而发生新的变化，并随着其发展而进一步演进，但法律适用的基本原则与此不同，基本原则可以持续产生影响力。在 WTO 争端解决机制中，专家组和上诉机构做出决定一般遵循如下顺序：第一步，考虑该例外措施是否在 GATS 协定所列目标的范围之内；第二步，审查该项措施必须解决相关的公共利益与措施所追求的目标之间是否有必要的联系；第三步，审查该措施与 GATS 引言部分所确立的原则是否相符。第一步在 WTO 成员间非常容易达成共识，第二步就复杂多了，在这里会引发所

① 见 WTO《电子商务工作报告》S/C/8(1999-03-31)。

谓的"必要性"测试。上诉机构认为必要性有不同的程度，可以理解为"必不可少"，或者"做出贡献"。出于保护措施考虑而设计的利益越重要，对目标的贡献就越大，这些措施便越容易被认为是"必要的"。

在数字产品跨境交易中，允许成员采取必要的措施保护个人资料的隐私和个人记录与账户秘密，以及防止欺诈和欺骗行为。这为成员方保护数字产品跨境交易涉及的隐私权保护和个人信息保护等提供了法律依据。但规定很容易出现滥用的情形，因而出于一般例外和安全例外考虑而对某些数字产品采取限制，是否属于为实现既定目标的必要措施，是需要考虑的内容，在"必要性"的界定上，协议条款并未明确规定，因而在具体使用时，存在被成员方扩大解释的情形。

（三）具体承诺

GATS 协定中具体承诺的条款主要是市场准入、国民待遇。GATS 协定承诺表中有关市场准入的限制性措施，只有通过具体谈判后列入具体承诺表才能进行保留。根据第 16 条，想要保留措施的成员，需要在具体减让表中对此予以保留或者将某些具体行业排除在减让表之外。由此，具体减让表中可通过正面清单来承诺，也可以通过负面清单来承诺。成员方只有将某行业或部门列入具体承诺表，才有自由化的义务，在承诺做出后，该行业原有与第 16 条不符的措施便不可继续维持。数字产品跨境交易相关的市场准入主要包括两部分内容：允许其他成员方进入本国开展互联网服务和产品分销服务。互联网准入服务主要涉及互联网基础设施；数字产品分销服务主要涉及相关服务部门的专门承诺。不同的成员列在具体承诺表上的内容不尽相同，许多成员对基础电信仅仅做出局部或阶段性承诺，还有其他许多成员根本没有做出这方面的承诺。电信服务在许多国家由政府垄断，因而进入该国市场需要明确承诺，但对于部分已开放的成员来说，他们会认为自己在具体承诺表中已经列出了许多可以通过互联网利用的服务，因特网接入服务则无须专门列明。

国民待遇原则要求给予其他成员的服务和服务提供者的待遇，应与给予本国相同服务提供者的待遇相同。基于技术中立原则[①]，通过网络进行交付的服务和以传统方式提供的服务属相同服务，应根据国民待遇原则同等对待。GATS 中的国民待遇表述并不清楚，与最惠国待遇遇到的问题一样，即存在如何界定、是否同等的问题。在提供远程服务方面，不管某一特定的数字化

---

① 技术中立原则是指不区分不同技术之间的区别，都可以得到相同的对待。

服务是在国内提供还是在国外交付，都应给予同等待遇。但在具体承诺的规定中，GATS 允许进口国调整外国服务提供者，如果东道国为了进行调整而对相同服务给予不同待遇，可能并不违反国民待遇原则。

第三节　WTO 数字产品跨境交易规则的最新提案

除现有规则之外，WTO 法框架下与数字产品跨境交易规则相关的电子商务议题谈判一直在进行着，虽成果甚少，但也已持续了近二十年。不同于以往的情况，近年谈判中各成员方参与度更高，踊跃提交方案，这为 WTO 框架下制定数字产品跨境交易规则带来了希望。认真分析成员方的提案，探索各方提案的内容，有利于辨析成员方参与 WTO 数字产品跨境交易规则的真实目的，找到阻碍规则制定进程的原因，明确 WTO 框架下的相关规则问题，对规则的制定极为必要。

数字产品跨境交易的井喷式发展，使国际社会越来越重视规则的制定。2017 年 12 月，在 WTO 第十一次部长级会议上，71 个 WTO 成员方发布《关于电子商务的联合声明》，意味着与贸易有关的电子商务议题的探索工作将正式启动。部长级会议的决议指示 WTO 总理事会在 2018—2019 年开展相关工作。2019 年初，在达沃斯电子商务非正式部长级会议上，中国、美国等 76 个 WTO 成员签署了《关于电子商务的联合声明》，确认有意在 WTO 框架下，正式启动与贸易有关的电子商务多边谈判，解决数字产品跨境交易中的诸多问题。

一、最新提案概况

2018 年 4 月以来，阿根廷、哥伦比亚、哥斯达黎加、新西兰、巴西、日本、美国、新加坡、俄罗斯等参与发布了《关于电子商务的联合声明》，并陆续向总理事会提交了探索性文件。这些成员方均强调数字产品跨境交易在全球贸易中的重要性，呼吁抓紧推进前期探索性工作，为今后开展谈判工作做好准备。各方提交的探索性文件在谈判的方式、路径和议题等方面献计献策，并在如下几项基本原则上形成初步的共识：谈判是开放性的，呼吁更多的 WTO 成员方参与进来；谈判应尊重成员方发展程度的差异；谈判应充分考虑到中小微企业的需求和利益。

截至博士论文完成时，《关于电子商务的联合声明》的成员方提出的与数字产品跨境交易相关的提案已达30多个，主要涉及四个方面的议题：一是贸易便利化，包括无纸化贸易、政策透明度提升、政府数据信息公开等；二是监管协调机制，包括电子认证和电子签名互认、消费者保护和个人信息保护等；三是拓宽市场准入范围，电子传输永久免关税、增加服务贸易开放部门等；四是数据自由流动，包括限制信息设施本地化要求、对数字产品的非歧视待遇等（表1-3）。

表1-3　WTO部分成员提案所涉数字产品跨境交易议题

议题	美 国	日 本	欧盟、加拿大等12个成员	巴 西	中 国
电子传输免关税	√	√	√		√
数字产品的非歧视待遇	√	√		√	
透明度原则		√	√		√
电子认证互认		√	√		√
数字基础设施					√
数据流动	√	√	√		
本地化限制	√	√	√		
源代码保护	√	√	√		
在线消费者权益保护	√	√	√	√	√
建立统一标准	√	√			
网络安全		√	√		

资料来源：周念利，李玉昊，刘东. 多边数字贸易规制的发展趋向探究——基于WTO主要成员的最新提案 [J]. 亚太经济，2018(2)：49.

　　从WTO成员方提交的提案看，成员方具体关注点仍存在较大差异，这也反映了不同成员方在全球数字贸易中不同的分工角色和不同的发展阶段，以及各自利益诉求的不同。

二、提案的具体内容

（一）美国提案

WTO 中，美国是最早推动电子商务议题谈判的成员方，这与美国数字产品跨境交易发展程度相关。1998 年 5 月，时任美国总统的克林顿在 WTO 第二次部长级会议上提出了美国支持电子商务免税的建议，在这次会议上，132 个成员签署了《全球电子商务宣言》。但由于各成员方在数字产品跨境交易方面的技术、规则差异较大，WTO 谈判一直陷于僵持状态。2003 年以后，美国从多边贸易谈判转向区域贸易谈判。直到 2011 年，美国和欧盟联合提交了信息通信技术服务原则，旨在支持扩大信息和通信技术网络在服务领域的使用，加强电子商务的发展，并提出了 10 个方面的规则，包括透明度、开放网络、网络访问和使用、跨境信息流动、地方基础设施、外资拥有权、频谱使用、监管当局、授权和许可、互联互通和国际合作。其中，核心为两项原则，即跨境信息流动和反对本地化措施。

2014 年，美国向 WTO 电子商务工作组提交了通报文件，主要列举了三个问题。第一，跨境信息流动、本地化要求及隐私保护；第二，信息流动和本地化要求，政府需要兼顾经济利益和公共利益，减少跨境数字流动的限制；第三，云计算开放中的相关问题，其指出一些国家在国内监管计划中，以云计算服务的功能为依据将其纳入通信服务业中，造成了分类的混乱，提议结合考虑联合国《临时中心产品分类目录》（Provisional Central Product Classification，CPC）与《服务贸易总协定》中服务部门的分类表（GNS/W/120，W/120），将云计算（数据存储数据托管、数据处理）和数据库服务纳入"计算机及其相关服务"（CPC84）。[①]

2016 年，美国向 WTO 电子商务工作组提交了非正式文件，旨在在成员间达成联合声明。在这个文件中，美国第一次在多边层面使用了数字贸易和数字经济的概念，虽然该文件只是非正式的，所提出的议题仅供讨论而非正式谈判议题，但其引导作用值得肯定。该文件提出了促进数字经济发展的 16 条建议。这些建议包括了禁止数字关税、确保不歧视的基本原则，确保数据跨境流动，促进互联网的自由与开放，防止本地化壁垒，禁止强制性技术转移，保护

[①] 见 WTO 文件 *Work Programme on Elecctronic Commerce-Communication by the United States* (JOB/SERV/196)。

关键源代码，确保技术选择自由，推行创新型认证方法，保护网络竞争，促进创新型加密产品，建设数字贸易可适应性框架，确保市场导向的标准化过程和全球通用性，确保更快、更透明的海关程序，提高法规和标准制定的透明度及利益相关者参与度，合格评定程序。这16个方面体现在美国主导的区域贸易协定相关的数字贸易规则中。

2018年4月12日，美国向WTO总理事会提交了有关数字产品跨境交易的探索性文件，称全面的贸易规则将确保一个开放、公平和有竞争力的全球数字经济环境。该文件提出了七个谈判议题：数字产品的公平待遇、信息保护、数字安全、促进互联网服务、信息自由流动、贸易便利化等。鉴于美国在规则制定上的主导地位，美国提出的议案可能对未来谈判的方向产生重大影响。①

（二）其他成员方的提案内容

近年来，除美国之外的WTO成员方也在积极参与数字产品跨境交易规则的制定，相关提案数量激增，与前几年该领域鲜有动作形成了鲜明对比。不过，就现状而言，使成员方之间观点趋同，仍然有很长的路要走。

2017年6月，欧盟、加拿大等12个成员②提交了《贸易政策、WTO和数字经济》的工作文件，这是WTO成员第一次提及数字经济的通报文件。该文件明确强调增强透明度为基本原则，并从提高消费者信心角度提出了要建立的12项规则，提出与数字经济有关的自由化承诺，核心是与跨境数据传输相关的服务部门在模式1下开放。

欧盟在提案中认为，电信服务是电子商务的关键推动力，应该开放电信服务部门，确保应用该部门的国际监管框架支持电子商务发展，并鼓励消费者在线活动。参与电子商务联合声明倡议的所有感兴趣的成员都应该全力以赴，落实现有的参考文件，这是对该部门市场准入承诺的重要补充。WTO电信服务规则应该适用于互联网接入服务，这是当今企业和消费者使用的主要通信手段。③

加拿大提议，WTO关于电子商务/数字贸易的谈判应该解决和反映与消

---

① 见 WTO 文件 *Joint Statement on Electronic Commerce Initiative-Communication from the United States* (JOB/GC/178)。

② 12名成员分别是欧盟、加拿大、智利、哥伦比亚、科特迪瓦、韩国、墨西哥、摩尔多瓦、黑山、巴拉圭、新加坡和土耳其。

③ 见 WTO 文件 *Joint Statement on Electronic Commerce Initiative — Communication from EU* (JOB/ GC/194)。

费者和隐私保护有关的问题，这些问题的解决有助于建立信心和信任。还必须确保潜在的 WTO 数字贸易协定中与贸易有关的利益不因误导性或欺骗性的商业活动而受到损害。要求缔约方建立与网上消费者保护相关的国内框架，保护个人信息和打击未经请求的商业电子信息。加拿大还建议，成员可以借鉴CPTPP 中的电子商务章节或《美国—加拿大—墨西哥贸易协定》中的数字贸易章节。①

日本指出，目前的 WTO 框架是在互联网技术发展之前制定的，可能没有充分考虑最新技术的影响，强调 WTO 的义务与数字经济密切相关。日本认为，要关注利益相关者在数字产品跨境交易中所面临的阻碍，以及现有的WTO 框架和方案如何解决这些阻碍，主张不应对包括数字编码产品在内的电子传输施加关税，以便数字产品跨越国界的移动。②

俄罗斯提出，应优先考虑现有 WTO 协定中阻碍数字产品跨境交易发展的因素，并确定未来安排的范围，以便清楚未来协议的潜在收益。俄罗斯的通报文件建议将电子商务问题分为以下两组，一组是 WTO 框架内需要进一步澄清的特殊事项，包括海关征税、海关估价、知识产权保护和服务贸易协定，特别是数字化服务的承诺。另一组是不在 WTO 框架中的事项，包括确立电子签名的认证原则和识别方法，制定电子支付安全机制、数据保护机制和数据安全流动的条件等。③

巴西的提案指出，随着数字经济特别是电子商务的快速发展，需要在WTO 框架下对相关问题进行讨论和审议。巴西提出需要重点关注的内容包括互联网应该对所有合法的商业和发展活动保持开放，允许获得更多的信息、知识和新技术；应当坚持线上和线下权利与义务一致；有必要讨论确保各成员方为实现合法目标而采取公共政策的权利，如果有必要，可以通过设置新的最终例外条款来实现。④

阿根廷、哥伦比亚和哥斯达黎加共同强调，在电子商务方面取得的进展

---

① CANADA.Concept paper – building confidence and trust in digital trade[EB/OL]. (2019-05-08)[2022-03-16]. https://www.international.gc.ca/trade-agreements-accords-commerciaux/topics-domaines/other-autre/statement-concept-ecom-declaration-reflexion.aspx?lang=eng.

② 见 WTO 文件 *Joint Statement on Electronic Commerce Initiative — Proposal for the Exploratory Work by Japan*（JOB/GC/177）。

③ 见 WTO 文件 *Joint Statement on Electronic Commerce Initiative — Communication from the Russian Federation*（JOB/GC/181）。

④ 见 WTO 文件 *Exploratory Work on Electronic Commerce-Non-Paper from Brazil*（JOB/GC/176）。

将是"恢复世贸组织自我谈判职能道路上的一个里程碑"。哥斯达黎加在其提案中从六个方面提出了 WTO 电子商务发展议程的潜在内容，即信息和通信技术基础设施与服务、贸易物流、支付解决方案、法律和规章框架、电子商务技能发展和技术援助、资金获取。该文件明确了电子商务讨论和发展目标之间的联系，以期获得部长级授权。①

（三）中国的提案

2016 年 11 月，中国也向 WTO 提交了自己的提案：《关于电子商务议题的提案——着眼第十一届部长级会议》。中国认为，鉴于电子商务问题的复杂性，特别是考虑到成员之间存在巨大数字鸿沟的现实，WTO 有关电子商务的工作应充分体现多边贸易体制的包容性，本着团结精神，先易后难，循序渐进，避免出现尖锐的对立并对多边贸易体制造成损害。中国认为，电子商务交易的对象主要是货物，主要包括 B2B 和 B2C 两种跨境电子商务交易，因此在提案中使用了"跨境电子商务"的概念，具体内容涉及跨境电子商务中的货物贸易便利化措施，提高跨境电子商务政策框架的透明度，改善跨境电子商务发展的基础设施和技术条件以及跨境电子商务相关政策的成员问题等。②

2017 年 10 月，中国再次向 WTO 总理事会就暂停电子传输的关税、电子认证和电子签名互认、法规政策透明度、跨境电子商务便利化、无纸化贸易以及发展与合作等问题提出建议，以影响 WTO 第十一届部长级会议。中国认为，当前阶段讨论应以既有授权为基础，以成员有共同利益的领域为重点，通过澄清和完善现有多边规则，体现贸易政策的包容性，使包括弱小经济体在内的发展中国家成员，特别是中小企业和弱势群体公平参与国际贸易和全球价值链并从中获益，实现跨越发展。电子传输临时免征关税的现行做法宜继续维持，发展内涵应在讨论中贯穿始终，并在成果中得到充分体现。③

2019 年 4 月，中国向 WTO 提交首轮电子商务谈判提案，强调谈判目的在于挖掘电子商务的巨大潜力，帮助发展中国家和最不发达国家融入全球价值链，弥合数字鸿沟，抓住发展机会并从包容性贸易中受益，以便更好地融入经

---

① 见 WTO 文件 *WTO Negotiations on Trade-Related Aspects of E-Commerce-Elements of a Potential Approach under the Framework of the Joint Statement on Electronic Commerce — Communication from Argentina, Colombia and Costa Rica* (JOB/GC/174)。

② 见 WTO 文件 *Work Program on Electronic Commerce — Aiming at the 11th Ministerial Conference, Communication from the People's Republic of China and Pakistan* （JOB/GC/110/Rev.1）。

③ 见 WTO 文件 *E-Commerce Elements for MC11 — Communication from China* （JOB/GC/142）。

济全球化进程中。谈判应着重讨论互联网支持的跨境货物贸易，以及相关的支付和物流服务，同时关注服务贸易的数字化趋势，并探索制定以电子商务为中心的国际规则。在具体措施方面，中国从重新定义电子商务、电子传输与贸易，促进跨境电子商务，无纸贸易，电子签名和电子身份验证，电子合同的效力，暂停电子传输海关关税，在线消费者保护，个人信息保护，不请自来的电子商业信息，网络安全，透明度，弥合数字鸿沟，信息交流、联合学习和合作培训，电子商务促进发展计划十五个方面提出了较为具体的建议。①

综上所述，WTO 成员分析了数字产品跨境交易相关规则制定问题，并相继提出了一些提案。其内容非常广泛，规则的讨论方法、涉及的范围到所需要达成的目标和具体内容等方面都有所涉及。当然，由于各成员方经济发展程度参差不齐，特别是在互联网产业发展方面差距明显，表现在对数字产品跨境交易国际规则的关注度上，就是各方关注的焦点问题并非完全一样。

三、成员方提案的动机分析

（一）美国提案的动机分析

在概念的变化方面，美国在文件中以"数字贸易（digital trade）"取代"电子商务（electronic commerce）"。美国解释称，"数字贸易"一词包括以电子形式开展的商贸活动，能更清楚地表达 WTO 语境中"电子商务"的含义。②值得一提的是，日本在其提交的探索性文件中也使用了"电子商务和 / 或数字贸易"的概念。③美国提出的很多议题均涉及数据和数字产品（应用程序、游戏等），超出了传统货物贸易的含盖范围，因此其意图在于人人概念层面扩大规则所要调整的对象。

从议题本身看，美国提出的议题大部分超出了现有 WTO 协定含盖的范围，如成员方不得要求企业设立或购买本地的数字基础设施，成员方不得要求企业披露源代码或算法，成员方要确保企业能够选择使用安全的加密技术等。这些规则超出了 WTO 项下的货物贸易、服务贸易或贸易相关知识产权等协定

---

① 见 WTO 文件 *Joint Statement on Electronic Commerce — Communication from China*（ INF/ECOM/19）。

② 见 WTO 文件 *Joint Statement On Electronic Commerce Initiative — Communication from the United States*（JOB/GC/178）。

③ 见 WTO 文件 *Joint Statement On Electronic Commerce Initiative — Proposal for the Exploratory Work by Japan*（JOB/GC/177）。

的范畴，显露出美国推动制定全面的数字产品跨境交易多边规则的意图。

美国提出的多项议题都包含了清晰、明确的义务。这主要是因为美国早已在区域协定中制定推行了类似的规则，如美国推动谈判后又退出的跨太平洋伙伴关系协定（TPP）就有专门一章规定了"电子商务"，其中很多建议与美国向 WTO 提交的探索性文件的建议基本相同。可以预见，美国将更容易在WTO 的电子商务谈判中获得主动权和话语权。[①]

（二）其他成员方提案的动机分析

欧盟、加拿大等成员关于数字产品跨境交易规则的立场比较接近，因此他们之间容易形成联合提案。从提案的内容看，消费者利益的保护以及对互联网交易的信心被放在比较重要的位置，这既与这些成员自身制定的规则接近，又与其在区域贸易协定中的数字产品跨境交易条款的内容基本相符。欧盟和加拿大的数字产品跨境贸易较为发达，在技术和产业发展上都占领了先机，他们参与数字产品跨境交易规则制定的积极程度仅次于美国。这表明他们希望借助国际贸易规则的建立，扫除数字产品跨境交易在全球范围内迅速发展的障碍。而抱团提案的做法，明显带有与美国形成势力对抗的意味。

日本电子产品（如数码相机、数字电视机、数码摄像机、MP3 播放器等）的跨境贸易较为发达，在技术和产业发展上都占领了先机，而狭义的数字产品范围内的跨境交易的发展相对欧美国家而言略显逊色。因其国内人口有限，跨境进口方面没有太大优势，所以日本的竞争优势主要体现在跨境出口方面。受此影响，日本在有关数字产品跨境交易规则的提案中，建议数字产品免关税，鼓励数字传输，以利于自身出口贸易的发展。日本基于技术上的领先地位要求保护重要信息、保护关键源代码的做法，实则是想长久保持其在其他国家中的技术优势。

俄罗斯的电子商务起步较晚，数字产品跨境交易的发展较为滞后，支付方式比较传统，制约了俄罗斯数字产品跨境交易的发展[②]，但俄罗斯数字产品跨境交易的市场潜力较大。在规则方面，俄罗斯对谈判事项进行分类的建议，是希望在 WTO 现有框架下将可以先行解决的问题就此解决，而框架外的议题，属于俄罗斯目前并不完善的部分，预计到时谈判难度会增加，同时表明俄罗斯想要一定的缓冲期来健全国内的认证、支付、数据保护等机制。

---

① 张磊.美国提交电子商务倡议联合声明意欲何为 [J]. WTO 经济导刊, 2018 (5): 62.

② 创业家. 浅析：俄罗斯跨境电商市场发展概况 [EB/OL]. (2018-02-27)[2022-03-16]. http://www.sohu.com/a/224299553_117373.

巴西、阿根廷、哥伦比亚和哥斯达黎加等国作为发展中国家，数字产品跨境交易的发展水平较低，为了在未来的竞争中取得一席之地，他们也在积极进行规制的研究，希望发达国家能考虑这些因素，给予其特殊的待遇，因此在提案中多次涉及数字基础设施建设和发达国家的技术援助等内容，但在数据流动和非歧视待遇等内容上则缄口不提。这些都可以作为将来与发达国家进行谈判的筹码。

（三）中国提案的动机分析

虽然中国是数字产品跨境交易中的后起之秀，但中国的网民数和互联网渗透率都位居世界前列，在互联网领域存在一个梅特卡夫定律①，中国数字产品跨境交易方面的成就与中国在信息技术领域不断进步有关，中国的网民基数庞大也起到了重要的推动作用。然而，中国在网络基础设施建设、互联网技术应用的深度和广度方面还存在很大的不均衡性，这也是中国不能轻易承诺减少监管的主要顾虑。

从纵向上看，中国在数字产品跨境交易方面构建国际规则的意识较以往有了很大的增强，提案的内容也在逐年增加。从横向上看，中国最新提案的大部分内容与美、欧等一致，如在电子签名与认证、电子合同的效力、电子传输暂时免征关税、对在线消费者个人信息的保护等内容上有许多相似性。在概念的使用上，中国提出的电子商务的内涵与货物的跨境交易范围与美、欧等主要国家的提案存在很大的差异，虽然中国在首轮提案中也提到服务贸易数字化的问题，但没有任何具体措施与之相对应。在促进合作发展方面，中国代表了广大发展中国家的立场，因此弥合数字鸿沟，促进发展中国家电子商务的发展等提议，必然会得到发展中国家的认同。但在数据传输、信息流动等问题上，中国采取了避而不谈的态度，这也将造成未来谈判的过程中与发达国家之间利益冲突难以协调的局面。

第四节　WTO 法框架下数字产品跨境交易规则面临的问题

结合 WTO 法框架下数字产品跨境交易适用规则的现状，以及规则谈判的

---

① 根据梅特卡夫定律，互联网的价值与之联网用户数的平方成正比。

最新进展来看，WTO 法框架中既有的数字产品跨境交易规则还存在许多问题。面对技术变革，WTO 采取了行动，但未能解决货物和服务之间的差别。WTO 成员虽然承诺对电子传输暂时免征关税，但关于电子传输免关税的决定仍只是阶段性有效。从宣言本身来看，它也只是 WTO 成员间的政治承诺，尚不具有正式的法律效力。在 GATS 之下，与数字产品跨境交易关系密切的部门有增值电信服务、计算机及相关服务和视听服务，这些服务仅被部分成员在上述部门中的具体承诺所覆盖，基于正面清单做的承诺无法覆盖新服务类别。此外，数字产品跨境交易还涉及互联网侵权纠纷，如互联网中介服务商的侵权责任等，而现有 TRIPs 协议并未涉及网络环境下的知识产权保护和执法问题等。

一、存在的主要问题

通过纵向和横向两个角度的分析，笔者对 WTO 法框架下数字产品跨境交易规则存在的比较突出的问题进行归纳后，认为其中最值得关注的问题可以分为两类：一是 WTO 内部需要解决的三个问题，包括数字产品跨境交易在WTO 法框架下应选择什么规则进行调整，数字产品跨境交易中数据跨境流动规则的不适应问题和数字产品跨境交易中个人信息保护规则的缺失问题；二是WTO 法框架之外如何统一、协调双边、区域贸易协定中数字产品跨境交易规则的问题。

（一）规则选择的困境

规则选择困境存在的根源在于数字产品的特殊性。数字产品通过网络进行在线传输，适用于传统货物贸易的关税规则可能并不适用于数字产品的跨境在线传输。从理论上讲，如果数字产品被归类为货物以外的商品，它们将受到GATT1994 的约束；如果归类为服务，适用 GATS 协定的规则，以此来确定数字产品在国际贸易中可以享受的待遇水平。事实上，数字产品适用规则的问题久拖不解决，会阻碍随后进行的一系列谈判。[①]

（二）数据流动规则的不适应问题

数字产品跨境交易作为一种新型商业模式，需要相应的规则随之不断更新。但 WTO 法框架下的现有规则形成实属不易，修改和更新亦是举步维艰。这在数字产品跨境交易中的数据流动规则方面体现得尤为明显。数字产品跨境

---

① BOWN C P. Mega-regional trade agreements and the future of the WTO[J]. Global policy, 2017, 8(1): 107-112.

交易中会产生海量的数据，数据是否能自由流动又决定了数字产品跨境交易能否顺利进行。数据流动作为数字产品跨境交易中的关键问题，在 WTO 法框架的现有协议中并未涉及，现有可比照、适用的规则大多散见于 WTO 法框架中，因而规则在具体使用时会出现不适应的问题。

（三）个人信息保护规则的缺失问题

数字产品跨境交易中，交易主体可以突破时空限制自由参与交易过程。从登录互联网开始交易到结束的整个过程中，交易主体会留下许多信息，这些信息所体现的经济价值不可小觑，因此保护数字产品跨境交易过程中的个人信息也成为 WTO 法框架下数字产品跨境交易规则中的必要内容。然而，现有WTO 法框架下并没有个人信息保护方面的立法，仅在 GATS 协议中第 14 条第 2 款一般例外的规定中提及个人信息保护，这显然是不够的。个人信息保护规则缺失会导致数字产品跨境交易的交易主体失去对互联网的信任，从而影响数字产品跨境交易的发展。

（四）外部协调问题

WTO 法框架下数字产品跨境交易规则严重滞后，双边自由贸易协定和区域贸易协定的替代解决方法已占据数字产品跨境交易规则的半壁江山。一些成员方认为，WTO 规则调整数字产品跨境交易是不完整的和过时的，但 WTO成员方未能进一步探索相关的规则来应对数字产品跨境交易带来的问题，相关谈判掣肘于多哈回合谈判的效率，无法应对数字产品跨境交易带来的机遇和挑战。WTO 要想走出目前规则停滞的困境，需要寻求 WTO 法框架下数字产品跨境交易规则与区域贸易协定中数字产品跨境交易规则的协调之道。

二、规则问题的重要性分析

数字产品跨境交易市场的全球性要求相关规则也能在全球范围内取得一致，而 WTO 规则存在的问题使数字产品跨境交易的国际治理问题变得更为复杂。上述四个问题都是 WTO 成员方争议比较大、焦点比较集中的问题，在解决的迫切性上也比较突出。

（一）关乎 WTO 成员贸易规则统一

20 世纪 90 年代中期，WTO 认识到贸易正在朝数字化方向发展，并进行了相应的调整。但近年来，迅猛发展的数字产品贸易并没有与之配套的规则予以使用，规则呈现出明显滞后的趋势。已制定的数字产品跨境交易相关规则多散见于 WTO 法框架下的一些主要的协定文本及其附件之中。而且，数字产品跨境交易的规则掣肘于多哈回合谈判后的低效率，一直缺乏有效的变革，因而在文本以及操作层面都存在诸多需要完善之处。[①] 数字产品在 WTO 法框架下应选择什么规则进行调整，成员间存在不同的主张，看似简单的挑选，实则与选择者背后的贸易立场息息相关。

在 WTO 法框架下，规则难以选择，根源在于 WTO 成员方目前的数字产品跨境交易政策立场分化严重。数字产品跨境交易呈现天然的垄断特征[②]，一个新兴行业经过市场优胜劣汰后，往往只会留下实力更强的企业。具有垄断支配地位的数字企业日益受到全球关注，不少经济体正在追求分化的数字贸易政策。数字产品跨境交易的发展正在扩大数字鸿沟[③]（digital divide），连通力不足的国家和高度数字化的国家之间的差距越来越大。[④] 受贸易条件理论[⑤] 的影响，发展中国家成员如果不采取措施保护国内市场，则更难在数字产品市场竞争中获得竞争优势。

政策立场分化不仅仅体现在发达国家成员与发展中国家成员之间，在发达国家成员之间的立场分化也很明显。例如，美国的数字产品跨境交易发展在

---

① 张茉楠，周念利. 数字贸易对全球多边贸易规则体系的挑战、趋势及中国对策 [J]. 全球化，2019 (6): 32-46, 135.

② 基于数字产品的战略性贸易竞争特征，在不完全竞争环境下，政府可以凭补贴政策或其他保护性政策促进本国战略性产业发展，使其在国际市场上增强竞争力，取得额外效益，并借机掠夺他人的市场份额，继而产生垄断。

③ "数字鸿沟"一词由美国未来学家托夫勒于 1990 年提出，指不同区域之间的信息落差产生的贫富两极分化趋势。

④ 最不发达国家，只有五分之一的人使用互联网，而在发达国家，五分之四的人使用互联网。在利用数字数据和前沿技术的能力方面，非洲和拉丁美洲合起来拥有的主机代管数据中心占世界总数的不到 5%。数字产品贸易发展的经济地理一直由美国和中国主导，并没有显示出传统的南北鸿沟。世界上最大的七个超级平台（微软、苹果、亚马逊、谷歌、脸书、腾讯、阿里巴巴）占据了总市值的三分之二。UNCTAD. Digital Economy Report 2019[R/OL]. (2019-09-04)[2022-03-16]. https://unctad.org/en/PublicationsLibrary/der2019_en.pdf.

⑤ 按照贸易条件理论，技术进步的利益总是从发展中国家流向发达国家。发达国家由于劳动力稀缺，工资随着生产率的提高而增加；在发展中国家，由于人口的快速增长和剩余劳动力的存在，工资收入的增加比生产率的提高慢。因此，对最终货物价格的上升压力，在发达国家就比发展中国家大，生产率提高所得的利益不会以降低价格的形式让渡于购买者，而将转化为较高的利润和工资。所以，发展中国家进口的制成品价格比起他们出口的初级产品价格总是相对地上升。

全球位居前列，在全球范围内，美国不遗余力地推广、促进数字产品跨境交易发展的措施，为国内企业争取良好的发展环境。美国国内自1998年起就开始推行《互联网免税法案》。[1] 在美国联邦制之下，地方州政府在立法方面有较大的自主权，而且联邦政府层面鼓励数字产品跨境交易自由发展，无意出台具体法律来干涉。欧盟数字产品跨境交易立法目标是确保数字产品在欧洲市场自由流通，以免电子协议和新技术因缺乏法律依据而无法使用。欧盟还强调新旧商业模式的同等对待，通过修改现行法，确保能适用于数字产品跨境交易。新修订的法律体系通过制定最低标准来确保成员国自身的法律不与此相悖，且需要遵守欧盟法律的规定。[2] 在欧盟内部同样存在分歧，欧盟在"数字服务税"问题上尚未达成整体性意见。例如，英国在脱欧前率先宣布开征数字服务税，随后法国、西班牙、意大利等国也相继宣布征收数字服务税，德国、比利时等国的态度较为暧昧，没有明确表示支持，也未明确表示反对，荷兰、卢森堡等国则表示明确的反对。[3]

如果WTO在规则选择问题上总是犹豫不决，成员方的贸易立场必将更难统一，分化现象愈演愈烈，这样不利于WTO规则在成员方域内法层面的统一执行，因而走出规则选择的困境非常重要。

（二）关乎WTO追求的自由化目标

WTO协定最重要的宗旨是追求贸易自由化，然而在数字产品跨境交易的过程中，涉及大量的数据需要跨越国界传输，各成员方出于安全、公共政策等因素的考虑，对数据流动制定了一系列的监管措施。各成员方交易的发展水平和市场需求不同必然会产生各自采取的数据流动监管措施各异的结果。数字产品跨境交易发展相对迟缓的成员出于保护本国数字信息安全的考虑往往会设置比较严格的数据流动的限制性措施，如土耳其禁止经营者掌握的个人数据跨境自由流动、俄罗斯要求经营者处理交易的计算设备在本地设置、印度尼西亚禁止国外互联网服务商向其提供服务、欧盟严格保护欧盟公民的数据等。数字化程度较高、发展走在世界前列的成员方则更倾向于制定一系列与其国内措施

---

[1] S.442 - Internet Tax Freedom Act[EB/OL]. (1998-08-10) [2022-03-16]. https://www.congress.gov/bill/105th-congress/senate-bill/442?q=%7B%22search%22%3A%5B%22Internet+Tax+Freedom+act%22%5D%7D&s=5&r=21.

[2] KROES Q. E-business law of the European Union[M]. Netherlands: Kluwer Law International BV, 2010: 31-45.

[3] 郑靖川. 论欧盟数字服务税 [J]. 合作经济与科技, 2019 (22): 190-192.

相一致的规则来保驾护航。无论是对数据的严格监管，还是不顾一切地自由开放，都容易形成新型数字贸易壁垒。

如果 WTO 对数字产品跨境交易中的数据流动进行统一规范，则会避免不必要的交易障碍，以及掠夺性地开放市场，只有促进数字产品跨境交易市场的有序开放，交易才能得到真正意义上的自由发展。

（三）关乎成员间的交易有序进行

WTO 所追求的自由贸易并不是以牺牲公平有序的交易秩序为代价的，有序的交易环境能反过来促进贸易活动取得更大的发展。数字产品跨境交易过程中，商家可以通过消费者在交易中留下的痕迹（如浏览记录、购物车信息、商品搜索信息等），分析消费者的行为习惯，以便为消费者提供精准化广告投放和个性化定制服务，从而达到提升业务量的目的。商家为提高网站的核心竞争力，会使用各种技术手段采集、使用蕴含着巨大经济价值的个人信息；同时会有一些不法分子通过非法入侵网站等方式来获取个人信息。为使在线用户的信息得到合法保护，各成员方的相关立法活动相对频繁，但有关数字产品跨境交易中的个人信息保护的标准难以达成共识。因为 WTO 并没有就此进行专门规范，而各成员方出于本域内的核心利益不同、贸易政策有别等因素的考虑，在制定国内隐私保护规则时有着非常明显的差别。统一国际标准的缺失，使隐私保护的国际规则方面分歧较大，跨国经营的企业很难同时满足这些差异化的标准或规定的要求，贸易成本因此大大增加。[①]

如果 WTO 在数字产品跨境交易中的个人信息保护方面确立了统一的规则，使交易能在全球贸易市场上有序进行，可以有效避免成员方之间规则的冲突和不协调问题，跨国经营主体开展海外市场拓展计划时，上述差异化现象将会得到根本改观。

（四）关乎 WTO 的未来发展道路

鉴于 WTO 规则缺乏对数字产品跨境交易的专门调整，成员方开始在 WTO 法框架外积极寻求制定数字产品跨境交易规则的可能。为走出多边贸易规则体系的困境，各相关利益成员通过区域谈判签订了一系列区域贸易协定。这些协定涉及的内容很多，也有不少条款专门澄清了 WTO 已有的条款或承诺，但不同缔约国之间承诺的具体内容不尽相同。区域贸易协定的制定使规则

---

① BURRI M. The international economic law framework for digital trade[J]. Zeitschrift für schweizerisches Recht, 2015, 135(2): 10-72.

的"碎片化"趋势日益明显，形成复杂的"意大利面条碗"现象①，区域贸易协定缔约方存在成员相互重叠、协定条款犬牙交错的情形，各成员方纷纷提供所谓的特惠待遇。相比之下，WTO所确立的"最惠国待遇"则变成了"最差国待遇"。这种情况严重影响了WTO法框架下多边贸易体制的完整性和统一性，使数字产品跨境交易规则的制定愈发困难，给成员方带来严峻挑战。

面对区域贸易协定带来的冲击，WTO需要迎难而上，解决规则之间带来的一系列不利后果。WTO未来很长一段时间都要与区域贸易协定并存，因而协调好区域贸易协定与WTO的关系是WTO维护多边贸易体系的重要一环。

数字产品跨境交易需要全球统一的规则，而WTO作为全球性多边贸易组织，在制定贸易规则、促进贸易发展、解决贸易争端等方面有着巨大优势，其作用不可替代。所以，巩固WTO在全球贸易治理体制中的核心地位，通过谈判磋商解决数字产品跨境交易中所出现的问题，是WTO成员应该履行的公约义务。

三、规则问题之间的内部联系

WTO法框架下数字产品跨境交易应该选择框架下的哪个协定来调整交易带来的数据流动问题、交易中的个人信息保护问题和WTO法框架下数字产品跨境交易规则与区域贸易协定相关规则的协调问题，看似各不相干，实则联系紧密。

（一）规则选择问题的主导地位

规则选择问题是其他问题产生的基础，在诸多问题中处于主导地位。WTO法框架下与数字产品跨境交易相关的电子商务谈判启动之初，就开始对规则选择问题进行了大量的研究，但因为WTO现有框架下的货物贸易协定和服务贸易协定所规定的待遇相差太大，成员间意见难以统一，使规则选择困境持续存在。WTO相关谈判逐渐陷入僵局，不少成员因此对多边贸易体系失去信心。这个至关重要的基本问题不解决的后果是成员方纷纷选择其他替代解决方案，国内规则、区域规定各行其道，交易中出现的数据流动问题和个人信息保护问题也因此产生。因此，在进行问题分析时，笔者选择将WTO法框架下数字产品跨境交易中的规则选择困境放在首位来分析。

---

① "意大利面条碗"现象是多个双边或区域贸易协定产生后，各协定中出现的条款不同，就像碗里的意大利面条一样，扯不开，剪不断。

（二）数据信息问题的重要地位

数字产品跨境交易中的数据流动规则和个人信息保护规则是有关数据信息的两个规则。数据流动是数字产品跨境交易产生的前提条件和必要条件，静止的数据将失去价值，保护的意义也不大。个人信息保护是数字产品跨境交易不可逾越的屏障。没有保护的交易无法留住消费者，更罔谈长久稳定的交易市场。流动与贸易自由相关，保护与贸易秩序牵连，只有两者被同等对待，数据信息问题才能得到妥善解决，数字产品跨境交易的发展才会更加顺利。从WTO法框架之外存在的国内法规则和国际法规则来看，数据流动问题和个人信息保护问题的关注度较高，规则达成一致的概率也相对较高。因而，在WTO法框架下存在的四个主要问题中，数据流动问题和个人信息保护问题是最有可能先行达成一致的两个分支问题，由此在区域贸易协定中与之相关的规则与WTO规则的不协调问题也可以得到部分解决。先行解决部分达成一致的问题非常符合电子商务规则形成的一般规律。因而，在WTO法框架下数字产品跨境交易规则中涉及的数据信息的两个问题在四个主要问题中占据重要地位，笔者将两者分别置于规则选择问题之后来专门研究。这样做的目的有两点：一则为将数据信息问题分析完整；二则为给WTO成员必要的信心，确信统一的多边数字规则极有可能实现。

（三）外部协调问题的全局地位

数字产品跨境交易规则的外部协调问题是WTO相关规则存在的主要问题中最难解决但又亟须解决的问题。即便前面提及的三个问题均得以妥善解决，若对外部协调问题一直置之不理，任由其愈演愈烈，也会直接影响已有规则，削弱规则的效力。例如，部分在数字产品跨境交易市场形成垄断地位的成员方有意避开WTO另寻规则，这样WTO多边贸易体系的地位将更加难保。因而，外部协调问题在四个问题中是全局性的，在解决其他几个问题的同时，外部协调问题需要同步进行。从辩证的角度分析，外部协调问题与前三个问题是辩证统一的关系。现有区域贸易协定中与数字产品跨境交易相关的核心规则集中于此前提及的前三个问题，因而前三个问题如果解决，会促进外部协调问题的解决，反之亦然，外部协调问题的解决必然会促进其他问题的迎刃而解。笔者将外部协调问题放在四个问题的最后的意义便在于此。

本章小结

数字产品是依托互联网而生的新兴事物，数字产品跨境交易所历经的时间并不算长，但在发展的过程中数字产品已呈现出多样化发展的趋势，数字内容包含的对象也一直在扩展。从早期数字信息化产品到后来的数字化产品，已有概念已不能完全含盖数字产品的基本内容。对本身就是实物形态的数码类产品和经过数字转码存储到有形载体上的数字内容产品，在理论界存在的分歧不大，认为两种类型都可以得到与货物一样的待遇，因此本书只关注狭义数字产品的内容，即经由数字转码后通过网络进行交易的产品。该处"产品"的概念是中性的，不区分其为货物还是服务。

本章在阐述了数字产品的概念、基本分类后，对数字产品的特征进行了总结。数字产品的非物质性、便捷性、易篡改性等特征，使它能很容易地获得消费者的青睐。数字产品跨境交易在演进的过程中，许多相似的概念也涌现出来。通过对数字产品跨境交易与电子商务、跨境电子商务的辨析，了解这些概念在使用时的区别，有助于展开后面的论述。另外，数字产品跨境交易与数字贸易也有一定的区别，但在实践中因为各方的立场不一致，因此选取了中性意义的概念。

数字产品跨境交易带来新的国际分工，不仅给发达国家带来了巨大的数字红利，还对发展中国家开拓贸易市场带来了无限的潜能。然而，机遇与挑战并存，数字产品跨境交易的急速发展冲击了原有的国际贸易规则，各成员方基于本方数字产品跨境交易发展的现状等方面的考虑，在制定政策上立场分化严重；在数据流动监管方面，发达国家之间以及发达国家与发展中国家之间的措施都存在较大差异，对数据跨境自由流动造成极大阻碍；在数字产品跨境交易中产生的个人信息的保护方面，也存在标准难以协调统一的问题；统一数字产品跨境交易多边贸易规则的严重缺失，对 WTO 多边贸易框架构成冲击；双边/区域贸易协定、国际组织中数字产品跨境交易规则各行其是产生的不良后果是制定者之间存在交叉重合，产生了大量"碎片化"规则，这样的规则之间难免存在冲突，在事务中如何解决这样的冲突却又困难重重，所以有必要对这些规则分别研究。

故此，基于数字产品跨境交易无国界性等因素的考虑，笔者认为，放弃WTO通过不懈努力搭建的多边贸易框架，必然导致部分发达国家通过占领数字产品跨境交易国际市场，进而主导相关规则的构建，其结果对中国和其他发展中国家而言是极为不利的。所以，包括中国在内的广大发展中国家应该面对这样的形势认识到问题的严重性并积极参与到解决问题的过程中。

第二章 WTO 法框架下数字产品跨境交易规则选择困境

通过前面对 WTO 中既有规则的分析可知，WTO 对数字产品的性质缺乏明确定义，因此对数字产品跨境交易在 WTO 法框架下应如何选择相关规则也没有明确的规定。规则选择问题是解决 WTO 法框架下数字产品跨境交易规则中其他问题的前提，是亟须解决的问题。

第一节 规则选择困境的由来和原因分析

一、困境存在的由来

信息技术的高速发展和互联网的普及，给数字产品跨境交易的增长提供了广阔的平台。然而，作为一种全新的商业运作模式，数字产品跨境交易带来了 WTO 规则选择的一系列问题。在很多情况下，货物和服务的界限变得非常模糊，相同的产品既可以被视为货物，可选择 GATT 规则；又可以被视为服务，可选择 GATS 规则；还可以被视为特许权，可选择 TRIPs 规则。可以说，数字产品跨境交易涉及 WTO 法框架下的诸多协定，要选择什么规则对其进行调整并非易事。

GATT1994 调整的对象主要是普通的有形货物。但在当前的国际贸易中，很多有形货物转化为数字化产品后，可以借助网络加以传输。以电子方式传输的服务应该由 GATS 协定加以调整，在这一点上，WTO 成员基本已达成共识。鉴于提供大多数服务的成员方已在 GATS 协定承诺表中的具体服务部门中做出了明确的承诺，所以对这些具体服务的分类以及其应选择哪些 GATS 规则和相关义务并没有太大的争议。

就 WTO 电子商务工作计划小组而言，现在讨论最多、分歧最大的问题是原来通过物理方式（传统的实物方式）进行的贸易，现在不需要任何实物载体就可以在网络上传输，这些产品通过在线上传和下载的方式进行交易。当产品通过网络传输和交易丧失其物理形态时，货物和服务之间的界限就会变得模糊不清。例如，可以直接在互联网上欣赏到的歌曲，究竟是通过互联网提供的音像服务，还是音像货物？还有学者认为电子书并不是实物书的数字化，而是作品的数字化，作品作为著作权的客体，既不能归入货物，也不能视为服务。[①]

传统的承载数字产品的磁盘、唱片等货物在经过一国关境时，也存在因为磁盘、唱片等货物本身的价值远低于其承载的数字产品的价值而引发海关估价的争议的情况。虽然在东京回合谈判中 GATT1994 赋予成员选择权，可以自行选择以物质媒介上所承载的交易价值作为关税估价的基础，或者以承载交易对象信息的物质载体本身的价值为基础进行关税估价[②]，但以数据形式传输的音乐产品如果还是选用 GATT1994 所确定的方式来估价，应归哪个类别以及按什么标准来估价，选择起来比前者更为复杂。

由此可见，选择不同的 WTO 规则会直接影响数字产品的待遇水平，对数字产品未来的发展也会产生巨大的影响。如果将数字产品视为普通货物，应由 GATT1994 来调整；如果将数字产品视为服务，则由 GATS 协定来调整。

二、困境产生的原因

（一）WTO 法框架下缺乏相关概念的明确界定

在 GATS 协定生效以前，服务贸易缺乏统一界定。从 GATS 的条款来看，它巧妙地回避了学术上的争议，并没有对什么是服务进行明确界定，而是通过划定范围的方式规定 GATS 协定要调整哪些服务贸易。[③]GATS 协定并没有区分服务贸易的提供方式，对如何区别服务贸易与货物贸易，GATS 协定同样保持缄默。因此，作为既能以有形实物方式进行交易，又能通过网络以无形方式进行传输的数字产品，货物和服务的界限变得模糊。

对货物和服务区别的问题不仅仅存在于贸易领域，在商品归类时同样存在问题。由 CPC 分类可知，并没有哪种方法可以随时、准确、有效地对货物

---

① 陈儒丹 . WTO 框架下数字产品在线跨境交易的法律性质 [J]. 法学 , 2008 (7):87-94.

② 见 WTO 海关估价委员会《东京回合谈判关于海关估价的决定》G/VAL/W/1。

③ 见《服务贸易总协定》第 1.1 条。

和服务进行分类。在行业分类中，CPC目录、国际标准行业分类①（International Standard Industrial Classification，以下简称ISIC）以及商品名称及编码协调制度（The Harmonized Commodity Description and Coding System，以下简称HS制度）②都没有对生产行业（content- producing industries）进行明确界定。

（二）不同规则对贸易的保护程度差别

GATT1994和GATS协定调整不同类型的国际贸易。GATT1994调整国际货物贸易，GATS协定调整国际服务贸易。虽然两个协议都提供了相似的保护类型，但GATT1994保护的对象在所有国际货物贸易中同样适用，而GATS协定保护仅用于成员方已明确承诺受该协议约束的服务。简而言之，与GATT1994不同，GATS协定不保证服务能自由进入市场。GATT1994下的国民待遇是全面的义务，同类产品都要给予相同的待遇，GATS协定下的义务需要成员方做出具体承诺来确定。GATT1994一般情况下不允许采取数量限制措施，GATS协定允许成员方采取数量限制的措施。

（三）产品性质决定选择困难

如前所述，数字产品是指通过使用数字技术（主要是互联网）提供的任何商品或服务。③纯粹的数字产品在交易时可以不需要任何实物媒介。传统货物一般交付时转移标的物的所有权，数字产品交付时仅仅交付了内容，所有权并没有因此而发生转移。基于版权保护的要求，买者未经许可不可以对所购买的数字产品予以传播或转售，这一特点与服务非常类似。

此外，信息技术的发展，使一项新型的数字产品受到广泛关注，即基于增材制造技术的3D打印。增材制造（通常称为"3D打印"）的工作方式是将连续的特定材料层施加到平坦表面上，直到这些层形成三维物体为止。④通过3D打印生产的产品如果出售，则应视为货物。但在此过程中也存在一些问题，

---

① United Nations Statistics Division (UNSD). International standard industrial classification of all economic activities [S/OL]. [2022-03-17]. https://unstats.un.org/unsd/iiss/International-Standard-Industrial-Classification-of-all-Economic-Activities-ISIC.ashx.

② HS是商品名称和编码协调制度，又称关税术语协调制度，是对贸易产品进行分类的国际标准化名称和编号制度。一直由世界海关组织(WCO)制定和维护。

③ BAKER S A, LICHTENBAUM P, SHENK M D, et al. E-products and the WTO[J]. The international lawyer, 2001, 35(1): 5-21.

④ BENSON C L, TRIULZI G, MAGEE C L. Is there a Moore's Law for 3D Printing?[J]. 3D printing and additive manufacturing, 2018, 5(1): 53-62.

即在 3D 打印国际贸易中通过网络传输的 CAD 文件是货物还是服务，应适用哪一规则，非常难区分，下面会对此进行专门分析。

第二节　WTO 成员方不同的主张

目前，成员方对数字产品跨境交易在 WTO 中的规则选择问题上存在四种主张，分别是由 GATT 协定、GATS 协定、TRIPs 协定以及混合规则来调整。

一、以美国为代表的 GATT 派

美国等电子商务较为发达的国家，出于充分保护其国内的电子商务产业的目的，极力主张数字产品贸易与普通货物一样受 GATT 协定的保护。其主张的理由如下。

（一）有利于数字产品贸易自由化

美国认为，GATT1994[①] 为数字产品发展提供了更大的自由空间。鉴于成员方之间对电子方式传输的贸易予以永久性免征关税的意见并未达成共识，数字产品跨境交易归由 GATT1994 调整，将会对世界贸易起到更好的促进作用。对 WTO 法框架下的 GATT1994 与 GATS 协定进行比较，能得出 GATT1994 之下贸易自由化的程度要比 GATS 协定高很多的结论。

在货物贸易领域，GATT1994 要求各成员履行国民待遇义务，而在 GATS 协定之下，各成员方可以在 GATS 协定承诺表中通过不予承诺的方式排除国民待遇义务。GATT1994 不允许采用任何形式的数量限制，而在 GATS 协定之下，如果成员方没有就市场准入做出完全的承诺，就可以采用数量限制措施。从技术标准和措施角度来看，GATT1994 提供了一个多样性的调整规则，而这样的调整规则在 GATS 协定之中却不存在。GATT1994 要求各成员方采用国际标准，并确保国内规则不对国际贸易造成不必要的阻碍。在数字产品跨境交易的环境下，存在针对此类贸易适用或可采取贸易保护主义的规则，并对自由贸易构成威胁。以存储在有形介质上的软件为例，其属于 ITA 协定所调整的范围。根据 ITA 协定，发达国家成员同意对存储在磁盘等有形介质上的计算机软件实行零关税。GATT1994 再加上关税延迟征收计划，可以确保这类产品具

---

① WTO 文件，美国 1999 年 2 月 12 日提案。

有较低的关税。然而，在 GATS 协定之下，还缺乏对电子服务免征关税的规定，将来是否对其征收关税不得而知。

若选择 GATS 协定调整数字产品跨境交易，在理论上存在对其征收关税的可能性。如果未对国民待遇做出承诺，各成员方可以在 GATS 协定之下采取歧视性关税以及各种国内税。[①] 总的来讲，选择 GATT1994 能够较好地在电子商务环境下为数字产品跨境交易提供一个免税的环境。

与 GATS 协定相比，GATT1994 之下还存在一个与补贴相关的协定，而 GATS 协定中目前不存在此类补贴协定。同样，在 GATS 协议项下也不存在与 GATT1994 相类似的反倾销协定、保障措施协定、与贸易有关的投资措施协定或者原产地规则。

从以上 GATS 协定所需要考虑的规则可以看出，GATS 协定要想获得如 GATT1994 那样完备的体系，还有很长的一段路要走。两者的具体区别如表 2-1 所示。

表2-1　GATT1994与GATS协议的对比

	GATT1994	GATS
国民待遇原则	一般情况下不允许存在例外	取决于各成员方的具体承诺
最惠国待遇原则	一个成员给予另一个成员的贸易优惠和特许必须自动给予所有其他成员	特定国家间适用例外
关税	未做出零关税承诺，可以征收关税；签署 ITA 协定的各成员方之间适用零关税	未涉及关税，如做出无限制性国民待遇承诺，则不允许采取歧视性措施
配额	仅在紧急保障措施情形下允许适用	未做出无限制的市场准入承诺允许适用
透明度原则	适用	适用，但比 GATT 的要求要低
国内监管	存在于技术标准和动植物检验检疫措施中，消除不必要的贸易限制规则，鼓励采取国际标准	存在不完整的监管规则

[①] ABU-AKEEL A K. Definition of trade in services under the GATS: legal implications[J]. The George Washington journal of international law & economics, 1999, 32(2): 189.

	GATT1994	GATS
发展中国家优惠待遇	存在针对发展中国家的特殊条款	存在，但比 GATT 中的要少
补贴协定	存在	不存在
反倾销规则	存在	不存在
紧急保障措施	存在	不存在
原产地规则	存在	不存在
与贸易有关的投资措施	存在	不存在，但 GATS 模式 3 下包含了对有形商业存在（即投资）的市场准入规定

来源：来自《数字产品贸易：欧盟和美国视角》一文。

（二）可确保 WTO 贸易政策中立原则

相似产品给予相同待遇，是贸易政策中立原则的精髓。相似产品以两者之间是否存在相似性或有直接竞争性或替代性来判断。数字产品有实物形式的相似产品，因而该产品应享受与其相似的实物一样的待遇。如果因交付的媒介不同而给予不同的保护，是不公平的。

目前，同样的软件通过网络进行服务贸易的话，将会受到 GATS 协定中相应规则的制约。GATS 协定中没有专门针对通过计算机网络传输的软件的承诺，也没有关于此类贸易的明确定义，这可能使软件产生的生产商面临很大的不确定性[①]，这一事实使美国国内的计算机软件生产商采取相应的措施来影响美国参加谈判的态度。计算机软件生产商期待着在 GATS 协定中的谈判结果能够确保计算机软件享有在 GATT1994 中已经确立的市场准入和国民待遇。以不同的方式进行交付会导致法律适用的不确定性，使通过在线方式进行的交付处于不利的地位。另外，生产实物货物离不开电子服务，如在制作音乐 CD 或印刷纸质书籍时所进行的原始数据的跨境传输，实践中通常避免将这类服务作

---

① LOEBBECKE C. Electronic Trading in On-line Delivered Content[C]//Proceedings of the 32nd Annual Hawaii International Conference on Systems Sciences. 1999: 10.

为一个独立的服务交易。①

（三）符合数字产品的性质和消费模式

许多数字产品在交易过程中可能会多次更改其物理介质。例如，游戏制作者可以将游戏光盘的内容复制到硬盘上，然后通过互联网将内容发送给消费者，消费者将其保存在另一张光盘上。美国认为，数字产品没有服务的关键特征，即提供服务和消费同时发生。数字产品的生产和消费两个环节不必亦步亦趋，在消费数字产品之前，数字产品就已经生产出来了。② 数字交付产品的持久性及其与有形载体的不可分割性表明，数字产品是货物而不是服务，应使用GATT1994。

值得注意的是，虽然美国在国际上主张数字产品适用 GATT1994 调整，但其国内法实践中却有着不一样的做法。2003 年修订的《美国统一商法典》规定，货物是在买卖合同确认时可以移动的物，不包括信息、货币、投资证券、外汇等，而且该规定将单纯的数字产品排除在货物的定义之外。

二、以欧盟为代表的 GATS 派

与美国的主张相反，欧盟主张数字产品跨境交易由 GATS 协定调整。欧盟认为，数字产品交易的本质既不是知识产权许可，又不是所有权转让，而应是服务的提供。此外，欧盟指出在 WTO 协定中并不存在一个平等适用于货物和服务的所谓贸易政策中立原则。欧盟认为，服务以新出现的技术提供时，不应在 GATS 协定下受到差别对待。货物贸易（存储在有形介质上的软件）与服务贸易（通过在线的方式传输）之间不能用技术中立原则来区别，也不能给予同样的市场准入和国民待遇。具体理由总结如下。

（一）有助于数字产品跨境交易自由化

欧盟认为，GATS 协定与 GATT1994 有所不同，GATS 协定允许通过四种不同的模式进行自由贸易，若各成员方在 GATS 协定之下就数字产品做出充分的承诺，那么数字产品在 GATS 协定下自由化的程度会更高。视听类数字产品的市场准入问题在 GATT1994 之下并未得到解决，但如果在 GATS 协定下做出充分的承诺，准入问题将会得到解决。通过上述分析可以看出，从短期角度

---

① 何其生. 美国自由贸易协定中数字产品贸易的规制研究 [J]. 河南财经政法大学学报，2012，27(5)：142-153.

② BARSHEFSKY C. Trade policy for a networked world[J]. Foreign affairs, 2001(2): 134-146.

考虑，利用 GATT1994 调整可能对数字产品的发展更为有利，但从长远角度看却未必。

（二）可为数字产品提供恰当的分类

GATT1994 对货物的分类采用了世界海关组织制定的《商品名称及编码协调制度》[①]，其分类标准是根据货物的物理属性，而不考虑货物的最终用途。由于数字产品不具有真实的物理属性，因此《商品名称及编码协调制度》并未对这类产品提供任何恰当的分类。计算机软件类产品可以根据其载体的类别进行分类。原有只能体现在特定载体上的产品，如书籍、影像、音乐等，载体很容易进行区别。但随着技术的发展，载体与载体之间的区别不再那么严格[②]，而《商品名称及编码协调制度》中的分类对于这类货物而言可能用处并不大。在 WTO 体制内，以电子方式传输的数字产品并未被认为是真正意义上的货物，GATT1994 是根据有形货物来确定关税的。但在数字产品的贸易中，产品的内容才是真正的贸易对象。因此，GATT1994 并不能适用于那些无法在关境征收关税的贸易类型。

（三）体现贸易政策中立的规则

欧盟认为，在 GATS 协定中并没有对服务进行界定。在学术上通常认为是基于产品的物理特征或者产品的物质形态来区分货物与服务的，因而主张通过在线方式提供的数字产品应归属于服务，消费者把在计算机缓存中的数字产品以有形光盘的方式再次刻录下来，这一行为与最初跨境提供的视频服务不存在直接联系，因此不能以后者的行为决定前者的调整规则。

（四）有助于实现规则的确定性

包括欧盟在内的一些成员认为，原来那些可以被数字化的产品一直都由 GATT1994 调整，因此数字产品和原来的产品应属于"类似产品（like products）"。出现这一主张的原因是在 GATS 规则中，这些产品并不存在有形对应物。事实上，在很多时候，数字产品最终并没有转化为有形对应物。因此，把含有数字化内容的载体归入 GATT1994 加以调整缺少更恰当的归类。这一归类在当时有一定的合理性，但目前由于 WTO 规则日益完善，完

---

① World Customs Org. Nomenclature and Classification of Goods Overview[S/OL].[2022-03-17] http://www.wcoomd.org/en/topics/nomenclature/overview.aspx.

② SAKO M. Free trade in a digital world[J]. Communications of the ACM, 2019, 62(4): 18.

全可以用 GATS 协定取代 GATT1994 对数字产品调整。

数字产品跨境交易伴随着全球化和自由化浪潮一并发展壮大，对于大多数电子商务发展较为落后的发展中国家而言，数字产品跨境交易使用 GATS 协定更容易被发展中国家接受。因为在 GATS 协定下的国民待遇并不是一般义务，发展中国家可以通过市场准入和模式选择有效控制跨境数字产品交易，这样在税收方面也有更多的管辖权。从这个角度看，使用 GATS 协定更有利于实现规则的确定性。

笔者认为，美国、欧盟提出的主张对现今国际贸易的发展都有一定的促进作用，各自存在一定的合理性。在实践中，因为有欧美两大利益阵营的支持，这两种观点成为时下驻留观点，形成了相当规模的影响力。

三、以新加坡为代表的 TRIPs 派

在 WTO 中，以新加坡为代表的一些成员方主张数字产品跨境交易适用 TRIPs 协定加以调整。他们认为，有关在线电影的贸易或者按客户要求设计的软件的贸易不属于服务贸易，也不属于货物贸易。这些贸易的价值在于受知识产权保护的思想和内容。交易表现为经销商设计定制软件，买方支付版权使用费或许可费。[1] 这些交易反映在国际货币基金组织有关服务贸易统计中，被称为版税和许可费。然而，在 GATS 协定之下的视听服务中不存在这一命名规则。消费者跨境购买软件时，并不是购买该软件程序，而是购买了使用这一软件的许可。[2] 知识产权人对软件的控制权并没有因许可而丧失，因此可以将数字产品跨境交易视为许可贸易，适用 TRIPs 协定的规定。

四、以日本为代表的 GATT 与 GATS 混合派

日本代表曾就规则选择问题提出过一种混合选择规则的提案，即在数字产品的市场准入方面与 GATT1994 的规则保持一致，但性质上认定其为 GATS 协定所调整的服务。日本认为，如果 GATS 协定中特定部门能做一个全面的承诺，使最惠国待遇的豁免均得以消除，则区分数字产品跨境交易是货物还是服务的意义并不大。从现实的角度看，这些数字产品分散在各种服务类别中，如果一个成员在自己的具体承诺表中对市场准入和国民待遇做了充分的承诺，这

---

① 见 TRIPs 理事会文件 *Electronic Work Programme — Submission from Australia* (IP/C/W/233)。

② 见 WTO 文件 *Work Programme On Electronic Commerce — Communication From Indonesia a nd Singapore* (WT/GC/W/247)。

些承诺与 GATT1994 下的国民待遇、最惠国待遇和禁止数量限制等原则就没有差别。①

第三、四两种观点，看起来较为新颖，实则很难践行。其中，选择 TRIPs 协定不仅不能对数字产品跨境交易提供市场准入保护，也不能保证任何形式的贸易自由化。一味追求知识产权保护会构成贸易壁垒，阻碍信息和文化的正常交流，与人类文明的发展方向相背离。而将规则混合选用的主张看起来容易接受，实际操作却很困难。在 WTO 法框架下，GATT1994 和 GATS 协定可以相互并存，但彼此不能互相替代，出现规则选择问题的根本原因是 WTO 货物规则和服务规则彼此分离且缺乏定性标准，随着实物形态的产品和服务的相互关联程度不断加深，GATT1994 和 GATS 协定的这一矛盾将变得更加突出。因此，在实践中，规则选择的争议主要集中在 GATT1994 规则和 GATS 规则之间。

第三节　走出规则选择困境的途径

上一小节分析了 WTO 成员方提出的规则选择主张，在理论界，对数字产品跨境交易在 WTO 中的规则选择问题也有大量探讨。本节以当前数字产品中比较热门的 3D 打印产品为例，根据理论界研究该问题时采用的几种主要方法来分析 3D 打印应该选择 WTO 哪项规则调整。当然，这只能作为一个典型案例，希望能为解决未来更多新型数字产品出现后的规则选择问题有一定的指引作用。

一、以特殊的调整对象——3D 打印为例

在数字产品跨境交易中，不管选择何种规则，调整对象是确定的。早期有实物相对应的数字产品适用规则的问题，争议并不算大，但许多数字产品产生之初在市场上找不到任何参照物。因此，对这些对象进行分析，从而找出可以推而广之的规则很有意义。下文主要从 3D 打印入手展开分析。

（一）3D 打印的流程及应用

3D 打印是一种基于数字模型文件的技术，即使用粉末金属或塑料以及其

---

① ABU-AKEEL A K. Definition of trade in services under the GATS: legal implications[J]. The George Washington journal of international law & economics, 1999, 32(2): 189.

他黏合材料逐层打印物体。3D打印的基本原理与普通打印相同，都是采用分层加工技术。两者最大的差别体现在使用的材料和运用的工艺两个方面。普通打印以纸张和油墨为原料，3D打印使用的是塑料、陶瓷、金属和其他原材料。①3D打印可用于制造从锂离子微型电池到人类肾组织的一切事物，并可用塑料、金属、陶瓷、水泥、木材、食品和人体细胞等材料进行打印。通用电气公司将3D打印用于生产喷气发动机和医疗设备，波音公司用3D打印航空航天设备，中国的盈创建筑科技（上海）有限公司与浙江某房地产集团合作设立佳源盈创科技开发有限公司，率先在全球用3D打印技术建造房屋，这也是全球第一家以3D打印技术开发楼盘的房地产企业。②

3D打印产品的最大优势在于，它可以创造出独一无二的产品而无须更换设备，因为3D打印机不是单一用途的设备。这就是增材制造技术被称为"3D打印"的原因。普通的2D打印机可以使用少量墨盒生成想要的任何图像，3D打印机也可以使用一组预先准备的打印材料来生成想要的任何形状。比如，3D打印一个兵马俑的雕像，只需要一个制作完成的3D渲染文件，单击打印按钮即可生成。与2D打印不同的是，3D打印需要使用一种计算机辅助设计（CAD）③文件。与任何其他数字文件一样，CAD文件也可以通过网络跨境传输。④

（二）3D打印产品带来的法律问题

作为一项新技术，3D打印引发了不限于知识产权领域的诸多法律问题。与本书研究相关的是3D打印依照WTO协议应被视为货物还是服务，从而由相关规则进行调整的问题。在GATT之下，3D打印机本身被视为货物。同样，在3D打印中生产的产品如果通过国际贸易方式出售，也应被视为货物，这些都没有争议。但在国际贸易中通过互联网发送的CAD文件应视为货物还是服务？

---

① DOHERTY D. Downloading infringement: patent law as a roadblock to the 3D printing revolution[J]. Harvard journal of law and technology, 2012 (26): 353.

② NGUYEN T C. Yes, that 3D-printed mansion is safe to live in[N]. Washington post, 2015-02-05(5).

③ CAD是指Computer Aided Design, 即计算机辅助设计, 通常指利用计算机等帮助工程师完成设计工作。

④ TRAN J L. The Law and 3D Printing[J]. John marshall journal of privacy and Technoligy law,2015 (4): 505-506.

美国有个案件与此非常相似，在 ClearCorrect Operating 公司[①]诉美国国际贸易委员会一案中，争议的焦点是 CAD 文件是否属于美国海关和边境保护局规定的"物品"。虽然美国法院所采用的法律推理不足以作为解释 WTO 法律的指导，但这一推理为 WTO 成员方对相似的法律事实选择适用规则，提供了一定的参考意义。ClearCorrect Operating[②] 公司主要通过数字技术获取患者的牙齿分布模型，然后通过网络将模型文件传输给位于巴基斯坦的分公司，分公司根据模型文件完成矫正牙箍的数字模型后，再将新文件传送回美国总部，总部利用 3D 打印技术将模型文件打印成实物牙箍给患者使用。2012 年，美国 Align Technology 公司以 ClearCorrect Operating 公司和其位于巴勒斯坦的分公司侵犯其专利权，向美国国际贸易委员会提出 337 调查申请。在本案中，包含牙齿分布模型的数据文件是否属于 337 条款中的侵权物品属于争议的焦点。美国国际贸易委员会起初认定其为侵权物品，禁止模型数据从巴基斯坦传输至美国境内。后美国联邦巡回上诉法庭认为，美国国际贸易委员会的认定缺乏法律依据，通过网络传送的文件不属于 337 条的侵权物品，337 调查应仅限于实物，不包括数字文件，以此推翻了美国国际贸易委员会的裁决。

根据案件发生过程，可以看出 3D 打印代表了更大的技术趋势，可能对未来供应链存在潜在影响。3D 打印抵制了当前货物服务二分法的分类方式，原有调整实物的规则便不能直接适用。对 3D 打印产品进行探讨，不仅仅为解决 CAD 文件应被视为货物或服务这一问题，以便选择不同的 WTO 规则，更深层的意义在于 WTO 规则对 3D 打印的适用选择，可以作为其他新技术出现时的法律适用的示范。[③]

二、规则选择方法的可行性分析

有学者认为应该对 WTO 的《信息技术协议》进行全面改革，由改革后的 ITA 协议调整数字产品跨境交易。也有学者提到必须要对现有制度作出改变，

[①]　ClearCorrect Operating 是一家在美国销售透明塑料牙齿矫正器的公司。它的竞争对手 Invisalign(隐适美) 在该市场上名气更大。

[②]　鲁甜 . 337 调查管辖范围的扩张趋势及我国对策 [EB/OL]. (2017-04-06) [2019-12-25]. http:// www.sipo.gov.cn/docs/pub/old/zlssbgs/zlyj/201704/t20170406_1309283.html.

[③]　MITCHELL A D. Towards compatibility: the future of electronic commerce within the global trading system[J]. Journal of international economic law, 2001, 4(4): 683-723.

通过一系列政治谈判，基于利益平衡达成一致的方案来解决这一问题。[①] 还有部分学者认为当前的 WTO 制度已经过时，最好的解决方案是 WTO 拟定一套全新的法律体系。上述方法的共性都是对 WTO 现有规则及规则的制定程序进行改革，从 WTO 以往谈判的耗时情况和规则产生的缓慢进程看，规则的发展速度确实无法与技术并驾齐驱，到新规则生效时，原有技术很有可能已经被淘汰。因此，笔者认为，通过全面改革 WTO 来解决数字产品跨境交易的规则选择问题，短期内的可行性不大。

更多学者倾向于在 WTO 现有规则中寻求解决方法，如可以从规则的调整对象，即数字产品本身究竟是货物还是服务来寻找答案，常见的方法是语义、特征分析法；也可以根据 WTO 确立的技术中立原则，采取相似性检测法，确保相似的产品得到相同的待遇；还可以从 GATT1994 和 GATS 协定制定的目标进行分析，选择哪一规则更有利于实现 WTO 贸易自由化的目标。

（一）语义、特征分析法

确定数字产品跨境交易选择何种规则，最简单方法是遵循 GATT1994 和 GATS 协定对货物和服务的定义。但 WTO 协定文本并未对两者提供任何有意义的定义。GATT1994 中没有对"货物"作出具体定义，GATS 协定则将"服务"定义为"任何部门的任何服务，但行使政府权力提供的服务除外"。特别是在数字产品方面，无论是协议本身，还是 WTO 的其他举措[②]，都没有对数字贸易、数字产品、数字服务进行明确的定义。所以，通过词典的定义和货物与服务的基本属性来选择应适用的规则，可以作为一种解决适用规则选择问题的方法。

1. 词典中的定义

《韦氏词典》将"货物"定义为"制造或生产的具有内在价值的用于销售的产品"；将"服务"定义为"由服务者完成的工作"。虽然字典中定义的"服务"与 GATS 定义的"服务"一样存在语义循环，但字典对"货物"的定义隐含着原则性的区别。货物是"制造或生产出售的"，这一要求意味着这是一种将货物与服务区别开来的要素。货物先制造后销售，一旦货物售出，它就脱

---

① BAKER S A, LICHTENBAUM P, SHENK M D, et al. E-products and the WTO[J]. The international lawyer, 2001, 35(1): 5-21.

② 1998 年，世贸组织总理事会制定了《电子商务工作计划》，考虑到发展中国家的经济、金融和发展需要，研究与全球电子商务有关的所有贸易问题。只是迄今为止，该计划还没有对数字产品进行界定。

离了制造商的手。根据这种区别，电子书和 CAD 文件与普通货物没有什么不同。每种产品都是先生产然后出售的，符合该定义的可以被认定为货物，应选择 GATT1994。

当然，数字产品的某些元素使"货物"和"服务"的词典定义不够完美。有许多类型的货物，购买之后，可以对其进行进一步完善，但数字产品不具备相同的迭代能力。如果消费者在商场购买一件衣服，买回来之后发现衣服并不合身，消费者隔天拿着衣服去裁边，此时并不能认为消费者在购买另一件货物。因为根据字典的定义，衣服是被改变了，而不是被制造。但 3D 打印跨境贸易与此不同，如果接收到来自他国的 3D 打印 CAD 文件并不完全适合，需要再次调整，那么 CAD 文件第二次迭代如何认定？与不合身的衣服不同，工程师一般会保留发出国的 CAD 文件的原始版本，不需要接受方重新发回文件。等到调整好后，再发送第二个版本的 CAD 文件给接受方。如果把第一次传送的文件作为货物，那调整后的第二个版本的 CAD 文件应该如何来界定？这从字典的定义中无法找到答案。

2. 基本特征分析法

区别货物和服务常用的方法还有以是否有形来区分，通常认为货物是有形的，而服务是无形的。[①]WTO 争端解决机构在加拿大期刊案中就采用了这一方法，WTO 上诉机构认定期刊是由油墨和纸张组成的有形产品，因此不能列为服务。[②] 这个区别最初似乎为数字产品分类问题提供了一个简单的解决方案。数字产品是无形的，因此它是一种服务。然而对于音乐产品，这就产生两种结果，即刻录在 CD 中的音乐被当作一种货物，而同一专辑的数字版本则要被认定为一种服务。在 3D 打印中，这种区别也难以取得令人满意的结果。

美国联邦巡回上诉法院在审理 ClearCorrect Operating 案时运用了有形性的标准来检测。法院认为，货物必须是具有物质性的物品，并且常识表明电子传输的产品与具有物质性的物品之间存在根本区别。[③]ClearCorrect Operating 在巴基斯坦的工程师发给美国制造商的 3D 效果图被法院认为是非物质的。ClearCorrect Operating 案中法院承认电子传输具有一些物理性质，

---

① BAKER S A, LICHTENBAUM P, SHENK M D, et al. E-products and the WTO[J]. The international lawyer, 2001, 35(1): 5-21.

② 见加拿大期刊案 (WT/DS31/AB/R)(1997-06-30)。

③ 见美国联邦巡回上诉法院案例 (810 F.3d:1286)。

但电子传输和具有物质性的物品之间存在根本区别。[①] 这条看似简单的规则产生了一个直接的结论，但从长远看，有形检测的后果却不尽如人意。因为在3D打印中，发送过来的具有无形特征的CAD文件可以在按下打印按钮后立刻变成有形的物品。这种混淆导致一些人放弃了以是否"有形"作为货物和服务区分的标准。例如，Peter Hill提出了一种新的分类方法，他认为货物本身就可以分为两类，即有形货物和无形货物，因此他得出结论，仅有形并不能定义货物，所以Peter Hill转向了所有货物基本特征。他认为，货物的基本特征是"可以在其上建立所有权并从其所有者那里获得一些经济利益的实体"，而服务必然因其一次使用而"耗尽"[②]。这种区别看起来像是提供了一种解决数字产品分类问题的简便方法。一旦下载，数字文件将由下载者拥有。他可以将文件用于任何目的，或者将文件从一个设备移动到另一个设备，而不会"耗尽"文件。

根据服务会在消费后被耗尽的性质，大多数数字产品因此更适合作为货物由GATT调整。但是，在另一种意义上，数字产品并不具备货物所有权的基本特征。与传统货物不同，数字产品具有非排他性：一个人拥有数字产品并不排斥另一个人拥有同一产品。数字产品并不属于真正意义上的非竞争性产品，因为并非所有人都能免费获得这些产品。基于数字产品的非排他性，数字产品盗版侵权问题屡屡发生，数字产品的生产商经常采用数字版权管理技术打击盗版。有了这项技术，生产商可以阻止文件从一个持有人传输到另一个持有人。可交易性是所有权的一个重要特征，数字版权管理解决了数字产品的非排他性，这使它们更接近于货物。因此，应选择GATT规则。

语义、特征分析法看似简单，也便于识别，但这种方法最大的问题是只能根据既存事实为未来做出决策，对未确定的产品无法界定其属性，能否适用这一方法也无从知晓。

（二）相似性检测法

相似性检测法是根据WTO原则来确立的检测方法，即对同类货物和服务

① SIMÕES B G. Cross-border intellectual property rights in digital data: the legal framework in Europe and the United States in the light of ClearCorrect v. US international trade commission[J]. Global trade and customs journal, 2016, 11(2): 46-56.

② HILL P. Tangibles, intangibles and services: a new taxonomy for the classification of output[J]. The Canadian journal of economics/revue Canadienne d'economique, 1999, 32(2): 426-446.

应给予同等待遇。① 尽管相似性原则在国际法中已经确立，但文献尚未完全说明如何将其应用于数字产品分类。

相似性原则的第一层含义是贸易中立性，在这种表述下，两种产品如果存在相互竞争关系，可以被认定为"相似的"。WTO 上诉机构提出了一个由四部分组成的相似性的检测标准：①产品的物理性质；②产品在多大程度上能够提供相同或相似的用途；③消费者为满足特定的需求而将产品视为履行特定功能的替代手段的程度；④为关税目的对产品进行的国际分类。② 在该标准中，没有任何一个因素可以控制，有学者更是直接指出，相似性做法看似很有吸引力，但也不能提供最终的标准。③ 相似性原则的第二种表述着眼于技术中立性。技术中立性意味着无论使用哪种技术来交付产品，都应给予相同的待遇。上诉机构承认技术中立的原则，但未能就如何实施这一原则阐明一个明确的规则。

WTO 争端解决机构审理美国诉中国音像出版物和音像制品措施案（以下简称"中美出版物和视听产品案"）采用的原则就是如此。④2010 年 10 月，美国要求 WTO 争端解决机构成立一个专家组，负责中国视听出版物和娱乐视听产品的贸易权和分销服务措施的审查，其中涉及与以下四类产品有关的服务，即电影、家庭娱乐视听产品、录音和出版物。美国认为，中国在此案所涉产品的进口措施中赋予了国有企业垄断地位，但外资企业不包括在内，限制了出版物、家庭娱乐视听产品和视听产品的销售；进口出版物、通过电子方式销售的视听产品和电影等并没有享受国民待遇。在关于中国是否对这些服务作出承诺的争论中，视听产品的电子销售方面存在很大争议。中国认为，仅对有实体载体的视听产品发行服务作出了承诺，而美国认为，中国对视听产品的发行服务作出的承诺包括有形和无形两种形式。专家组的论证支持了美国的观点。美国对中国的十多项行政法规⑤ 提出诉请，以确认中国的"措施"构成歧视，中国

---

① BAKER S A, LICHTENBAUM P, SHENK M D, et al. E-products and the WTO[J]. The international lawyer, 2001, 35(1): 5-21.

② 见 WTO 文件 *Appellate Body Report: European Communitie* (WT/DS135/AB/R)。

③ REGAN D H. Regulatory purpose and "like products" in article III: 4 of the GATT (with additional remarks on article III: 2) [J]. Journal of world trade, 2002, 36(3): 443-478.

④ 见中美出版物和视听产品案 (WT/DS363/AB/R)(2010-01-19)。

⑤ 美国指控中国的法规有《出版管理条例》《音像制品进口管理办法》《关于文化领域引进外资的若干意见》《音像制品管理条例》《外商投资产业指导目录》《中外合作音像企业分销管理办法》等。

的"一般例外"和"文化例外"抗辩均未通过专家组的审查。

美国认为，中国在限制外国公司进口和发行出版物和视听产品能力的情况下，采取了有争议的措施，并对外国产品提出了更为严格的内容审查要求。产品包括书籍、报纸、期刊、电子出版物、DVD、录音制品等。在该案中，专家组认定电子方式分销的录音制品与有实物载体的录音制品的分销，都属于视听服务部门的承诺范围，也不以其提供的方式进行区别对待。

除确认了WTO法律的系统重要性之外，WTO第一次试图在GATS和GATT之间划清界限，并界定什么构成货物和什么构成服务。尽管分析并不完整，但上诉机构使用"物理有形性"标准来区分货物和服务，更重要的是，本案还解决了争议非常大的"相似性"问题，这将直接产生离线服务与在线服务享受同等待遇的后果。在美国赌博案中，专家小组只确认了针对不同服务供应方式的技术中立要素，如在模式1中包括了对几种或全部交付方式的禁止，都构成对服务贸易总数的限制。但报告没有正式审查这两种模式之间的差异。在中美出版物和视听产品案中，上诉机构明确表示，分销可以包括实物交付和在线交付（除非另有规定），并加强了GATS下的技术中立立场。①

总体而言，相似性原则提出了一个简单的规则：根据国际贸易法，应同等对待数字产品与实物产品。将这一原理应用到电子产品上，结果令人信服。因为电子产品（如电子书或数字音乐文件）有明确的物理载体——纸质书和CD，它们应被视为GATT下的货物。②但相似性原则适用于更具特性的CAD文件时就不那么明显了。按照相似性原则，应同等对待3D打印的产品与生产出来的产品。例如，在ClearCorrect Operating案中，认为保存矫正牙箍设计的CAD文件与矫正牙箍一样，都属于GATT下的货物，这样的做法能产生横向的一致性。导入CAD文件然后3D打印矫正牙箍的公司与进口矫正牙箍的公司一样均受国际货物贸易法调整。这样无论是利用廉价劳动力在另一个国家或地区制造矫正牙箍，还是利用另一个国家或地区中更便宜的CAD设计其矫正牙箍，然后在国内制造，都要求给予相同待遇。总而言之，不管采用哪种方式，只要是利用国际市场生产的货物都将受到GATT调整。

将ClearCorrect Operating的CAD文件视为货物不会造成不一致的问题，

---

① BAKER S A, LICHTENBAUM P, SHENK M D, et al. E-products and the WTO[J]. The international lawyer, 2001, 35(1): 5-21.

② 事实上，GATT和WTO长期以来对将属于或可能属于数字形式而非实物形式的产品归类为商品还是服务的问题是存在争议的。

因为 ClearCorrect Operating 会为其打印的每个牙齿矫正器导入一个 CAD 文件，而牙齿因人而异，每个牙齿矫正器都不会相同。但是，很多产品与牙齿不一样，如果相关供应链模型在其他方面推广，则会产生不一样的结果。例如，前文介绍过的 3D 打印的房子，如果中国公司设计了一个 CAD 文件来打印整栋房子，而美国开发商进口了这个文件，就可以在整个街区里复制同一栋房子。这样当考虑是否可以将一个数字产品据为己有时，同样会产生前文讨论的非排他性问题。技术中立原则的适用，使得无论是通过数字文件完成还是通过零配件加工完成的房子都应该被同等对待。但 3D 打印的房子则只在文件跨境时受到一次贸易限制，作为同类物的房子每进口一套都受到一次限制，从这个层面上看，一致性无法实现。

可见，相似性原则忽略了技术创新将创造与现在的产品完全没有相似性的数字产品的可能性，虽然相似性原则最初能有效解决部分问题，但它依然陷入了与第一种定义方式相同的归纳推理的困境，即根据既存事实难以为未来做出决策。

（三）目标分析法

区分数字产品贸易应在 GATT1994 还是 GATS 协定中进行监管还有一种更具有原则性的方法，即确定这些协议的目标，并以最能促成这些目标的方式对它们进行解释。本部分着重介绍 GATT1994 和 GATS 协定的两个目标，即贸易自由化和保护发展中经济体的服务部门。WTO 的主要目标是促进自由贸易[①]，GATS 协定的第二个目标是允许发展中经济体弥补现有的不平衡。允许为发展中经济体提供一定程度保护的第二个目标与数字产品国际市场的关系尤为紧密。

1.GATT1994 和 GATS 的序言阐明了各自的目标

要确定 WTO 协议的目标，我们必须深究法律文本。GATT1994 和 GATS 协定都有序言，在某种程度上阐释了协定的目标。[②]GATT1994 序言中确认，国际贸易应"着眼于提高生活水平，确保充分就业，以及实际收入和有效需求的大量稳定增长，发展世界资源的充分利用，扩大货物的生产和交换。GATT1994 旨在大幅度降低关税和其他贸易壁垒的互惠互利以及消除国际贸易中歧视性待遇的互惠互利"。从 GATT1994 的文本中可以看出，它不仅包含一

---

① CARMODY C. A theory of WTO law[J]. Journal of International Economic Law, 2008, 11(3): 527-557.

② PALMETER D. The WTO as a legal system[J]. Fordham international law journal, 2000(24): 444.

个期望的结果，还包含通过贸易自由化的手段来实现这一结果。GATS 协定并未就其目的做出如此简明的表述，但其序言强调的是该协定的双重目标，即将贸易自由化扩大到服务业，同时保护发展中国家利益。在本国领土内提供服务，以满足国家政策目标，并认识到在不同国家的服务发展程度上存在的不平衡性。

比较这两项协定，两者有使国际贸易自由化的共同目标，但 WTO 认识到发展中国家培育国内服务市场的能力较低，没有给予其国内市场更高的保护。这意味着数字产品国际贸易应该在促进贸易自由化和保护发展中国家服务提供者的双重框架下进行分析。

2. 贸易自由化的经济目标

贸易自由化的目的是通过利用各成员方的优势来创造收益。按照这种思路，自由的国际贸易将使世界更美好。然而，在贸易条件理论下，国际贸易被概念化为囚徒困境。[①] 对整个体系来说，最好的结果是贸易自由化，但对具体国家来说，最好的结果是自己的国家可以利用保护主义来保护国内产业并从中受益，而世界其他国家则消除贸易壁垒，为它大开方便之门。国际贸易协定通过制定每个成员方都必须遵守的标准规则，至少在一定程度上解决了囚徒困境。在对 GATT1994 序言的解读中，有学者认为自由贸易不是 GATT1994 的真正目的，它的真正目的是摆脱由贸易驱动的囚徒困境。[②] 与 GATT1994 不同的是，GATS 协定之下还允许成员方采取一定的保护主义措施。

3.GATS 协定的保护主义目标

GATS 协定序言中提到，该协定还有一个竞争性目标，即允许发展中经济体实施监管措施，以保护其国内服务行业。即使 GATT1994 和 GATS 协定的首要目的都是实现贸易自由化，但其中还存在若干与此目的相悖的具体规定。正如 GATS 协定序言所述，国内服务提供者在发展中经济体中的相对弱势地位意味着它们可能比这些经济体的货物制造商需要更多的保护。在完全自由化的服务贸易制度下，发展中国家的消费者总是能够通过从外国公司购买服务来获得更好的产品，这意味着国内服务永远没有机会发展。常用"踢开梯子"的概念来描述这个问题。他认为，应当承认与 GATS 协定的序言相同的不平衡性，

---

① OSSA　R. A new trade theory of GATT/WTO negotiations[J]. Journal of political economy, 2011, 119(1): 122-152.

② BAGWELL K. Staiger R W. Economic theory and the interpretation of GATT/WTO[J]. The American economist, 2002, 46(2): 3-19.

允许发展中国家采用更适合其发展阶段和所面临局面的政策。[①] 否则，发达国家或许就会从此类贸易保护政策中受益，然后"踢开阶梯"，以使其他国家无法跟上其进展。[②]

4.WTO 贸易自由化目标

如果 WTO 的首要目标是贸易自由化，那么具有某些货物特性和某些服务特性的数字产品应被视为货物，以便它们受到 GATT1994 更为自由的规则约束。由于基础设施不完善等因素，发展中国家在数字产品市场中处于系统性劣势，GATS 协定也认可不平衡性。如此看来，WTO 的基本目标表明，处于货物和服务之间的数字产品应当由 GATS 协定管辖。尽管互联网通信技术目前对发达国家的 GDP 的贡献远大于对发展中国家的 GDP 的贡献，但其却以惊人的速度扩展到了发展中国家，同时数字经济为发展中国家创造了更多的就业机会。发展中经济体通常缺乏发达国家所拥有的基础设施和技术，这使其在数字产品市场竞争方面处于劣势。

运用目标分析法，可以暂时抛开数字产品的货物或服务的性质之争，从实现 WTO 协议目标的角度对数字产品跨境交易的规则进行选择。

三、成本最小化方法的应用

从前文所述解决方法看，根据货物和服务的词典定义和基本特征，数字产品包括用于 3D 打印的文件，都应视为货物，由 GATT1994 调整，这意味着它们将尽可能少地受到保护主义限制。然而，有形性特征和 WTO 的基本目标都支持由 GATS 协定调整数字产品跨境交易。相似性原则强调了货物和服务区别的实际问题，但最终并没有提供一个强有力的制度保证。

考虑到不同的解决方法会导致不同的结果，无论选择 GATT1994 还是 GATS 协定调整数字产品跨境交易，都会带来负面影响。从经济学理论看，成本最小化和收益最大化是同一回事。本书尝试从经济学的成本与收益的关系来解决规则选择问题。先确定与每种解决方法相关的成本，每种方法都应为数字产品跨境交易提供可知的收益。因为不同的方法相互冲突，所以选择方法 A

① CHANG H J. Kicking away the ladder: development strategy in historical perspective[M]. London: Anthem Press, 2002: 24-56.

② CHANG H J. Kicking away the ladder: infant industry promotion in historical perspective[J]. Oxford development studies, 2003, 31(1): 21-32.

而不是与之冲突的方法 B 或选择方法 B 而不选择方法 A 都会产生机会成本。[1]此处的成本并不意味着实际的货币成本，而是 GATT1994 和 GATS 协定在法律方面的成本负担。然后比较适用 GATT1994 调整数字产品跨境交易的总成本与适用 GATS 协定调整数字产品的总成本，使总成本最小化的方法就是最佳方法。

据此，如果不使用货物和服务的语义、特征分析方法，会增加交易成本。因为基于语义、特征方式做出基础决策的政府和企业可以直观地遵循这一方法，所以不用此方法会产生更多的成本。因为语义、特征分析方法建议由 GATT1994 调整数字产品跨境交易，则期望由 GATS 协定调整数字产品跨境交易的决定会混淆所有倾向于采用这一方法的各方。要解决因混淆而产生的混乱状态的成本是相关的交易成本。相比之下，不用语义、特征分析法所增加的交易成本似乎可以忽略不计。

相似性检测法认为相似的产品应使用相同的条款来管理，所以偏离相似性检测法将导致对相似产品的不公平对待。从理论上讲，这可能会为逐案裁决打开大门，并带来潜在的滥用风险，从而产生巨额成本。但是，相似性检测法本身无法将数字产品确定地分为货物或服务。因此，在实践中，无论数字产品被认定为货物还是被认定为服务，都会产生不一致的成本。如果不一致是不可避免的，那么是否遵循相似性检测法就无关紧要。[2]

从目标分析法看，如果忽视 WTO 协议所定的目标，将会付出巨大的代价。因为 WTO 是一个旨在谋求国际贸易共同发展的机构。在 GATS 协定序言部分，WTO 各成员方已就发展中经济体在服务贸易中处于相对不利的地位这一点达成了共识。因而，放弃 WTO 协议所定目标的解释方法，将失去创建协议时的共识。

考虑到以上三种解决方法，选择 GATT1994 调整数字产品跨境交易的成本大于选择 GATS 协定调整数字产品跨境交易的成本。相似性检测的方法不会因为数字产品的性质不同而增加成本，因此总成本最小化取决于忽视语义、特征分析法的成本和忽视目标分析法的成本之间的对比。前面的分析已经说明了不用语义、特征分析法所增加的交易成本似乎可以忽略不计，放弃目标分析法的成本可能是相当大的。因此，应根据目标分析法的要求，将数字产品跨境交

---

[1]　机会成本是指利用一种资源而失去其他替代品机会的成本。

[2]　FLEUTER S. The role of digital products under the WTO: a new framework for GATT and GATS classification[J]. Chicago journal of international law, 2016(17): 153.

易视为由 GATS 协定调整的服务，以更大程度促进数字产品跨境交易自由化。

第四节　数字产品跨境交易在 GATS 之下的规则选择

即使数字产品跨境交易应适用 GATS 规则调整能达成一致意见，在 GATS 协定之下应属于哪种服务贸易模式，以及在该种服务贸易模式下，应选择哪个服务贸易部门的具体承诺仍然存在争议。

一、数字产品跨境交易对原有国际服务贸易模式的冲击

GATS 协定将国际服务贸易分成四种模式：跨境交付（以下简称模式1）、境外消费（以下简称模式2）、商业存在（以下简称模式3）、自然人流动（以下简称模式4）。WTO 电子商务工作计划中，服务贸易理事会就提出过，GATS 协定下的四种服务模式中的任意一种都可以提供电子化服务。涉及数字产品跨境交易时，简单举例说明如下：中国中医医生通过网络向美国病人提供养生咨询服务可以被认为是模式1；中国游客在美国旅游时使用当地 Uber 打车软件叫车可以被认为是模式2；美国著名网络电商公司亚马孙在中国设立子公司后，为英国客户提供 Kindle 电子书下载服务可以被认为是模式3；在模式3之下，美国亚马逊公司派其技术人员到英国为英国客户提供软件服务可以被认为是模式4。

GATS 协定下服务模式设立时的基本假设建立在服务提供商和消费者之间存在物理上的距离，这在模式2、模式3和模式4中非常典型。从历史上看，当时信息网络在世界范围内影响较小，许多服务不能以电子传输方式进行，因此在互联网兴起之前，跨境交付仅限于那些可以通过电话或邮件传送的咨询计划、建筑设计和保险等服务。[①] 乌拉圭回合服务贸易谈判的重点是成员方作出有助于服务提供者和消费者之间进行物理访问的承诺。模式2之下市场准入承诺通常容易获得，成员方基本上很少限制本国国民的境外消费。在模式3和模式4之间，模式3是 GATS 协定谈判时的重点，因为在当时的历史环境下，服务贸易的开放程度往往与外国公司可以在东道国境内建立商业存在的具体承诺有关。

国际服务贸易发展到现在，许多服务在通过互联网进行交付后，传统服务

---

① HOEKMAN B. Assessing the general agreement on trade in services[J]. World bank discussion papers, 1995, 29(4): 327-364.

提供商与消费者之间物理距离的限制变得不必要。由此可见，GATS协定设立服务模式的假设受到挑战。原有服务贸易模式中的模式3和模式4，在适用于数字产品跨境交易时，区分的意义并不大，因为对于服务提供商和消费者而言，通过在线传输，所有的交付都能完成。各成员方争论的焦点是通过在线传输完成的服务交付，应该适用模式1还是模式2。在模式1中消费者位于作出具体承诺的区域内，服务提供者跨境提供服务，在模式2中消费者则是位于作出具体承诺的区域之外。例如，消费者在本地访问了国外网站并在网站上下载了电子杂志的行为，是属于消费者在下载数字产品时，服务提供者提供了跨境服务，还是消费者在境外消费了一个数字产品，前者是模式1，后者则是模式2。[①]

还有现有具体承诺表中没有列出的服务类别，应选择何种模式调整新型数字产品跨境交易的问题等。早期WTO服务贸易理事会也提及"新服务"的问题，认为需要在今后进一步谈判具体服务承诺表时予以增加。[②] 事实上，即便增加在具体承诺中，还存在模式区分的问题。

二、GATS中不同服务贸易模式对应规则的区别

GATS协定对四种服务贸易模式所制定的规则存在很大区别，数字产品跨境交易一旦确立为某一模式，成员方应适用与之相对应的市场准入、国民待遇等规则。

适用模式1或模式2最大的区别在于，模式2下的具体承诺比模式1下的具体承诺更为自由。模式1允许WTO成员根据成员方需要设置一定的服务贸易限制措施，其下的承诺也受到限制。许多成员方认为模式2中，消费者到境外才能完成，监管上存在很多不现实的地方，阻止成员方公民在境外消费基本上不可能，因此愿意承诺放开准入条件和给予国民待遇。目前，发达国家在数字产品跨境交易方面是净出口国，如果将此列为模式2下的交易，他们在市场准入方面能获得更多的优惠。

模式1或模式2的区分，导致各成员方根据不同的政策目标所确定的管理和解决争端方面的权限存在很大区别。在模式1之下，交易行为被认为在消费者成员方发生，应该适用成员方的法律制度。在模式2的情况下，适用的法律制度是服务提供方的所在国。出于保护成员方消费者利益的考虑，很多国家倾向于选择模式1。如果想要获得更多的市场准入机会，则会考虑模式2。许

---

① 刘颖，邓瑞平．国际经济法 [M]．北京：中信出版社，2003：309．

② 见 WTO 服务贸易理事会文件 *Interim Report*（S/C/8）。

多发展中国家是数字产品跨境交易的净进口成员方，因而选择模式1的概率更大。

模式1和模式2的选择，影响成员方的谈判利益。许多国家和地区根据自身市场准入承诺的程度不同，在当前的服务类别中，对模式2不做承诺，而对模式1保留一定限制的权利。如果数字产品跨境交易被认定为模式1，WTO成员会因此而设置障碍，从而削减数字产品跨境交易增长的潜在利益，使服务提供商无法进入市场，消费者也享受不到此类服务。如果将数字产品跨境交易认定为模式2给予市场准入的承诺，将会导致有部分已经就此进行过类似承诺的成员方从数字产品跨境交易自由化谈判中可以得到的利益与其所做出的承诺不成比例。[①]

三、GATS 中数字产品跨境交易具体模式的确定

WTO 在以往的会议上，针对数字产品跨境交易在 GATS 协定下应选择哪种服务模式下的规则也曾专门讨论过。成员方的主要观点为，认为数字产品跨境交易与语音通话服务一样，应适用模式1下的规则；以服务贸易消费者的消费地来确认模式；以哪种模式更自由来确认模式；将原有模式予以拓展以及新设一种模式专门调整数字化服务。新设的方案固然可以在某种程度上解决模式选择的问题，但新谈判要如何进行承诺，又是一项工程浩大的谈判任务，很难在短时间内完成，所以该方案提出后很快就被舍弃了。[②]

成员方对模式选择存在争议，到目前为止尚未达成一致。理论界形成了几种解决方案：取消模式1和模式2的分类，将其合并为一种模式；使模式2下的贸易方式进行新的界定，使其能适应数字产品跨境交易的场合；将模式1下承诺的内容与模式2下承诺的内容保持一致。现对这几种方案的可行性进行分析。

合并模式1和模式2的做法，虽然可以解决数字产品跨境交易的模式适用问题，但同时会带来很大的困难。因为合并后需要对两种不同模式下的承诺进行协调。合并模糊了国内消费和国外消费的区别，这时各成员政府监管本国居民在国外的消费活动就变得十分困难。

要求模式1下的承诺与模式2一样，可以回避上一个方案中国内国外区别

---

① 陈建国 . WTO 的新议题与多边贸易体制 [M]. 天津：天津大学出版社 ,2003: 284.

② 见 WTO 文 件 S/C/W/108 (1999-05-18)、S/C/W/104 (1999-03-25)、WT/COMTD/17 (1999-02-12)、S/FIN/W/26 (2003-04-30)。

的问题。因为如前文介绍的在国外网站下载电子书的案例中，数字产品交易可以被认定为模式1，也可以被认定为模式2。如果对模式1和模式2做出相同承诺，问题看似可以解决。但问题是，拉平有两种方式：增加模式1下的承诺和减少模式2下的承诺。两种方式都是对原有承诺的变动，很可能打破GATS协定已确立的各模式下承诺规则的平衡之势。

要求模式2下的服务必须有物理跨境存在的方案，可以将狭义的数字产品跨境交易准确地归属为模式1。模式1下还可以通过扩大市场准入承诺的范围，来应对数字产品跨境交易的发展。这个方案可以较为便利地处理未来还需要进一步自由化的数字产品。

可见，上述解决方案各有优劣。在目前的WTO体制下，通过明确必须有境外的物理存在才可以构成模式2，否则就归类为模式1的方式看似更为有效。例如，到他国就医、旅游、住宿等。如果仅仅是数据的移动，则不能适用于模式2。成员方以往将境外消费主体的内涵缩小为自然人"本人"的方法旨在缩小模式2的承诺范围，这个方案与成员方在各模式下已作出的承诺并不矛盾。因此，采用这种方式不但可以确定具体模式，而且对于广大数字产品跨境交易发展相对滞后的发展中国家而言也比较有利，因为模式1下的开放义务相对较少，争端发生后发展中国家的司法管辖权也可以因此得到保障，对以后可能涉及的具体承诺谈判意义重大。

本章小结

WTO法框架下选择哪一协议调整数字产品跨境交易的争议由来已久，数字产品不需要在WTO法框架之下制定新规则予以调整，似乎已成为国际社会的共识。在WTO现有规则中如何选择，关乎数字产品跨境交易的待遇问题，各成员方基于其数字产品跨境交易发展的实际情况和成员方利益相关者的需要，形成了鲜明的立场。美国主张数字产品跨境交易应选择由GATT1994协定来调整，给予数字产品更大的自由；欧盟对待数字产品的态度相对慎重，认为数字产品中的视听产品和文化产品应该受到专门的保护，两大部分不能随便放开，因而主张数字产品跨境交易应由GATS协定中的服务贸易规则来调整。从现有谈判进程和双方正在进行的贸易协定的谈判来看，双方的矛盾短期内较难协调，这意味着数字产品可能会继续处在被国际贸易法律遗弃的边缘。

本章在分析了WTO中数字产品跨境交易规则难以选择的原因后，介绍了成员方的几种不同的主张和提出主张的依据，然后通过比较分析走出规则选择困境的几种具体方法，并引入成本最小化的理论对这些方法进行分析，得出了数字产品跨境交易应该由 GATS 来调整的结论。

　　而数字产品跨境交易应选择 GATS 下四种模式中的哪一种模式下的规则，也需要予以明确，在分析可行性后，笔者认为应该适用通过细分模式 2，将没有物理跨境的服务方式不给予模式 2 的处理，这样可以有效区分两种模式，也有利于发展中成员对此单独作出承诺。在具体服务部门的划分上，要在权衡多方利益后，再进行分类。总之，不管适用哪一规则，在促进数字产品跨境交易自由发展的同时，使各成员方数字产品跨境贸易能得到较为均衡的发展是根本目的。

第三章　WTO 法框架下数字产品跨境交易中的数据流动规则问题

在数字产品跨境交易高速发展的今天，WTO 法框架下有关数据流动的规则，已不足以调整数据流动所带来的许多问题，其中最核心、最关键的问题是，在数字产品跨境交易过程中数据能否正常流动，应适用什么样的规则来保证数据的正常流动。对该问题讨论的意义是，数据蕴藏着巨大潜力，对其深入挖掘可以带来巨大的经济效益。[①]充分利用数据带来的潜力，适当调动其资源，能使数据驱动型经济成为现实。在国际贸易实务中，数据需要跨越国界才能成为蓬勃发展的数据经济。所以，在 WTO 法框架下研究数据流动规则的不适应问题，并结合国内法以及其他贸易协定的立法动态进行分析，探讨 WTO 如何应对变化并作出调整，是本章的重点。

第一节　数字产品跨境交易中的数据流动

一、数据流动的界定

数字产品跨境交易中数据流动的概念，最初在个人隐私和数据保护的立法中就有所涉及，各成员方在域内的个人隐私和数据保护法中对数据向第三国转移进行了相应的规定。云存储服务的大量出现，使得海量的数据可以通过云服务存储和处理，数据流动也因此更加频繁。目前，国际上对数字产品跨境交易中的数据流动并没有一个明确的定义。1982 年，联合国跨国公司中心的界定是，跨越国界对存储在计算机中的机器可读的数据进行处理、存储和检

---

① 见麦肯锡公司 2011 年研究报告《大数据：创新、竞争和生产力的下一个前沿》。

索。①OECD（经济合作与发展组织）的定义是个人数据跨越国界流动。②澳大利亚法律改革委员会在联邦个人隐私原则中对"数据的国际流动"规定得较为细致，确认了个人信息在澳境外被访问的话，可以被视为数据的跨境转移。如果个人信息仅仅因为网络硬件的原因被短暂地存储于澳境外，没有被访问的，不受隐私法的调整；而反之，如被访问了，则要受隐私法的约束。③从国际组织现有规则以及其他国家对数据跨境流动方面的管理制度来看，数据流动的内涵一般包括以下两种：一种是跨越国界的数据传输或数据处理，另一种是数据本身没有跨越国界，但能被他国主体进行访问。如果个人数据仅仅是在境外存储，没有被访问，则不属于数据流动。

数据自带流动属性，其所承载信息的价值在自由流动中方能实现。数字产品跨境交易的顺利进行需要数据自由流动，因此数据流动至关重要。据统计，在全球通过信息和通信技术来完成的服务贸易占跨境贸易的一半左右，贸易过程中存在大量的数据处理和流动。云计算和大数据技术的迅速发展，使数据流动愈发密集。

二、对数据流动进行规制的必要性分析

在数字产品跨境交易中对数据流动进行规制是各国保护各自利益的必然要求。在国际贸易法领域探讨数据跨境流动规则已然是全球立法的热门话题。关于数据跨境流动的规制，最早是与某些国家的利益保护直接相关的，学者和政策制定者已将数据流与保护某些国家利益的需求联系起来。科技革命使得卫星通信技术、计算机网络等得到了迅猛的发展。20世纪80年代，一些国家出于国家安全和隐私等方面的考虑，可能会限制信息流动，需要一种机制来阻止这样的干预。美国和日本也试图将有关信息自由流动的条款纳入贸易协定，但基本上没有成功，因为其他贸易伙伴在放弃政策空间方面似乎持非常谨慎的态度。彼时的 OECD 考虑到成员国之间的利益需求，在其发布的《个人信息保护和数据跨境流动规则指南》中提出了一些原则，试图提供表现更加灵活、约束力较小的解决方案，力求在隐私和安全领域平衡数据的自由流通与国家利

---

① 见联合国跨国公司中心《跨国公司与数据跨境流动》。

② OECD. Guidelines for the protection of personal information and transborder data flows [EB/OL].(1980-09-23)[2022-03-17]. http://www.oecd.org/document/18/0,3343, en_2649_34255_1815186_1_1_1_1,00.html.

③ 沈玉良，李墨丝，李海英，等. 全球数字贸易规则研究 [M]. 上海：复旦大学出版社，2018: 201-202.

益。然而，正如 OECD 在后来指出的那样，当时的情况与我们现在面临的挑战截然不同：无处不在的数字化、互通互连的网络改变了数据流的数量、深度和所涉范围。①20 世纪 80 年代企业或政府之间的数据流动很大程度上是离散型的点对点传输，而现在的数据可以在多个位置同时进行处理，分散存放在全球各地，可以在瞬间重新组合并由携带移动便携设备的个人进行跨界移动。"云计算"等服务使组织和个人可以随时访问存储在世界任何地方的数据。②

在数字产品跨境交易中对数据流动进行规制是各个国家和地区维护信息主权③的必然选择。当今社会，数据的数量日益庞大以及对数据的依赖性正在呈指数级增长，政府对全球范围内数据流动的控制方式发生了变化，互联网交易的管辖权已超越国界。④ 比如，早在 2000 年的 LICRA 诉 Yahoo！一案⑤中就涉及互联网内容国内审查的问题，当时是通过国内审查禁止国外互联网违法内容进入。⑥ 随着技术的发展，情况也随之发生了变化，新一代的互联网控制更倾向于阻止信息从一个国家传出，而不仅仅是阻止其进入主权国家网络空间。⑦ 许多国家出于自身的考虑规定了数据本地化要求等各项措施，这些针对数据流动设置的措施直接影响到国际贸易的正常进行，并将最终妨碍数字产品跨境交易的发展。在国际贸易领域，各个国家和地区数据跨境流动规则不同，有些规则产生于互联网时代之前，有些已经更新，还有一些没有更新，由于不

---

① 见 OECD 文件 *The OECD Privacy Framework: Supplementary Explanatory Memorandum to The Revised OECD Privacy Guidelines* (2013)。

② 见麦肯锡公司 2011 年研究报告《大数据：创新、竞争和生产力的下一个前沿》。

③ 信息主权是信息时代国家主权概念的衍生，指国家对信息传播和信息内容的管理权，包括自主开发信息、自主利用信息和自主监控信息的权利。

④ CHANDER A. National data governance in a global economy[D]. Davis: UC Davis, 2016.

⑤ LICRA 诉 Yahoo！案情为 2000 年初，Yahoo！网站拍卖纳粹纪念品，位于法国的网民浏览到相关信息后买到纳粹纪念品，得知此事后，法国犹太学生联合会、反犹太主义联盟、巴黎国际反种族主义（简称 LICRA）对 Yahoo！提起诉讼，之后 Yahoo！辩称网站主要消费者是美国网民，网站依美国法设立，内容经美国法律确认，网站应受美国法调整。法国法院在受理该案后认定法国网民可以访问 Yahoo！网站并接触到网站上的经法国国内法律确认是非法的内容，进而认定 Yahoo！侵权，并判决 Yahoo！应在网站上采取访问控制的技术，以防止纳粹纪念品通过互联网拍卖给法国网民。

⑥ GREENBERG M H. A return to lilliput: the LICRA v. Yahoo-case and the regulation of online content in the world market [J]. Berkeley technology law journal，2003, 18（4）: 1191-1258.

⑦ ZITTRAIN J, FARIS R, CLARK J, et al. The shifting landscape of global internet censorship[J]. Berkman Klein center research publication, 2017 (4): 17-38.

同规则背后意味着不同的利益主体、不同的理论基础以及最终嵌入规则的不同机构，因而想要达成国际范围内的普遍共识难度相当大。而且互联网有着固有的特性，数字产品跨境交易时，贸易的物理界限变得模糊，任何一个国家或地区的数据流动规则的实施都会产生国际效应。因而，需要厘清在WTO法框架下数字产品跨境交易中的数据流动规则，分析现存的法规，揭示相关法律的适用效果，以寻求恰当的解决方案。

三、数据流动的主要管理方式

虽然国际社会对数据流动管理并未形成统一的认识，但通过比较分析不同国家的数据跨境流动规则，可以将现有数据跨境流动的管理方式归纳为以下三种方式。

（一）倡导跨境贸易中数据自由流动

这种方式以美国为主要倡导者，美国在包括WTO在内的许多国际场合都极力鼓吹，为了促进国际贸易的良性发展，数字产品跨境交易中的数据流动必须自由化。美国认为对数据流动施加限制违背了自由贸易的精神，阻碍了经济的发展，限制数据自由流动并不能保障数据的绝对安全。简言之，美国在其主导或参加的许多与贸易有关的各种谈判中，均要求其他成员方应积极采取措施消除数据流动方面的障碍，这在美国主导、参与并签署的相关国际协定中也有体现。

（二）保护个人数据信息的跨境流动

欧盟在个人数据信息保护方面的规定比美国更严格、更具有代表性。欧盟主张对国际贸易领域个人数据信息跨境流动设置条件，必须满足经用户个人同意、用户进行了充分的考虑、相关网站采取了适当的安全措施等条件，才允许数据从欧盟转移到其他国家。[①] 该做法与其他许多经济体对普通的个人信息数据跨境流动的态度比较接近，或者至少是在个人信息数据方面，自由流动的条件基本一致。在具体措施上，许多国家为了确保个人信息数据安全流动，采用网站问责制、合同干预等方式。

网站问责制规定了收集数据并决定数据处理目的和方式的数据控制者的数据安全管理责任，要求其在数据跨境流动的整个过程中，应通过采取对数据

---

① 见欧盟《通用数据保护条例》第45条。

主体通知、对外包商的资质进行审查和监督等方式，确保数据的安全流动。例如，加拿大在《个人信息保护和电子文件法》中规定，在传输个人信息时，无论信息是否已经转移到第三方机构，拥有或保管个人信息的机构都应当对个人信息安全流动负责。而合同干预数据信息流动的管理模式是政府牵头拟定格式合同，确认哪些必备条款应列入数据流动合同中。例如，澳大利亚的《隐私保护原则》中对数据出口者和海外数据接收者之间合同的内容进行了原则性规定。又如，欧盟数据保护主管部门也提供了标准格式合同，合同中规定了数据流动中的数据保护要求，包括标准格式合同的企业间的数据流动，可以不经数据保护主管部门同意。①

（三）禁止重要数据的跨境流动

在众多的数据中，国家安全的数据的重要性不言而喻，许多国家都对此进行了专门的规定，禁止重要数据跨境。例如，匈牙利、意大利等国禁止政府将数据存储于国外网络服务商提供的云存储空间。此外，因为通信服务行业的数据包含相当数量的个人隐私信息，印尼在电信许可协议中规定，不允许从事电信服务的企业将用户账户信息、用户个人信息转移至境外，否则可能面临吊销许可证的后果，还要求提供公共服务的网络运营商必须在印尼国内建立数据中心，所有的交易数据必须存储在印尼境内。② 澳大利亚在政府信息方面，与匈牙利、意大利一样，规定重要信息不得存储于任何离岸的公共云数据库中，应该存储在拥有较高级别安全协议的私有云或社区云的数据库中。加拿大财政委员会要求政府机构评估数据处理合同，并识别与《美国爱国者法案》③ 相关的潜在风险，评估风险层级，并且要求采取相应的修正措施，以解决安全风险问题。④

---

① 见欧盟《通用数据保护条例》第 27.7、27.8 条。

② TUTHILL L L. Cross-border data flows: what role for trade rules?[M]//SAUVE P, ROY M. Research Handbook on Trade in Services. London: Edward Elgar publishing, 2016: 357.

③ 《美国爱国者法案》系美国为了阻止和避免恐怖主义而制定的信息管制法案，具体内容为美国认定总部在美国境内公司和美国境外子公司的信息与美国国家安全有关，须在不公开的前提下，由美国专门机构进行检查。2011 年，微软和谷歌两家国际互联网巨头先后根据《美国爱国者法案》的要求，将其在欧洲等地存储的数据资料提交给美国情报部门。

④ 石月. 国外跨境数据流动管理制度及对我国的启示 [EB/OL]. (2017-04-21)[2022-03-17]. http://www.sohu.com/a/135449123_468622.

第二节　WTO 法框架下数字产品跨境交易中的数据流动规则

目前，WTO 法框架下对数字产品跨境交易中的数据流动并没有进行明确规定，相关规则只是散见于 WTO 法框架协议中，这种状况如果一直不能得到有效改善，必会阻碍数据的自由流动。

《全球电子商务宣言》及之后的一系列电子传输零关税延期宣言并不属于 WTO 协议，本身并无法律效力，但其中对电子传输免征关税的共识对于跨境数据自由流动来说具有一定的促进作用。据统计，自 WTO 第二次部长级会议宣布电子传输零关税后的五年内，全球电子商务交易额增长了近 30 倍，电子传输零关税政策所起到的作用由此可见一斑。①

一、货物贸易中调整数据流动的措施

目前，数据跨境流动的国内法相对国际法而言要多得多，又因各个国家和地区发展现状不一致，各国国内法规总体呈不均衡发展之势，但 WTO 也已经意识到数据跨境流动规则的重要性，有一些规则散见于框架协议中。例如，WTO 本身并不具备制定标准的能力，但在《技术性贸易壁垒协议》中评估了国内法规和标准与 WTO 法律的兼容性。总的来说，《技术性贸易壁垒协议》一定程度上限制了各国实施贸易壁垒。除了鼓励采用国际标准之外，它还包括影响深远的非歧视和透明化准则以及程序保障。②2013 年，巴厘岛部长级会议通过的《贸易便利化协定》是在关税领域的一项重要改革，旨在优化边境管理秩序和减轻海关管制负担，增强程序的透明性，提高通关的效率。根据《贸易便利化协定》的要求，WTO 成员需要及时在网上公布影响贸易的国内法律、法规和程序信息，包括过境程序、关税税率和进口费用等。该协议还通过

---

① WTO. Electronic Commerce and the Role of WTO[EB/OL]. [2022-03-17] https: //www. zhang qiao keyan.com/open-access_resoarces_thesis/0100072631885.html.

② 见 WTO《技术性贸易壁垒协定》第 2.1 条、2.2 条、2.9 条、2.10 条、2.11 条、2.12 条、4.1 条。

提供一站式文件服务和空运设施快速放行货物来加快过关程序。[①] 还有诸边协定，如《政府采购协议》中规定，成员需要保持政府采购市场的公开性，公共采购应该坚持技术中立原则，坚持非歧视性、透明度原则，采用程序公正的标准。上述内容对数字产品的贸易同样适用，数据跨境流动正需要国内外规则的公平、透明、中立。

（一）GATT中的数据跨境流动规则

虽然数字产品贸易有关的规则在WTO成员之间一直争论不休，长期以来与之相关的各种文献也主要集中在服务贸易及其监管上。[②] 但数字产品跨境交易一般不涉及有形产品，而且在当前服务化的大趋势下，服务的产生、使用和销售都在逐年递增。[③] 有学者认为，许多新一代的信息技术产品（如智能手机、音乐播放器等）在消费时本身包含超越了货物适用范畴的内容，如提供、维护或更新相关内容。[④] 因为无论是在货物贸易维度上还是在服务贸易维度上，数字产品跨境交易的发展必须要有足够业务量和互通性的全球通信系统、安全可靠的网络硬件、比较便利的应用程序和信息的访问途径，以便充分利用数字环境的功能。

从这个意义上讲，WTO为信息技术产品贸易提供了最宽松的条件。这与GATT的性质有关，因为它是WTO早期一个影响深远的贸易条约，也是WTO其他规则产生的基础。自1995年起，WTO就一直致力于低关税环境下的自由贸易。GATT通过禁止进出口配额、禁止协定签署国征收比它们在关税表上所受约束更高的关税、减少和约束各国适用的贸易关税等方式来寻求各国之间的自由贸易。各国都必须以非歧视的方式对所有成员适用同样的关税。标准和补贴领域也有大量的贸易，试图解决非关税贸易壁垒方面的问题。[⑤] 除了传统的有形货物贸易法律框架外，关于信息产品的《信息技术协议》将信息产

① WTO《贸易便利化协定》第一部分的第1～12条中规定了WTO成员在贸易便利化方面的实质义务。

② BURRI M, COTTIER T. Trade Governance in the Digital Age [M]. Cambridge: Cambridge University Press, 2012: 98-99.

③ LODEFALK M. The role of services for manufacturing firm exports[J]. Review of world economics, 2014, 150(1): 59-82.

④ WEBER R H, BURRI M. Classification of services in the digital economy[M]. New York: Springer Science & Business Media, 2012: 3.

⑤ MATSUSHITA M, SCHOENBAUM T J, MAVROIDIS P C, et al. The World Trade Organization: law, practice, and policy[M]. Oxford : Oxford University Press, 2015: 19.

品列为特殊对象进行了专门规定，以确保信息技术贸易免税。

（二）ITA 中的数据跨境流动规则

《信息技术协议》（ITA）产生于乌拉圭回合谈判结束后，主要是迫于美国 IT 业施加的压力，在 1996 年的新加坡部长级会议上通过。其中，序言部分规定了鼓励信息技术产业在全球范围内继续进行技术发展、增加信息技术产品的市场准入机会等基本原则。[①] 为此，协定签署国承诺对选定的信息技术产品（如计算机、半导体）、半导体制造设备、电信设备、数据存储介质和软件实行零关税。ITA 在其附件中规定了信息产品清单范围是依据世界海关组织所列的协调标准中而列的产品代码。[②]

尽管 ITA 是在 WTO 的主持下通过的，但它不是多边协定，而是一项诸边协定，这意味着它只对签署该协定的各方具有约束力。ITA 是一个开放式的协定，以最惠国待遇为基础，因此其利益不仅仅归签署国，其他成员方同样可以享受。尽管搭便车存在一定的风险，但 ITA 确实吸引了足够多的发达国家和发展中国家。从最初由 28 个国家和地区签署，到目前的 82 个 WTO 成员。这些成员方在全球信息技术产品贸易领域占到 95% 以上。[③] 有学者认为，ITA 是自 WTO 成立以来取得的最重要的贸易自由化成果，在自由贸易的规模上仅次于乌拉圭回合本身。但 ITA 毕竟只是一种关税削减机制，它不包括任何形式的非关税壁垒方面的约束性承诺。2003 年，信息技术委员会也尝试着制定非关税措施工作方案[④]，但至今仍然没有结果，因此它难以作为数据跨境流动规则的最佳选项。

ITA 的另一个不足之处在于其技术偏见。ITA 成员根据 1989 年制定的产品分类清单作出了承诺，该清单相当严格。新兴的集成型、复合型或创新型产品产生的新分类无法自动覆盖。关于新产品分类产生的许多争议也暴露出这些

---

① 见 WTO 文件 *Ministerial Declaration on Trade in Information Technology Products.WT/MIN (96)/16*, 1996.

② World Customs Org. Nomenclature and classification of goods overview[S/OL].[2022-03-17] http://www.wcoomd.org/en/topics/nomenclature/overview.aspx.

③ WTO. Briefing note: information technology agreement-an explanation [EB/OL]. [2022-03-17]. https://www.wto.org/english/tratop_e/inftec_e/inftec_e.htm.

④ 见 WTO 文件 *Committee of Participants on the Expansion of Trade in Information Technology Products. The Non-Tariff Measures Work Programme*(G/IT/SPEC/Q2/11/Rev.1). (2003-04-14).

固定的、基于技术的关税限制表的不适用性。[①]专家组和上诉机构试图根据这些表的上下文和目的，参照这些词的一般含义，解释这些表的含义，但还是无法实现法律的确定性，对现有的分类方法无法优化升级。[②]因为 ITA 没有进行彻底的改革，所以政治性的临时解决办法便应运而生。

尽管存在上述缺陷，但总体上，ITA 可以被认为是非常成功的，它为与信息技术相关的贸易提供了一个非常自由的制度，促进了信息技术贸易全球价值链的出现，并大大促进了技术信息在全球的传播和利用，为数字贸易发展打下了坚实的基础。[③]

二、服务贸易中调整数据流动的措施

（一）GATS 中的一般规定

数据流动需要以互联网技术作为依托，实现数据的流动和交换。目前，互联网的接入服务大多由本国的垄断机构控制，很少对外开放，这无疑会给跨境数据流动带来困难。而且即使有一些国家在 GATS 具体承诺减让表中对互联网接入服务作出了准入承诺，由于其国内互联网服务市场缺乏公平透明的监管机制，这些承诺也难以兑现，同样不利于跨境数据的自由流动。

在 GATS 中的一般规定中，涉及数据流动的条款是 GATS 协议第 8 条。[④]该条专门针对垄断和专营服务者进行了相关规定，虽然条文上并没有与数据流动相关的表述，但其可以为数据流动提供一个良性竞争环境。根据 GATS 第 8 条的规定，WTO 成员方对其他成员服务商进入本国互联网接入市场采取的措施不得有违最惠国待遇原则；已经在成员方形成垄断影响的互联网接入服务商

---

① 早在 1998 年，欧洲共同体 (EC) 对多媒体计算机和某些局域网设备进行分类的方式就引发过 WTO 争端。专家组对欧共体及其因分类不同而征收的更高关税不予认可。在上诉中，上诉机构推翻了专家小组的裁决，认为专家小组错误地将成员在谈判中的合理期望作为应承担的义务是不可取的。会员的关税表必须按照条约的规则来进行解释。尽管上诉机构未提供有关产品的正确分类，但它指出世界海关组织的协调制度 (HS) 才是关税分类的依据。

② PENG S Y. Renegotiate the WTO 'schedules of commitments'? technological development and treaty interpretation[J].Cornell international law journal, 2012(2): 403-430.

③ NENOVA M B. The law of the World Trade Organization and the communications law of the European community: on a path of harmony or discord?[J]. Journal of world trade, 2007, 41(4): 833-878.

④ 见 GATS 协议第 8 条。

也不能滥用垄断地位，应将垄断的影响限制在某些特定服务领域。

（二）计算机及相关服务部门的数据流动

在服务贸易中，与数字产品跨境交易相关的服务部门包括电信、计算机和相关服务、在线视听服务以及数字金融服务部门等。接下来，笔者以计算机及相关服务部门为例，介绍WTO数据和数据流动相关的规定。因为计算机及相关服务规则在成员方域内可能会受到较多干预，现有的国际贸易法监管空间受限较多，比较具有代表性。在乌拉圭回合期间，电信部门被要求放开，在当时，电信发展的迫切需要甚至超过了国家敏感性考量。计算机及相关部门在政治上没有电信部门那么有争议，因为它在当时是一个相当新的部门，国内监管手段和贸易壁垒的措施相对较少。部分WTO成员根据GATS协定的规定，对市场准入和国民待遇作出了影响深远的承诺。例如，欧盟在五个分部门作出了承诺。[①]GATS协定之中仅对模式4（自然人存在）进行了限制[②]，对前三种模式没有列出任何限制。出于对国内就业市场的保护和对移民因素的考虑，在模式4下进行限制是非常典型的，但它不会直接影响数据流动。

这些承诺产生的影响非常明显，导致可供国内监管机构进行磋商的余地受到了严重限制。比如，成员一方若想对搜索引擎采取新的措施，以某种方式限制市场准入或歧视外国公司及其提供的服务，这将意味着它违反了WTO的法律，因为搜索引擎归入了"数据处理服务"的范畴。[③]其对计算机和相关服务作出的具体承诺及所有部门的本地化要求也将与GATS协定的规定不一致。

在与技术有关的服务方面，许多成员方始终采取谨慎或回避或避重就轻的态度，经常出于政策因素等政治方面的考虑，限制某些服务部门。[④]考虑到需要保留政策空间，一些成员认为，与数字产品相关的服务应被归类为"视听

---

① 欧盟对以下五个部门进行了承诺：①计算机硬件安装咨询服务；②数据处理服务；③软件运行服务；④数据库服务、维护和维修；⑤其他计算机服务。

② GATS在附件第2条专门就自然人流动规定了豁免清单。

③ GAO H. Googling for the trade- human rights nexus in China: can the WTO help? [C]//Trade governance in the digital age: world trade forum. Cambridge : Cambridge University Press, 2012.

④ CIMINO C, HUFBAUER G C, SCHOTT J J. A proposed code to discipline local content requirements[J]. Peterson institute for international economics policy brief, 2014, 12(4): 481-494.

服务"①，因为它们具有内容平台的固有功能，存在可解释的空间。② 正是因为存在灵活处理的方式，欧盟对文化产品作出了例外的规定，欧盟和美国关于文化例外的对立主张使得在如何规范文化事务以及是否使其符合 WTO 规则的问题上，双方难以达成一致。③

自乌拉圭回合以来，互联网的发展给视听服务行业带来了巨大的变化，贸易与文化的冲突表面上看起来减弱了，但各成员方之间能就此达成的共识仍然非常有限。将数据作为贸易的对象，并对此设立一定的数据流动规则，在某种程度上可能会破坏 WTO 在基础设施和电信、计算机和相关服务部门方面已确立的较为自由的体系。

（三）GATS 例外原则

GATS 协定第 14 条列举了各种例外的情形，也会存在为维持现有和采用新的数据限制规则而开放这些领域的可能性。④GATS 协定中的例外条款主要包括一般例外和安全例外等。前文曾提及，一般例外适用情形为在社会公共秩序中某一根本利益受到严重威胁。但何为公共秩序，怎样的威胁才算是足够严重，并无更具体的规定。从条文本身的规定看，只有在对某一根本利益造成足够严重的威胁时才能援引，但会对 GATS 协定所确定的原则造成更大程度的损害，所以对公共秩序造成威胁的行为从产生时起就应予以制止。在援引公共秩序例外原则时，WTO 争端解决机构有相当的自由裁量权。在 WTO 现有案例中，成功援引公共秩序例外原则的情况并不多见。此外，成员方还需证明对数据流动限制的措施是出于保护个人信息等目的，证明难度也很大。例如，在"美国赌博案"中，上诉机构认为，被诉方需要提交初步的证据，证明措施在某种程度上有助于保护信息等目的的实现，并综合评判措施的国内实施效果和对国际

---

① 　根据《国际服务贸易分类表》的规定，"视听服务"包括电影和录像带的制作和发行服务；电影放映服务；广播电视服务；广播电视传输服务和录音服务等。

② 　NEUWIRTH R J. Global market integration and the creative economy: the paradox of industry convergence and regulatory divergence[J]. Journal of international economic law, 2015, 18(1): 21-50.

③ 　这与文化产品服务的双重性质有关，文化产品服务既是贸易对象，也是价值和身份的载体。欧盟，尤其是法国，一直在推动将文化相关产品和服务排除在以经济为中心的世贸组织规则之外，并给予它们特殊待遇。而美国倾向于一种以贸易为导向的方式，不允许对文化产品和服务给予任何特殊的待遇，坚持将其纳入世贸组织的基本规则。

④ 　BARTELS L. The chapeau of the general exceptions in the WTO GATT and GATS agreements: a reconstruction[J]. American journal of international law, 2015, 109 (1): 95-125.

贸易的影响，最后确认数据限制措施的必要性。起诉方则需要证明是否还存在其他技术上可行的可替代方案。[①]

而安全例外条款旨在保护成员方的基本安全利益。数字产品跨境交易中所涉及的数据流动很难被认定为符合 GATS 协定第 14 条之二所列的内容，主要是因为数字产品跨境交易中数据大多属于经营相关数据。关乎国家和地区安全的数据往往不容易作为国际贸易的对象。不少国家和地区基于"国家和地区安全"方面的考虑，要求"重要数据"本地化存储，严格限制其跨境流动。但因为 GATS 协定并没有定义何为"基本安全利益"，许多国家和地区认为，基本安全利益的内涵应适当扩展，不囿于通常理解的国防安全，有关国家和地区关键信息基础设施的安全也应包含在其中。由美国因为其国内很多电信运营商严重依赖华为及其附属公司的设备，认为华为及其附属公司对美国的商业和安全利益构成了重大威胁，而建议电信公司不要购买华为设备并对华为进行制裁的行为[②]可知，在数字产品跨境交易中，数据流动实践存在被成员方援引 GATS 第 14 条之二所列安全例外予以限制的可能性。

（四）WTO 涉及数据流动的典型案例

WTO 拥有其他组织无法比拟的解决争端优势，可以推进法律的适用，通过判例也证明其在解决数字产品跨境交易冲突中的争端方面具有一定的能力。WTO 准司法实践能够对数字产品跨境交易的法律环境产生明显的影响，甚至进入"司法能动主义"[③] 领域。这些判例法的发展演进需要被 WTO 成员认可并将其融入谈判过程。可以说，这些问题是 WTO 在电子商务工作计划中的未解决问题，一方面是由于谈判桌上显然未能达成协议，另一方面是因为 WTO 的法律，特别是 GATS 有许多规则是不完整的，也可以说是未完成的工作。通过WTO 争端解决机构审理的典型案例能更加清楚地了解 WTO 数字产品跨境交易规则中涉及数据流动的内容。

安提瓜诉美国禁止跨境提供赌博服务（网络赌博）的措施案（以下简称

---

① 见美国赌博案 WT/DS285/AB/R：309-310。

② 美国对华为公司实施制裁的主要法律依据是美国《通信信息技术与服务供应链安全》行政令、《国家紧急经济权力法》和《出口管理条例》。

③ 司法能动主义 (judicial activism) 是对美国司法制度中审判行为的一种见解，法官在审案时不仅要遵照规则，还需要考虑具体案件所涉及的法律原则、社会影响等因素，在综合平衡各因素后，作出最后的裁决。

"美国赌博案"①是WTO中涉及数字产品的第一案。安提瓜认为，美国三部联邦法典《有线通讯法》（18USC§1084）《旅行法》（18USC§1952）和《非法赌博交易法》（18USC§1955）以及八项州法律违反其服务贸易承诺表下的国民待遇义务。安提瓜认为，美国的这些措施违反了美国在GATS协定项下的一般义务和具体承诺，违反了GATS协定第16条第1款和第2款，第17条第1款、第2款和第3款，第6条第1款、第3款和第11条第1款，实质上构成了对安提瓜跨境赌博服务的全面禁止。2003年6月12日，在与美国磋商无果之后，安提瓜请求WTO争端解决机构成立专家组。2003年7月21日，专家组成立。2004年4月30日，专家组将报告发给双方，该报告直到双方进一步磋商失败后的11月10日才对外发布。此后，美国和安提瓜先后提起上诉。上诉机构于2005年4月7日做出最终裁决。专家组在相似性的认定上进行了专门的论证，认为安提瓜的赌博服务提供者与美国本土的赌博服务提供者，并不因其是通过网络方式提供赌博服务，还是通过传统方式提供赌博服务而产生差异，要求美国确保其措施与它根据GATS承担的义务相符。②

在案件审理的过程中，专家组考虑美国是否对网络赌博服务作出了承诺。美国认为，赌博服务在其承诺表中归属于"体育"一项，这一项被排除在了承诺表之外，而专家组审查认为，赌博服务属于美国"其他娱乐服务"，美国对此作出了承诺；后美国又提出网络博彩与普通博彩不属于"相似服务"，美国对赌博服务作出承诺，但没有对网络赌博作出承诺，这一观点同样未被专家组采纳。③确定了美国对网络赌博作出了承诺后，专家组对安提瓜质疑的美国立法和执法相关"措施"审查后裁定，美国3部联邦法和8项州法律是本争端的"争议措施"。美国也提出了一些例外条款进行抗辩，但最终未能通过"必要性""必需性"和引言要求。

案件关注的是美国网络赌博禁令与其在GATS下的承诺是否一致。专家组和上诉机构毫不犹豫地应用GATS规则调整电子跨境交付服务，并排除了WTO法律适用于在线交易的一些不确定因素。在确认美国确实对博彩服务的子部门

---

① 美国赌博案报告WT/DS285/R，美国赌博案申诉报告WT/DS285/AB/R。

② DELIMATSIS P. Protecting public morals in a digital age: revisiting the WTO rulings on US–gambling and China–publications and audiovisual products[J]. Journal of international economic law, 2011, 14(2): 257-293.

③ KRAJEWSKI M. Playing by the rules of the game: specific commitments after US–gambling and betting and the current GATS negotiations' (2005) [J]. Legal issues of economic integration, 2005,32(4): 417, 431.

作出了承诺后，专家小组认定，美国禁令违反了其根据 GATS 第十六条第 1 款（a）项和（c）项 ① 所作的市场准入承诺。专家小组和上诉机构在没有额外声明的情况下，直接认定应适用 GATS 中跨境服务模式（模式 1），部分取消了美国在相关领域的自主监管权。这种深入的干预形式对新领域的新情况很重要。

在美国赌博案中，专家小组认为，GATS 第 14 条规定的一般例外在成员寻求实现重要的公共政策目标时可以适用，即便在 GATS 下作出了充分具体的承诺，但可以依靠这一条款免除其义务。在判断禁止网上赌博服务是否属于公共道德或公共秩序例外情况时，上诉机构没有采用限制性极强的必要性检测 ②，最后还是认定美国的限制措施不符合 GATS 第 14 条起首部分的相关规定。

三、现有规则在数据流动调整中的不足

目前，虽然《全球电子商务宣言》开启了对电子传输形式不征收关税的先例，如信息技术领域的 ITA 扩围协议和海关改革方面的《贸易便利化协定》③，但 WTO 规则尚未对数字产品跨境交易中的数据流动作出较为系统的前瞻性反应。当然，人们可以争辩说，法律不必随着每一项新的技术发明的产生而改变。而且 WTO 的法律在实质上和程序上都具有内在的灵活性和必要的弹性。比如，以非歧视原则为基础的最惠国原则和国民待遇原则 ④，与重新制定规范性文件相比，可能更好地解决科技发展中的问题。⑤ 但是总体而言，这些规则并没有直接促进数据流动，而且对于促进数据流动的作用也非常有限。

（一）电子传输免税政策未来不够明朗

在 WTO 法框架下，通常通过削减关税来促进货物贸易和服务贸易自由化

---

① 见 GATS 第 14 条。

② 上诉机构主要考虑以下三个方面：被质疑的措施旨在保护的利益或价值观的重要性；被质疑的措施在多大程度上有助于实现该措施所追求的目标；被质疑的措施对贸易的影响。

③ 在 2013 年巴厘岛部长级会议上达成的《贸易便利化协定》是一项重要的海关改革，减轻了边境的行政和海关管制负担，并使程序和官员更加透明、高效和负责。例如，它要求 WTO 成员发布有关影响贸易的所有法律、法规和程序的信息，包括过境程序、关税税率和进口费用。这些信息大部分在互联网上可查询。该协议还将通过提供一站式的文件记录和通过航空货运设施加快货物放行的方式来加快通关程序。

④ 最惠国待遇原则在 GATT 协定第 1 条、GATS 协定第 2 条和 TRIPs 第 4 条中可以找到。国民待遇原则在 GATT 协定第 3 条、GATS 第 17 条和 TRIPs 第 3 条中可以找到。

⑤ SELL S K. Private power, public law: the globalization of intellectual property rights[M]. Cambridge :Cambridge University Press, 2003: 35.

发展。例如，ITA协议削减了信息技术产品的关税，《全球电子商务宣言》对电子传输免征关税作出了倡导性的提议，但具体到数字产品跨境交易中涉及的数据流动应如何征收关税，现有规则还有许多不足。

WTO法框架下缺乏明确规定电子传输零关税的永久性协议。部长级会议所形成的宣言并非正式协议，延期宣言中的提法也都是"暂时"免征，缺乏确定性和长久性的规则，从长远来看，不利于数字产品跨境交易中的数据流动。此外，WTO法框架之下缺乏电子传输内容方面的关税规定。数据流动使得在线交付货物和服务成为可能，如生产商可以通过3D打印技术交付货物的零部件，但通过网络传输的3D打印文件是否应该征收以及应该如何征收关税，在WTO中并没有明确规定，这对数据流动来说，缺少了明确的前提性规则。

（二）数据流动相关服务部门市场准入程度有限

在关税之外，市场准入等非关税问题也影响着数字产品跨境交易的顺利进行。GATS协议所规定的市场准入义务并不具有普遍性，成员方只对承诺减让表中承诺开放的服务部门具有义务。成员方还可以在不同的服务部门设置不同的开放条件。例如，一成员方的服务部门并未就数据流动作出开放承诺，则会阻碍数据流动，影响数字产品跨境交易的进程。目前，WTO成员方在互联网服务及基础电信服务领域的承诺十分有限，发展中国家参与程度低，影响了数字产品跨境交易中的数据流动。

（三）增值电信服务部门缺乏谈判

在GATS的附件中，虽然涉及电信服务领域，但谈判仅限于基础电信服务领域，谈判范围并未含盖增值电信网络。数字产品跨境交易中的数据流动更大程度上与增值电信网络相关。而且随着技术不断发展，传统的基础电信服务也在与增值电信服务进行融合，增值电信服务领域涉及大量的数据流动。因此，谈判范围需要不断扩大，从而为数字产品跨境交易中的数据流动提供更为全面的保障。

总的来说，WTO法框架下数字产品跨境交易中的数据流动规则比较零散，无法充分保证法律的确定性。前述规则适用的困境对于数据流动的法律分类也很重要，规则难以确定的直接后果是贸易规则与贸易惯例的脱节。①

---

① 比如，网络游戏作为一种新型的内容，在计算机及相关服务、增值电信服务、娱乐或视听服务等不同的类别下均可以归类，每一类都有着完全不同的义务。

第三节 WTO 可借鉴的数字产品跨境交易相关数据流动规则

WTO 现有数据流动规则的不适应性给区域贸易规则的发展提供了更为广泛的空间。在过去的 20 年中，各种贸易谈判、区域论坛激增。广泛存在的自由贸易协定使得 WTO 中零散的数字产品贸易规则有了更为活跃的表现形式，对形成数字产品贸易流动国际治理框架能起到有益的补充。[1] 目前，国际范围内形成统一的数字产品跨境交易规则还有待时日，因而在有限的成员之间形成区域论坛后达成协议在未来较长的一段时间之内都会是次优选择方案。

一、数据自由流动的约束性条款

WTO 法框架之外规定数据流动的条款主要包括两类：一是鼓励数据自由流动的条款；二是限制数据自由流动的条款。相关立法实践相对较多，主要出现在贸易协定、典型国家和地区及有关国际组织等的规范性文件中。

（一）贸易协定中的实践

《美韩自由贸易协定》(the United States-Korea Free Trade Agreement，简称 US-Korea FTA) 是较早含盖确保信息跨境流动条款的自由贸易协定[2]，《美韩自由贸易协定》的金融服务章专门规定，双方"应允许另一方的金融机构以电子或其他形式将信息传入或传出其领土，以进行数据处理"。这项义务意义非常深刻，既符合美国现行的法律，又要求改变韩国自身的数据、隐私规则中要求金融服务公司数据服务器本地化的要求，和阻止将数据转移到国外进行处理的做法。[3]《美韩自由贸易协定》第 15.8 条有关数据流动的条款从效力上看并不具有强制力，但协定的约束范围较广，包括网络用户在内的主体都要受该条款的约束。[4]

---

[1] COTTIER T. The common law of international trade and the future of the World Trade Organization[J]. Journal of international economic law, 2015, 18(1): 3-20.

[2] 见《美韩自由贸易协定》第 15.8 条。

[3] 美国给了韩国两年过渡期，以确保国内政策合规。

[4] Comfirmation letter (assess to and use of the internet) [EB/OL]. (2019-12-22)[2022-03-17]. https://uste.gov/sites/default/files/uploads/agreement/fta/korus/asset uploadfile844 12735.pdf.

　　《跨太平洋伙伴关系协定》（Trans-Pacific Partnership，简称TPP）是第一个全面反映美国数字贸易政策的RTA。①TPP第14.1条规定了服务贸易提供者、投资者在经营活动中的数据流动管理规则，该条款仅调整了信息提供者的商业行为，并不涉及普通网络用户之间的数据传输和非商业目的的数据流动。TPP缔约方原有与数据流动相关的措施在不对贸易构成限制的前提下，可以继续保留。②CPTPP中有关数据流动的规则就是对于TPP的复刻。

　　《区域全面经济伙伴关系协定》（Regional Comprehensive Economic Partnership，简称RCEP）第15.2条规定："缔约方不得阻止含盖的人为进行商业行为而通过电子方式跨境传输信息。"该规定允许因商业行为产生的信息进行跨境传输。

　　欧盟在与加拿大的《加拿大—欧盟全面经济贸易协定》（Canada-EU Comprehensive Economic and Trade Agreement，简称CETA），在与美国的《跨大西洋贸易与投资伙伴协定》（Transatlantic Trade and Investment Partnership，简称TTIP）谈判中提交的电子商务建议文本都比较保守。但在2017年与日本的《经济伙伴关系协定》（Economic Partnership Agreement，以下简称EPA）中引入了与TPP相似的条款，除此之外，还允许金融服务信息跨境传输和处理。协定第12条"数据自由流动"规定："双方应在本协定生效后三年内重新评估是否有必要列入关于数据自由流动的专章。"这表明双方已就自由数据流动问题进行了激烈的讨论。关于数据流动的讨论正在演变，在未来的贸易协定中将会看到更多深思熟虑的行动和承诺。③这是日本为自己谋求的缓冲期，以免国内隐私保护机制与欧盟的《通用数据保护条例》（General Data Protection Regulation，以下简称GDPR）发生冲突。④

　　2018年，美国、墨西哥和加拿大达成的《美墨加协定》（United States-Mexico-Canada Agreement，以下简称USMCA）第十九章"数字贸易"基本上就是以TPP第十四章电子商务专章为模版，无论是条款的顺序还是基本内容，均与TPP一致。此外，USMCA第19.18条还增加了政府数据开放的内容，

---

①　虽然《跨太平洋伙伴关系协定》在美国宣布退出后已经作废，但其中的数字产品跨境交易的规则都为后来的CPTPP协定承继，因而本部分仍然援引TPP协定中的条款。

②　见TPP协定第14.1条。

③　见欧盟委员会2017年5月10日发布的《关于单一数字市场战略的中期评估报告》第22～23页。

④　The EU Japan economic partnership agreement [EB/OL]. (2017-12-08) [2022-03-17]. http://trade.ec.europa.eu/doclib/press/index.cfm?id1/41684.

包括缔约方应当认识到促进公众获取和使用政府信息对促进经济和社会发展、增强竞争力和提升创新能力的重要性，规定了政府数据公开格式和要求以及缔约方应当努力开展合作，以扩大政府信息的获取和使用范围。由此可见，数字产品跨境交易规则中加入数据流动条款已成为区域贸易协定谈判桌上的必然选择，预计今后的贸易协定中还会有更多的体现。

（二）国内法规则实践

国内立法实践主要以美欧为代表。美国在克林顿政府时期，就对数据跨境流动问题制定了初步战略。1997年，美国在《全球电子商务政策框架》中提出，只有平衡个人隐私和信息自由流动之间的利益关系，全球信息基础设施才能蓬勃发展，美国认为，保护用户隐私的目的在于确保用户对互联网的信任。[①]

2018年，美国议会通过的《澄清境外数据的合法使用法案》结束了"微软 vs FBI"案中关于美国执法机关是否有权获得美国企业存储在境外服务器中用户数据的争议。通过适用"控制者原则"，扩大了美国执法机关调取海外数据的权力，同时为美国政府与其他国家签订双边条约设定了具体路径，允许适格外国政府执法机构调取美国存储的数据。[②] 其他国家需满足美国所设定的人权、法治和数据自由流动标准，通过"适格外国政府"审核后，方可调取存储在美国的数据。

欧盟在1995年的《个人数据保护指令》中规定：欧盟成员国公民的个人数据不允许向数据保护水平低于欧盟的国家流动。指令也给没有达到欧盟规定标准的数据接受国提供了两种替代方法，即数据接收方能证明其收集的信息得到了数据主体的明确同意，或为履行双方协议而必需的流动，或者数据接收方能够证明其采取的保障措施足以保护数据安全流动。[③] 除此之外，为扩展可以与欧盟进行数据自由流动的区域，欧盟还在全球范围内积极推广其个人信息保护制度，不断扩展可以实现数据自由流动的地区。例如，欧洲委员会第223号

[①]　WTO. Framework for global electronic commerce[EB/OL]. (1997-07-01)[2022-03-17]. https://www.w3.org/TR/NOTE-framework-970706.html.

[②]　MULLIGAN S P. Cross-border data sharing under the CLOUD act[M]. New York: Congressional Research Service, 2018 : 45.

[③]　见欧盟1995年《个人数据保护指令》第5章第25、26、27条。

公约规定①，加入公约的成员方国内个人数据保护立法要与欧盟规则步调一致。

2015 年，欧盟为促进联盟境内数据自由流动，推出数字化单一市场战略②，将 28 个成员国的市场认定为是单一化的市场，推动欧盟数字经济发展。为实现这一战略，欧盟先后通过了 GDPR 和《非个人数据在欧盟境内自由流动框架条例》。③GDPR 旨在消除成员国数据保护规则存在的差异，通过规制在成员国层面直接适用，确保成员国数据在欧盟范围内能自由流动。《非个人数据在欧盟境内自由流动框架条例》的立法目的则是为了确保成员国有权机关能够及时获取数据，保障专业用户能够自由迁移数据，消除数据本地化障碍。GDPR 强调数据主权，对数据跨境提出了严格要求，只有满足欧盟规定的条件④，才允许数据流出欧洲经济区。⑤GDPR 还创设了"约束性公司规则"（Binding Corporate Rules，以下简称 BCRs）用于规制总部或子公司位于欧洲境内的跨国公司，致力于在集团内部解决数据自由流动的问题。⑥BCRs 结合行业自治的内容，规定了严格的申请、审批、投诉和约束原则，申请加入 BCRs 的跨国公司应制定适合于集团所有成员、公司雇员的全球性隐私政策，并接受欧盟成员国的数据保护当局的监督和欧盟境内法院的管辖。⑦

不同于发达国家数据自由流动规则，许多发展中国家基于数据信息获取能力和使用上的不对称性，认为数字产品跨境交易中数据流动会对本国主权、公民隐私等造成损害，通过国内立法，可以设置歧视性技术标准，限制本国数据向境外转移。例如，前文提及的印尼在电信许可协议中规定，不允许从事电信服务的企业将用户账户信息、用户个人信息转移至境外，否则可能面临吊销许可证的后果，还要求提供公共服务的网络运营商必须在印尼国内建立数据中心，所有的交易数据必须存储在印尼境内。此外，还有一些国家有着相似规定

① 欧洲委员会第 108 号公约已于 2018 年 5 月 18 日修订，修订后为欧洲委员会第 223 号公约（CETS No.223）。

② Towards an open digital single market [EB/OL]. (2015-05-06)[2022-03-17]. http://www.openforumeurope.org/wp-content/uploads/2015/07/Vision_Paper_OFE_final.pdf.

③ 《非个人数据在欧盟境内自由流动框架条例》中文翻译 [EB/OL]. (2018-10-12)[2022-03-21]. https://www.secrss.com/articles/5639.

④ 见 GDPR 第 3 条、第 5 条、第 46 条的规定。

⑤ GDPR 直接管辖区域包括欧盟 28 个成员国和爱尔兰、列支敦士登和挪威。

⑥ GRAPENTIN S. Datenschutz und globalisierung–binding corporate rules als lösung?[J]. Computer und recht, 2009, 25(11): 693-699.

⑦ KULESZA J. Walled gardens of privacy or binding corporate rules: a critical look at international protection of online privacy[J]. Ualr law review, 2011(34): 747.

的还有马来西亚规定本国公民的数据必须存储在境内的服务器中，印度对"敏感数据"严格限制跨境流动，尼日利亚规定通信公司必须将用户数据存储在国内，俄罗斯规定互联网服务提供商应采取相应的措施，以最大限度地减少俄罗斯用户数据向国外传输。①

（三）其他贸易组织的实践

1980年，OECD制定了《隐私保护与个人资料跨国流通指南》（以下简称《指南》）。该《指南》虽没有强制约束力，但其作为国际社会第一个关于个人信息流动的法律文件，在国际上产生了广泛影响，就此确立了国家间进行个人信息流通与执行合作的基本法律框架。《指南》的第三部分的第15条至18条规定了个人信息国际合作的基本原则。此后，OECD还专门针对资料跨境、资料系统安全、网络隐私专项保护和网络消费者保护等方面发布纲领性文件。OECD制定的《指南》为成员国确立了个人信息流动的原则，在世界范围内影响深远，欧盟个人信息保护原则可以在《指南》中找到影子。

APEC作为亚太地区级别最高、最具影响力的经济合作论坛，由于APEC成员中有7个同时也是OCED的成员，因此其隐私框架的制定也受到了OECD的《指南》的影响。②2004年，APEC部长会议通过了APEC隐私框架（APEC Privacy Framework）。APEC隐私框架同样强调数据的自由流动，规定各个成员体应尽可能采取恰当、合理的方法和措施，最大限度地避免甚至消除阻碍数据流动的措施。③2012年，APEC在隐私框架的基础上建立了跨境隐私规则体系（Cross-Border Privacy Rules，以下简称CBPR），保障加入CBPR体系的企业实现跨境数据流动。④

在G20杭州峰会上，中国参与的20国集团发布了《二十国集团数字经济发展与合作倡议》。该倡议指出，G20集团成员认识到信息的自由流动对数字经济至关重要、对发展大有裨益。G20集团将支持、维持互联网全球属性的信

---

① 中国信息通信研究院. 互联网法律白皮书（2019年）[R/OL]. (2019-12)[2022-03-21]. http://www.caict.ac.cn/kxyj/qwfb/bps/201912/P020191219671017828112.pdf.

② KIRBY M. The history, achievement and future of the 1980 OECD guidelines on privacy[J]. International data privacy law, 2011, 1(1): 6-14.

③ APEC. APEC privacy framework[R/OL]. (2015-12)[2020-01-07]. http://publications.apec.org/Publications/2005/12/APEC-Privacy-Framework.

④ D'ALONZO K T. Getting started in CBPR: lessons in building community partnerships for new researchers[J]. Nursing inquiry, 2010, 17(4): 282-288.

息通信技术政策，从而促进数据信息的跨境自由流动。①

二、数据本地化的禁止性条款

数字产品跨境交易中的数据流动产生了许多不确定因素，数据滥用和其他国家的非法监视在数字产品跨境交易中大量存在，因此不少国家和地区开始加强跨境数据监管，限制数据跨境流动，其中以数据本地化措施最为常见。数据本地化，简而言之，就是来源于本域的相关数据必须在该域境内存储。根据欧洲国际政治经济中心的预测，数据本地化立法将会造成 GDP 下降 0.1% ～ 1.7%。② 很多国家和地区政府实施数据本地化的措施是出于公民数据保护、网络安全监管、数据获取方便等的考虑。数据本地化要求东道国的经营者加大市场准入的难度，增加运营成本，容易形成新的贸易保护主义政策。因此，越来越多的自由贸易协定加入了限制贸易伙伴对数据的本地化的要求。

TPP 协定第 14.13 条明确规定，缔约方应履行不实施计算机设施本地化的措施的义务，既不能要求企业必须在当地建立数据存储中心，也不能要求企业必须使用当地的计算机设施。TPP 虽然承认各缔约方可以基于通信安全和保密的需要，对数据存储设备进行监管，但并不允许将在境内设置数据存储设备作为市场准入的条件。此外，TPP 协定在第 14.17 条还规定，不得将供应商共享软件的源代码作为市场准入的条件，禁止强制性要求共享软件的源代码。③《澳大利亚—新加坡自由贸易协定》的第三次修订文本第 15 条的规定与 TPP 协定基本相同。TPP 协定所规定的限制数据本地化的规定不适用于金融机构/跨境金融服务提供者④，也不适用于为公共事业进行信息收集和政府采购。⑤

《美墨加协定》（USMCA）第 19.12 条和第 19.16 条分别规定了禁止数据本地化和禁止强制转移源代码，缔约方不能以要求条约所含盖的人使用当地计算机设备或将计算机设备安置于东道国境内，作为允许当事人进行商业活动的前提。

---

① G20 官网．二十国集团数字经济发展与合作倡议 [EB/OL]. (2016-09-20)[2022-03-21]. http://www.g20chn.org/hywj/dncgwj/201609/t20160920_3474.html.

② 见欧洲国际政治经济中心 2014 年报告《数据本地化的代价：经济复苏无形之剑》。

③ HUFBAUER G C, CIMINO-ISAACS C. How will TPP and TTIP change the WTO system? [J]. Journal of international economic law, 2015, 18(3): 679-696.

④ 见 TPP 协定第 14.13.2 条。

⑤ 见 TPP 协定第 14.2.3 条。

三、数据协调监管的合作性条款

部分自由贸易协定通过促进监管合作来解决跨境信息流动的问题。例如，在加拿大与哥伦比亚、洪都拉斯、秘鲁和韩国签订的自由贸易协定中，缔约方将数据的跨境流动作为促进电子商务发展的重要因素，同意共同努力维持数据的跨境流动。① 在近期签订的拉丁美洲自由贸易协定中，尤其是拉丁美洲国家和 APEC 成员之间的自由贸易协定中也包含了类似的合作条款，如《美国—智利自由贸易协定》《巴拿马—新加坡自由贸易协定》和《秘鲁—韩国自由贸易协定》。

TPP 协定和 TTIP 协定共同面临的一个关键的跨领域贸易问题是寻求监管趋同。TTIP 协定谈判代表一再强调这一目标，并努力通过促进更大的兼容性来减少监管和标准方面的差异，加强透明度和监管合作，同时保持高水平的健康、安全和环境保护。他们希望在全球关注的问题上制定规则、原则和新的合作模式，包括解决国有企业和歧视性的本地化壁垒的知识产权和贸易规则。②

尽管在数据流动问题上与欧盟存在明显分歧，但美欧在政府层面有关数据流动的合作一直在进行，从早期的《安全港协议》到后来的《隐私盾协议》，为欧洲和美国的公司进行数字产品相关交易时的数据流动创造了良性机制。③ 目前，美国大概有 2 500 多家美国公司依赖这一机制进行数据传输。④ 此外，美国还通过 APEC 积极推动 APEC 跨境隐私规则体系的建立健全，该组织倡导数据治理规则的适用性。对于已通过跨境隐私规则体系 CBPR 认证⑤的企业，

---

① 见《加拿大—哥伦比亚自由贸易协定》第 1507 条；《加拿大—洪都拉斯自由贸易协定》第 16.5 条；《加拿大—秘鲁自由贸易协定》第 1508 条；《加拿大—韩国自由贸易协定》第 13.7 条。

② WIENER J B, ALEMANNO A. The future of international regulatory cooperation: TTIP as a learning process toward a global policy laboratory[J]. Law & contemporary problems, 2015, 78(4): 103-136.

③ SOTTO L J, HYDAK C D. The EU-US privacy shield: a how-to guide[J]. Law360, 2016(2): 1-4.

④ 王融. 数据跨境流动政策认知与建议 [EB/OL]. (2018-01-29)[2022-03-21]. http://www.yidianzixun.com/article/0IFmlY0f.

⑤ CBPR 是直接针对 APEC 成员经济体中处理个人信息的商业机构进行规制的规则体系，收集或接收其他 APEC 经济体的跨境个人信息的机构，如果想要加入 CBPR 机制，必须按照 CBPR 项目要求来执行其隐私政策和隐私操作规程。申请加入的机构之隐私政策和操作规程应当由 APEC 承认的问责代理机构进行评估，以确定该隐私政策和操作规程是符合 CBPR 项目要求的。

只要满足个人数据信息保护要求，即可在 APEC 区域内实现跨境数据传输。

欧盟在数据协调监管方面也有不少举措，为了增强欧盟数据保护立法的全球影响力，欧盟通过"充分性认定"的原则来确定数据跨境自由流动白名单国家。① 主要考量因素包括政治因素、法治因素、数据保护立法与执法情况和签订的国际协议等。② 韩国与欧盟的谈判正在进行，印度也被考虑纳入谈判议程。除此之外，欧盟委员会还对第三国或国际组织内的特定地区、一个\多个部门进行充分性认定。这为一个国家内的特定地区或经济部门提供了充分性认定的大门。在谈判中，有两类数据要予以阐明：一是涉及国家机密的数据不在承诺范围之内；二是涉及商业秘密和个人隐私的数据即便未纳入限制范围或者在限制范围之内但经过谈判而承诺开放的，也并不代表企业或个人丧失对该数据的控制权，各国应采取一定的方式，保障企业或个人的知情权和许可权。

四、数据自由流动的例外性条款

TPP 协定中的第 14.11.3 条和第 14.13.3 条规定了缔约方在何种情形下可以设置例外规定，这样缔约方对数据流动采取一定限制措施或者在某些领域可以提出数据本地化要求；例外条款适用的基本要求与 WTO 例外原则有一定相似性，即为公共政策目标而实施的相关措施不应对贸易构成变相限制，也不得构成任意或不合理的歧视，相关措施不能超出实现目标的限度。TPP 协定中对何为"正当的公共政策目标"的措辞非常笼统，在协议中也并没有明确界定。规则的不明确或许正是为了促使缔约方尽快达成一致，以便建立统一的框架，但法律条文的不确定性也将会导致具体实施中的困难，这些都需要发生争端后由专家组予以专门澄清。

此外，TPP 在例外规则中规定了网络审查和过滤规则，赋予了缔约方利用相关规则，挑战其他以歧视性方式实施网络审查和过滤的缔约方的权利。在 TPP 缔约方中，马来西亚和越南曾经实施过网络审查和过滤。③

RCEP 协定第 15.3 条规定了公共政策例外和安全例外两方面的内容，其

---

① 目前已经确认的白名单国家和地区共有 13 个主体，包括加拿大、日本等。

② ROTH P. Adequate level of data protection in third countries post-schrems and under the general data protection regulation[J]. Journal of law, information and science, 2017,25(1): 49-67.

③ GAO H. The regulation of digital trade in the TPP: trade rules for the digital age[C]// International conference on optimization and decision science. Singapore: Springer, 2017: 345-362.

中第15.3条第一款中规定，只要缔约方认为是为实现本国合法的公共政策目标而采取的必要措施，且不构成任意或不合理的歧视或变相的贸易限制，即可不允许信息跨境传输。而且此处提及的"必要措施"中"必要"的认定则完全由实施政策的缔约方自行认定。第15.3条第二款规定，缔约方可以制定保护其基本安全利益所必需的任何措施。且其他缔约方不得对此类措施提出异议。RCEP协定的例外规则给予了缔约各方足够的规则制定的自主权。

综合上述规则可知，在WTO法框架之外的数字产品跨境交易的数据流动立法实践非常活跃。OECD《指南》与APEC隐私框架都只是原则性的规定，不具备法律强制力。其中，OECD《指南》体现了维护数据安全和鼓励数据流动的双重目的，而数据保护是促进数据流动的手段，这一理念与美国国内立法的宗旨与内涵基本一致，可以认为OECD《指南》明显带有美国主张的色彩。在APEC隐私框架基础上建立的CBPR体系具有一定的创新性和进步性，引入问责代理机构，为数据流动增加了监管屏障，代表行业自律与执法机构共同保障的方式，由数据流动和数据保护之间实现了一定的平衡。尽管美国已退出TPP，但在美国主导设计的TPP规则为交易中的数据流动创立了较为完整的规范，对之后国际规则的制定具有极大的参考意义。欧盟的GDPR主要强调数据主权与数据保护相结合，是欧盟数据法的核心依据，GDPR的规定非常完整，水平很高，规则的执行程序也规定得比较详细。RCEP协定的规则保护商业信息跨境自由流动，但缔约方的例外权限不设限，势必会产生缔约方限制各有不同的局面。

当然，也有数量众多的发展中国家基于在数字产品跨境交易市场的弱势地位，以及本国网络基础设施和互联网安全控制等方面的落后，数据流动更多选择限制性条款，数据本地化措施在这些国家中也较为普遍地存在。①

第四节　WTO法框架下相关数据流动规则的冲突与协调

结合WTO现有规则和WTO可借鉴的国际立法现状看，WTO法框架下数字产品跨境交易中的数据流动规则中存在诸多层次的冲突，这就需要厘清冲突发生的原因并加以协调，从而促进WTO法框架下数字产品跨境交易中数

---

① BURRI M. Trade versus culture: the policy of cultural exception and the WTO[M]//The Palgrave handbook of European media policy. London: Palgrave Macmillan, 2014: 479-492.

据流动规则的完善。

一、WTO 之下数据流动的多维冲突

如前所述，数据是数字产品跨境交易顺利进行的基础，世界数字经济的发展才刚刚起步，数字产品跨境交易中的数据本身也是促进经济发展的重要资源。在未来 WTO 数字产品跨境交易相关议题的谈判中，数据跨境流动规则必然会日益清晰明确，但涉及的 WTO 成员发展情况各异，各成员方域内利益相关者动机有别，这必然会导致整个谈判过程冲突不断。

（一）自由与秩序之冲突

此处的自由是指 WTO 一直以来崇尚的基本目标——贸易自由化，而秩序则是关乎大至国家安全、中至企业稳定、小至个人隐私保护等诸多层面的。美国基于其互联网建设最早、发展最为迅速的特点，在数字产品跨境交易中可谓占尽优势。因此，只要其他国家大开方便之门，美国的数字产品便会源源不断地涌进。以美国为代表的 WTO 成员极力主张新贸易自由主义，积极促进数据的跨境流动，将规制重点放在数据跨境流动条款和禁止数据本地化条款上，旨在针对阻碍企业自由便利地获取数据的国内限制措施，希望政府减少对数据监管领域的干预，促进贸易的自由化。

毫无疑问，贸易自由化促进了全球经济的发展，WTO 贸易自由化目标又与互联网的开放性和自由性高度契合。但也正是因为这样的高度开放性，各成员方当前面临的问题比互联网出现之前面临的问题更加棘手。例如，与个人数据存储、运用相关的个人隐私保护问题、网络安全问题；来自个人、网络犯罪组织的网络攻击风险；除此之外，互联网强大的外部性容易形成垄断，损害各成员方中小经营者的利益。这些与贸易自由无关的问题，逐渐成为各成员方政府制定规则时的考虑对象。因此，在国际规则层面上，数据跨境流动所涉及的自由与秩序需要协调。

自由贸易协定通过规定与 GATT 和 GATS 相似的例外条款，提出数据本地化的要求，寻求自由与秩序的平衡，保留各成员方的监管权。但这些条款之间也存在内在的不平衡性，主要原因是现有自由贸易协定在对数据的特征和重要性不加区分的情况下，一味地强调数据必须跨境流动，会导致过重的负担。此外，自由贸易协定中的例外条款并没有明确规定合法的公共政策目标的内涵。适用 GATT 协定和 GATS 协定的例外条款规定，与适用自由贸易协定的

例外条款规定是否存在区别也无从定论。[①]

（二）规则与规则之冲突

冲突的主要表现是关乎民主、隐私和竞争政策的规则究竟应该由域内规则调整还是由国际贸易规则来调整，以及同意由国际贸易规则调整的前提下，国内规则有多大的自留空间。许多成员方的决策部门以及域内民众都希望在贸易协定制定方面，域内政策制定者能拥有足够的政策空间。[②]

由于国家和地区内政策的产生与其基本政治、经济、文化和法律环境紧密相关，即便是 WTO 规则，也并无直接适用的效力，需要经国家和地区内法律转化后才能适用，在转化的过程中对条款是扩大解释还是缩小解释等都会产生极大的差异，因而对自由贸易协定及国家和地区内的监管政策的理解必然存在分歧。例如，隐私权在美国属于消费者权利，立法机构、监管机构和行业协会共同构成其保护体系。收集数据方面，美国国内法中没有规定必须先经过消费者同意才能收集，也没有要求企业必须要建立商业数据的隐私保护框架。而欧盟认为，消费者对互联网的信任非常重要，必须要极力维护。因此，无论是《欧洲人权公约》还是后来的《通用数据保护条例》（GDPR），都将个人的民主权利保护置于较高的位置。只有在欧盟认为数据接收国当前的保护制度充分可靠时，个人数据信息才能传输出境。GDPR 虽然只是一个欧盟区域内的规范性文件，但网络的无国界性足以让其具有全球效力，对全球数字经济布局产生非常重要的影响。当然，仅凭欧盟单方面的行动对促成其他国家采取类似的隐私保护措施的影响力必然有限。根据欧盟自身的历史情况和所处的文化背景，欧盟在线隐私权具有人身权和消费者权益双重属性，但这一认识并不一定能为其他国家所接受。[③]

现有的跨境在线服务中，如在线搜索、即时通信、在线医疗、在线教育及在线金融服务等，都非常依赖个人数据，与此同时也在收集个人数据。网络虚拟世界里个人数据可以瞬间被传输到境外，在这一过程中，输入方怎样

---

① 高鸿钧. 清华法治论衡（第 21 辑）：全球化时代的中国与 WTO（下）[M]. 北京：清华大学出版社, 2018：1.

② SUSAN ARIEL. The Digital Trade Imbalance and Its Implications for Internet Governance[C]. Waterloo: CIGI and Chatham House, 2016, GCIG Paper No. 25. [2019-12-22]. www.cigionline. org/publications/digital-trade- imbalance-and-its-implications-internet-governance.

③ 朱幼恩. 数字贸易中个人信息保护与跨境流动问题研究 [J]. 科技创新发展战略研究, 2019 (3): 72-76.

界定个人隐私数据保护的范围，保护力度如何等都会存在差异，从而导致不同成员方数据保护政策的冲突。不同的监管政策所产生的冲突不仅给跨国公司造成了巨大的成本，还成为 WTO 制定数据跨境流动规制时必须予以解决的问题。

（三）利益与利益之冲突

数字产品贸易的发展带来了不可估量的利益，极大地促进了全球经济的发展。以数字革命为基础兴起的第四次工业革命，机遇与挑战并存，但也加剧了区域间发展的不均衡。不同国家和地区的数字技术开发程度不同，对数据重要性的认识存在差异，域内监管松紧度有别等原因导致在数字产品跨境交易中数字鸿沟的出现。数字鸿沟不仅会阻碍 WTO 体系内的数据跨境流动，破坏全球化进程，还会扩大不同地区间的贫富差距。[①] 以美国为代表的国家极力主张数据跨境自由流动，将其作为对外贸易政策中的重点关注对象，在其推进的自由贸易协定中都强调了数据跨境自由流动和禁止本地化要求的条款。美国推进的这些措施也是直接基于互联网发展为美国带来的巨大红利。全球互联网巨头中美国公司占尽大头，其发展也直接归功于美国国内宽松的监管环境。其不仅仅体现在美国自 1998 年起开始推行的《互联网免税法案》，与之同时颁布的还有《数字千年版权法案》（Digital Millennium Copyright Act，简称 DMCA）在网络服务商的责任承担上规定了一定程度的免责。《互联网免税法案》第 1 条对互联网接入服务、互联网访问服务等规定的免税规则非常全面。《数字千年版权法案》第 512 条中规定了安全港条款，即如果互联网服务提供商收到版权人通知并删除了侵权资料，不构成版权侵权。美国国内通过立法维持了互联网及相关内容相对灵活、自由和开放的发展市场。政策的大力支持与保障，大大降低了美国互联网公司的法律风险，美国互联网公司呈指数级增长，也造就了美国当今稳坐互联网大国第一把交椅的地位。[②]

对于互联网起步较晚的国家和地区而言，如全盘接受美国推行的美式自由贸易协定以及 TPP 式的数据规则的内容，为互联网巨头扫清数据流动的障碍，会直接导致这些数字经济发展相对落后的国家几乎无法在今后的竞争中获得翻身的机会。而不接受的后果极可能是被数字强国边缘化，想要在数字产品贸易竞争中取得一席之地便更加困难。数据跨境开放流动会产生较大的利益冲

---

① 陈咏梅、张姣. WTO 视阈下的数据跨境流动规制：冲突预判与法律平衡 [C]// 林中梁，余敏友. WTO 法与中国论坛年刊 (2008). 北京：知识产权出版社，2018: 549-562.

② 张帆. WTO 框架下跨境数据流动规制问题研究 [D]. 重庆：西南政法大学，2018.

突，拉大强国与弱国的差距。

目前，大多数国家和地区的数据立法只处于起步阶段，对数据权利的界定及内涵、个人信息保护、数据监管合作等方面的认识并不清晰。对于发展中国家和不发达国家来说，其网络基础设施建设并不完善、数据运用技术上相对落后，如在自由贸易协定谈判中不计后果地签署包含禁止数据本地化和保障数据自由流动的条款，放弃数据监管自主权，是不明智的。以 TPP 协定为例，其已逐渐成为 RTAs 谈判时缔约方选择的范本。但在很多谈判场合，却遭到了来自发展中国家的抵制。例如，在日本—蒙古 EPA 谈判中，蒙古表现得非常慎重，由于电子商务专章没有包括支持蒙古数字工业和消除双方数字鸿沟的承诺，直接导致协定将数据跨境流动的规则予以剔除。①

二、WTO 之下数据流动规则的协调

前述的诸多冲突，许多双边或区域自由贸易协定正在制定相应的条款予以应对，从具体实施情况看，取得了一定的效果。但数字时代的发展才刚刚起步，在未来会如何发力尚不能完全预估，面对区域间数字经济发展不平衡之势，WTO 也应该积极作出应对。电子商务或数字贸易议题在未来很长时间内应当成为 WTO 重点关注的领域。如果妥善处理好这些冲突，实现数字贸易方面的统一贸易法规则，WTO 就可以走出当前的困境。

（一）利用例外性条款协调自由与秩序之冲突

数字产品贸易不同于以往国际贸易领域内的货物贸易和服务贸易，它具有许多未知性和不确定性。对于各方而言，在现阶段能否清晰地认识到数据流动对本方经济带来的影响以及本国在数据监管上能够如何作为，这本身就是一个问题。更何况数字技术的发展是日新月异的，即便是 WTO 之下所有利益冲突均有效解决，但达成的谈判结果也无法保证能始终与技术发展、时代进步保持一致。因此，在数字产品跨境交易中对数据流动规则多一点宽容很有必要。可以借鉴自由贸易协定的做法，允许缔约方出于公共政策的目的设置例外情形，以协调数据自由流动与域内监管政策之间的矛盾。自由贸易协定中规定不得禁止缔约方为实现合法公共政策目标而采取或维持不符措施，同时规定这些不符措施的实施既不能构成随意或不合理、变相限制贸易的手段，也不能超出

---

① 陈咏梅，张姣 . WTO 视阈下的数据跨境流动规制：冲突预判与法律平衡 [C]// 林中梁，余敏友 .WTO 法与中国论坛年刊 (2008). 北京：知识产权出版社，2018: 549-562.

实现前述公共政策目标必要的限度。在 WTO 协定中，GATT 协定、GATS 协定以及 TBT 协定等都有类似的例外规定来协调冲突。[①]

现有 WTO 例外条款主要是由成员方通过负面清单的方式来制定的。各成员方因监管目标不同，在政治、文化和价值取向方面也会产生冲突，从而导致对公共政策目标的理解上存在差异。因此，为了避免 WTO 例外条款出现适用困境，WTO 成员需要明确界定"合理的公共政策目标"，明确例外条款适用的范围，以确保其能在不超过必要限度的范围内有效适用。

此外，为适应未来数字产品贸易发展的多边性，在 WTO 谈判中要确立允许对已有承诺再谈判的程序性保障条款，以适应未来数字技术发展的需要。这需要 WTO 随时同步了解数字贸易发展动态，并及时对数字贸易技术对国际贸易的影响进行评估。允许成员在谈判时，加入对原有承诺进行再次谈判或扩大谈判的条款，给予缔约方调整域内监管内容的空间，这样比较容易在缔约方中达成共识。[②]

（二）通过互认性条款协调规则与规则之冲突

从目前来看，协调国内监管目标确实很困难，数字贸易发展促使各个国家和地区积极制定国内数据监管措施。这些各自制定的监管措施不可避免地存在一定冲突，这是当前数字产品贸易措施的常态，即数字产品贸易规则的碎片化。WTO 可以通过推动各个国家和地区数据监管方面的通力合作，提高政策透明度等方式协调成员之间的冲突。此外，WTO 还可以借鉴 TBT 协定的做法，通过技术标准对个人数据进行保护，以便各方参考适用，对成员方符合标准的监管政策可以进行互认，以便协调规则与规则之间的冲突。[③]

可以考虑成立一个为国际社会所公认的国际化组织，淡化域界概念，弱化企业设立地点是在哪个国家和地区的提法，换成统一的国际组织，制定统一的标准，实现统一化的管理，这类似电子认证中认证机构的选择。各成员方可以选择本国家和地区所认定的数据存储器和相关软件支持系统，以此为核心形成一个网络空间，实现数据的自由流动。同时，将数据流动的载体进行权属加密，确认其归属于某个国家，以实现数据的自我保护。这个过程也

---

① 何波. 国际贸易规则下跨境数据流动分析 [J]. 汕头大学学报（人文社会科学版），2017, 33(5): 53-56.

② CIURIAK D, PTASHKINA M. Started the digital trade wars have: delineating the regulatory battlegrounds[J]. Pontes, 2018, 14（1）：10.

③ 刘雪晴. 跨境电商国际规则制定的基本状况与中国实践 [D]. 北京：中国人民大学，2019.

有极大的难度，因为这要求每个国家和地区在数据保护的硬件、软件技术上达到较高水平，目前有较高水平的国家和地区有限，形成统一的国际标准还有待时日。

（三）通过援助性条款协调利益与利益之冲突

历来 WTO 的谈判过程非常艰难，在任何领域达成的协定都是在协调多方利益的基础上反复磋商的结果。WTO 多边贸易体系包含的内容非常广泛，但这些规则建立的基础始终都是发达成员为谋求更有利于其在全球发展的经济利益。在这个过程中，通过差别待遇和特殊保护的方式，对发展中国家和不发达国家的利益诉求也有一定考量。① 未来 WTO 谈判需要考虑这些因素。当前，推进 WTO 数字贸易规则谈判的大多是发达国家，这肯定会招来大多数发展中国家的反对。但 WTO 无法回避这个议题，因为数字产品跨境交易国际规则是现实的需要。所以，与其一味地反对，不如积极地面对。WTO 在启动数字产品相关的贸易谈判之时，需要坚持共同发展的原则，并以此作为谈判的基调，实现各成员平衡发展。关注发展中国家和不发达国家数字产品贸易发展的实际，使之成为数据跨境流动规则谈判的内容。未来的 WTO 规则中，应将发达国家成员提供给发展中国家、不发达国家成员的数字相关基础设施建设以及数据运用能力提升方面的援助性条款列入其中。

本章小结

数字技术的发展为企业和消费者带来了极大的便利，数字产品跨境交易频繁使得数据流动也更加频繁，这令各国家和地区政府感到不安。不少国家和地区出于自身安全和个人信息保护方面的考虑，制定了数据本地化要求和数据限制出境的约束性条款，以便对数字产品跨境交易中的数据进行监管。然而，如果要在每一个数字产品的接受方都建立计算机存储设备，将与数字产品的无国界性和便利性背道而驰，也会给数字产品贸易的经营者造成极大的负担。

为了妥善解决各种冲突，实现各国和地区之间的协调，创建良好的数字产品跨境交易的环境，不少国家和地区、国际组织都在行动。现有 WTO 法框

---

① 丁秀芳. 促进数字贸易国际规则发展的路径 [D]. 杭州：浙江大学，2019.

架下数字产品跨境交易中的数据流动规则在具体适用时存在一些不足，层出不穷的自由贸易协定虽然较为零散，但是在许多方面弥补了WTO的不足。

　　本章对数字产品跨境交易中衍生出的数据流动问题进行了较为全面的分析，WTO法框架下现有的与数据流动有关的规则在货物贸易、服务贸易和信息技术贸易等领域都能找到，WTO争端解决机构处理的涉及数字产品贸易的案例也确定了一定的方法以解决成员方之间的争议。从已有的规则和已裁的案例看，WTO在数据流动方面的规则存在很大的不适应性，逐案裁判也不能高效解决频发的数字产品跨境贸易纠纷。WTO法框架之外的数据流动规则为WTO提供了很多有价值的参考，未来WTO在完善数字产品跨境交易中的数据流动规则方面，应正确认识其中存在的多层次的冲突，再有针对性地进行协调。

第四章　WTO 法框架下数字产品跨境交易中个人信息保护规则问题

　　互联网的发展从根本上改变了传统数据的收集方式，高度流动性和开放性使有些关乎经济安全、国家安全的信息被窃取。2018 年，全球共发生数据泄露事件 6 500 余起，泄露数据约 20 亿条①；2019 年上半年，全球共发生数据泄露事件约 4 000 起，泄露数据 41 亿余条②，个人信息保护形势依然严峻。由此可知，在数字产品跨境交易领域中制定保护个人信息的法律法规，对于数字产品跨境交易的有序、平稳发展至关重要。本章与前一章都涉及数字产品跨境交易中的数据信息，但前一章主要是从动态保护上对数据流动规则进行研究，而本章则是从静态保护上对个人信息保护规则进行研究，两章都是为了给数字产品跨境交易创造更规范、更完整的规则环境。

　　WTO 法框架下尚无对数字产品跨境交易中的个人信息进行专门保护的规则，该问题仅在 GATS 协议中第 14 条一般例外条款有所提及，WTO 法框架下也无涉及个人信息保护的具体案例，因而在 WTO 法框架下对数字产品跨境交易中的个人信息保护规则进行研究存在一定的困难。

---

① 美国在线信任联盟 . 2018 年网络安全事件和数据泄露趋势报告 [R/OL]. (2019-07-09)[2022-03-21]. https://www.internetsociety.org/wp-content/uploads/2019/07/OTA-Incident-Breach-Trends-Report_2019.pdf.

② Verizon：2019 年数据泄露调查报告（全文)[EB/OL]. (2019-08-01)[2020-02-29]. http://www.ec100.cn/detail--6520824.html.

第一节　数字产品跨境交易中的个人信息保护

一、数字产品跨境交易中个人信息的界定

（一）个人信息概念的界定

个人信息是指以电子或其他方式记录的，可以单独识别或与其他信息结合来识别特定自然人身份或反映特定自然人活动的各种信息。随着互联网技术的高速发展和大数据的应用，个人信息的价值不断提升，对个人信息的保护问题日益凸显。基于各国家和地区情况和立法传统的差异，在对个人信息进行保护时，虽然存在语言不同的情况，但就其范围来说，一般都涉及个人姓名、身份证号码、通讯联系方式、个人的财产情况以及具体的行踪等方面。各国家和地区对其内涵的理解基本一致，基于各国家和地区情况和立法传统的差异，在对个人信息进行界定时，存在替换与混用的情况。

一般认为，个人信息的根本特征是可识别性。在世界范围内，各国家和地区及相关国际组织立法对个人信息保护基本上采取这个思路。例如，经济合作与发展组织①、欧盟②、亚太经济合作组织③对个人数据的定义和对个人信息的表述大同小异，其中"可识别性"是其共同特征。

中国采用的也是个人信息这个术语，如工信部早在2013年就制定了有关个人信息保护的指南④，指南不仅对个人信息进行了明确界定，还根据个人信息的重要程度将个人信息分为个人一般信息和个人敏感信息两类。此后，《电信和互联网用户个人信息保护规定》⑤《侵害消费者权益行为处罚办法》⑥《网络安全法》⑦等国内立法中对个人信息分别进行过界定。

---

① 见经合组织《隐私保护与个人数据跨境流动指南》第1条。
② 见欧盟于1995年颁布的《关于在个人数据处理中对个人的保护以及此类数据自由流动的指令》(95/46/EC)，即《个人数据保护指令》，第2条。
③ 见APEC隐私框架第9条。
④ 见《信息技术安全——公共及商用服务信息系统个人信息保护指南》第3.2条。
⑤ 见《电信和互联网用户个人信息保护规定》第四条。
⑥ 见《侵害消费者权益行为处罚办法》第十一条。
⑦ 见《网络安全法》第七十六条(五)。

从国内外有关个人信息保护的规范性文件看，几个术语之间的差别不大，不论何种个人信息的定义都强调其是可以将一人明确从他人中识别出来的信息，因而识别功能是个人信息的核心内容。[①]

（二）数字产品跨境交易中个人信息的发生场景

数字产品跨境交易中个人信息的发生场景主要如下：购买者在跨境电商网站上搜索所需要的商品时，会留下与自己相关的信息，如购买人姓名、购物偏好等。跨境电商网站出于商业发展、扩大市场的需要，会收集在自己网站上浏览的境外消费者的个人信息，并通过各种方式进一步吸引众多消费者的关注，汇总、收集潜在购买者的购买需求等相关信息情况，再将这些情况提供给相关网站进行分析，并据此制订相应的销售计划。除此之外，还存在外国的手机软件服务商收集当地用户的个人信息并提供定位等智能服务，网络社区通过聊天、分享等交互功能聚集大量的数据等。

上述内容并未穷尽数字产品跨境交易中个人信息的发生场景。但从中仍然可以看出，就个人信息而言，它是一个整体，但从不同角度来看，它既可以成为保护的客体，也可以成为开发利用的对象。因此，数字产品跨境交易中，有关个人信息的保护立法通常会从这两方面入手，兼顾整体的平衡。

二、数字产品跨境交易中相关个人信息保护的模式

根据各国家和地区在保护数字产品跨境交易中的参与程度以及侧重点的不同，将现行保护模式进行了进一步的区分。

（一）行业自律为主模式

行业自律，顾名思义，就是依靠网络服务提供者的自我约束，以及相关行业协会的自律监管来实现个人信息的保护。行业自律模式避免了过度保护而形成对互联网行业发展的阻碍，也避免了国家立法太严而阻碍信息技术在贸易领域应用的弊端。[②] 这一模式在整体上制定个人信息保护的自律规则，对特殊的个人信息资料制定专门规范。美国主要采用这种模式。美国行业自律的形式主要有 3 种。

---

① 弓永钦 . 跨境电子商务中的个人信息保护问题研究 [D]. 北京：对外经济贸易大学 , 2016.

② ANG P H. The role of self-regulation of privacy and the internet[J]. Journal of interactive advertising, 2001, 1(2): 1-9.

1. 倡议性的行业指引

倡议性的行业指引主要通过制定相关倡议，向相关行业部门推荐，在个人信息保护方面，提倡行业成员自我规范各自行为，即以行业自律为主。美国颁布的保护指南包括健康、教育与福利咨询委员会的《公平信息实践原则》、隐私工作组的《信息基础建设专门工作组隐私保护指南》、联邦贸易委员会的《联邦贸易委员会原则》、国家电讯与信息管理局的《国家电讯与信息管理原则》等。①

2. 技术保护模式

技术保护模式通过设计有较高标准的软件保护个人信息。当用户登录网站时，其个人信息能否被收集，取决于该个人是否同意。例如，互联网协会提出的个人隐私安全平台项目（P3P）。②P3P能让网站指明对个人信息使用和公布的状况，让用户来选择个人信息是否被公布，哪些信息能被公布，并能让软件代理商代表双方达成信息交换协议。这种保护使个人的权利受到了极大的尊重，能利用充足的信息做出理智的决定。

3. 网络隐私认证计划

网络隐私认证计划即由可以充分信任的第三方鉴定，确认网站符合保护个人信息的相关标准。经隐私认证的网站会获取隐私认证标志并在网站页面公示，表明其在搜集个人信息时要遵守保护个人隐私的行业规则，告知用户可以放心进行购物、登录、访问等操作。③第三方认证机构根据官方颁布的相关个人隐私保护原则，制定具体的条件，并依据企业的自愿，对企业进行隐私认证。④截至目前，TRUSTe认证了3 500多家网站，而BBBonline认证的网站超过25 000家。⑤

---

①　BOWIE N E, JAMAL K. Privacy rights on the internet: self-regulation or government regulation?[J]. Business ethics quarterly, 2006, 16(3): 323-342.

②　VITALE M A Q. Control over personal data, privacy and administrative discretion in Europe and the USA: the paradox of Italian data protection authority[J]. The john marshall journal of computer and information law, 2013, 30（4）: 721-755.

③　HIRSCH D D. The law and policy of online privacy: regulation, self-regulation, or co-regulation[J]. Seattle university law review, 2010, 34(2): 439.

④　BENASSI P. TRUSTe: an online privacy seal program[J]. Communications of the ACM, 1999, 42(2): 56-59.

⑤　APTE N K. E-Commerce: shopping online and adoption of safety measures[J]. Our heritage, 2020, 68(25): 106-112.

虽然美国的行业自律机制由来已久，发展相对成熟，且得到了政府的积极推动，但行业自律的模式还存在很多缺陷，如企业自我规制的意愿不够强烈，缺乏有效的监督机制等①，但总体来看，美国利用行业自律实现了数字产品跨境交易领域的创新发展。②

（二）立法规制模式

立法规制模式是由政府主导个人信息保护的一种模式。政府通过直接制定相关规则，在法律层面确立个人信息保护的基本内容，以此来建立司法和行政救济措施，这种模式以欧盟为主要代表，欧盟的保护模式得到许多国家的认可。

1995 年 10 月，欧洲议会通过了《个人数据保护指令》③，欧盟后来的《通用数据保护条例》（GDPR）作为一部内容全面、体例完整的个人数据保护立法典范，在正式生效后对全球范围内的个人信息保护产生了深远的影响。仅2019 年，就有不少国家采用或借鉴 GDPR 的框架模式，完善本国立法，推动个人信息保护立法规则进一步融合。例如，2019 年 1 月，芬兰修订了《数据保护法》，由政府来限制私人公司对个人数据的使用；2019 年 2 月，泰国颁布了《个人信息保护法》，建立类似 GDPR 的个人信息收集、知情同意、使用、跨境数据流动等规则；2019 年 6 月，埃及通过了《个人数据保护法》，明确了不同主体的个人数据保护权利与义务，设立专门的个人数据保护中心，以确保上述政策的实施；2019 年 8 月，葡萄牙数据保护法《GDPR 执行法》生效，遵循了 GDPR 对欧盟成员国的立法指导，明确了数据保护官、认证制度、数据主体的权利和数据保护机构的权力等内容。④

迄今为止，全世界已至少有 107 个国家或地区对个人信息、数据或隐私保护进行专门立法。这说明世界范围内，在个人信息保护方面，国家立法保护已是主流形式，占有绝对优势。

虽然美国在个人信息保护方面以行业自律为主，但其仍然用分散立法的

---

① FERNBACK J, PAPACHARISSI Z. Online privacy as legal safeguard: the relationship among consumer, online portal, and privacy policies[J]. New media & society, 2007, 9(5): 715-734.

② DETERMANN L. Adequacy of data protection in the USA: myths and facts[J]. International data privacy law, 2016, 6(3): 244-250.

③ 见欧盟 1995 年《个人数据保护指令》第 5 章第 25、26、27 条。

④ 中国信息通信研究院. 互联网法律白皮书（2019 年）[R/OL]. (2019-12-19)[2022-03-21]. http://www.caict.ac.cn/kxyj/qwfb/bps/201912/P020191219671017828112.pdf.

方式作为行业自律模式的补充，对不同领域个人信息分别制定规则加以保护，如 1978 年的《金融隐私权法案》、1986 年的《电子通讯隐私法》、1998 年的《儿童在线隐私保护法案》和 1999 年的《金融服务现代化法案》，除了联邦层面的立法，美国各州也都制定了相应的保护个人信息的法律规范。① 美国在个人信息保护方面之所以采取"双轨制"方式，一方面是因为考虑到用市场手段可以解决的问题，不主张政府过多的行政干预，另一方面是因为美国行业自律体系非常完善，企业自身的信息保护水平较高。更为重要的是，美国是联邦制国家，联邦政府对州政府的约束力不大，同样的问题，各州立法各有所重，这也使全国性的个人信息保护统一立法难以实现。

就立法规制模式而言，统一立法是当前的主流，因为在个人信息保护方面，考虑到个人信息有其特殊的综合性和复杂性，在国内立法层面，试图只在某个具体的领域对其进行规范是极其困难的。因为个人信息保护涉及多个法律部门，如果选择分散立法模式，容易导致立法重复或遗漏等诸多问题，同时也会导致法律资源的浪费。在国际立法层面，分散立法既不利于国际交流与合作，也不利于个人信息的国际保护。例如，由于美国在私法领域缺乏统一的个人信息保护规则，其相关企业要在欧洲开展业务非常困难，主要原因就是欧盟认为美国现行个人信息保护立法，难以保证欧盟对美国输出数据的安全。②

（三）中间模式

中间模式是通过立法和行业自律两种方式，既制定法律，也倡导行业自律和协会监管对个人信息进行保护的模式。中间模式以日本和加拿大为主要代表。

2003 年，日本颁布了《个人信息保护法案》，2015 年对该法案进行了修订，2016 年日本又相继出台了一系列文件，为修订后的《个人信息保护法案》的实施做准备。在行业自律方面，相关行业协会根据政府立法精神，就个人信息保护问题出台了相应的指导方针，以推动各类企业的个人信息保护工作，对符合行业标准的企业，颁发个人信息保护认证证书。③

① PAWLAK P. Made in the USA? the influence of the US on the EU's data protection regime[J]. Brussels, CEPS, 2009(20):1-33.

② MULDER T, TUDORICA M. Privacy policies, cross-border health data and the GDPR[J]. Information & communications technology law, 2019, 28(3): 261-274.

③ FUKUTA Y, MURATA K, ADAMS A A, et al. Personal data sensitivity in Japan[J]. ORBIT journal, 2017, 1(2) : 1-13.

2000 年，加拿大通过了《个人信息保护与电子资料法》，在国家层面立法保护个人隐私信息，并由此获得"充分保护地位"国家称号。在国家立法的同时，加拿大政府对行业自律保护的方式给予大力支持，并出台了相应自律性规范，以指导企业行业自律。与日本相似，加拿大各行业协会也通过制定自律性规范的方式，将行业规则广泛用于指导本行业的相应工作，如网络提供者协会在其制定的相关标准中，规定从业者行为准则。就互联网行业而言，"不得有意提供非法信息的服务"就是该行业从业者通用的自律规则。

立法规则保护和行业自律保护各有长短，立法规则保护能对企业产生足够的威慑力，但问题在于，数字产品跨境交易中个人信息的控制者数量众多，可能存在的违规行为更多、更隐蔽，由于执法机构设置不健全，企业即使违规也因未被发现而逃避相应制裁的情况大量存在，从这个角度看，法律规则的效力被削弱了。[1] 当然，在大数据时代，利用个人信息可以进行很多创新，而创新也需要一个相对宽松的环境，如果法律过于严苛，对于企业而言，严格遵守法律就意味着要增加合规成本，必然使很多企业瞻前顾后，顾此失彼，这必将遏制数字产品跨境交易的发展。必须承认，美国在私法领域倡导的行业自律的保护机制，使美国的网络公司在宽松的环境中，轻装上阵，游刃有余，特别是在创新方面，始终保持世界领先地位。其中，因果逻辑中的道理，是值得世界上各国立法者认真思考的。

对行业自律保护而言，制定和认真执行行业规则，并进行自我约束，是行业内部自我管理的一种措施。行约和行规的制定和执行，对本行业的各个企业无疑能起到一种自我监督的作用。行业自律一般包括两个方面：一方面是行业对国家立法的遵守和执行，另一方面是企业用行业自律规则自我管理、制约自己的行为。这两方面都能起到对行业内成员的监督和保护作用，对本行业的发展也有促进作用。例如，通过行业隐私认证的方式标识值得信赖的网站，对消费者而言更为直观，从而激发消费欲望，这也可以给网站带来更大的收益。

综上所述，行业自律与立法规制结合更符合数字产品跨境交易中个人信息保护现状。在数字时代，应该做到个人信息利用与保护并重，只有这样，才能最大限度发挥个人信息的经济价值。

---

① LEENES R, BRAKEL R V, GUTWIRTH S, et al. Data protection and privacy:(in) visibilities and infrastructures[M]. New York: Springer international publishing, 2017: 263-272.

第二节 WTO 法框架下数字产品跨境交易中的个人信息保护规则

一、WTO 法框架下保护个人信息的措施

WTO 的宗旨是促进贸易的自由化和便利化，同时承认自由化、便利化有一定限度。考虑到成员方各有其合法的公共政策，专门规定了与自由和贸易相悖的例外情形，试图在自由贸易与必要监管之间，找出平衡冲突的砝码。例如，GATS 协定第 14 条规定的一般例外，就为数字产品跨境交易中个人信息保护提供了规则指引，可以看成是 WTO 上述规定的集中体现。

GATS 协定第 14 条规定的一般例外包括起首条款和具体例外两部分[①]，基于 GATS 协定一般例外的援引起首条款，是出于成员方公共政策的需要，且目的必须合法。只有处在特殊的情形下，即本国的公共秩序受到了威胁，为了保证本国的法律、法规得以实施，成员方才能援引例外条款，主张自己的权利，并采取对应的贸易措施。成员方为平衡各方的利益而采取的措施必须具有合法性，此处强调的是公共政策目的。除目的合法外，采取的贸易措施也要合法。措施的合法需要满足两方面的要求：一方面，该措施与保护的目的应该是一致的，就个人信息保护来说，该措施是实现援引方公共政策而必须采取的，且方式应是合理的；另一方面，在援引例外条款时，要求采取的措施与所要实现的目的之间适度、相称。总之，依据 WTO 争端解决机构对该例外的相关解释的要求，WTO 成员在争端中采取措施，应满足最少贸易限制的要求且具有正当性，不构成对 WTO 规则的违反。

二、WTO 法框架下个、人信息保护例外的测试

根据 GATS 协定的上述规定，成员方采用的数字产品跨境交易中个人信息保护规则想要适用个人信息保护例外，需符合"正当性"要求。但何为"正当性"，GATS 协定一般例外中并没有专门解释。笔者认为，可理解为符合 GATS 所列举的诸项条件。参照 WTO 受理过的其他案件，可知 WTO 争端解决机构认定措施的正当性时，对措施是否"必需"认定得非常严格。从争端解

[①] 见 GATS 协定第十四条 (c)(2) 项。

决机构的现有案例看，这些测试为 WTO 成员设置了很高的门槛，因为能顺利通过测试的比例很低。①

GATS 个人信息保护例外措施，要求措施与所追求目标之间存在实质性或合理的关系②，需要对存在质疑的措施及其可能的备选方案进行比较，进一步检验该措施的必要性。例如，被诉方能证明措施不会给贸易造成限制，也不会给实施带来实质性技术困难，则根据上述第 14 条（c）款之规定，可以证明该措施是合理的。

如前所述，因 WTO 尚未受理过依据 GATS 第 14 条个人信息保护条例审理的案件，为进一步说明在争端实务中适用该规则的可能性，学者曾对欧盟《通用数据保护条例》（GDPR）进行过条例的必要性测试，从另一个角度证明了适用 GATS 第 14 条的难度。众所周知，GDPR 是欧盟制定的个人数据保护标准，体现了对欧盟公民在隐私和家庭生活方面基本权利的保护③，亦被称为史上最严的数据保护条例。GDPR 在个人信息的跨境数据传输方面，对控制和处理个人信息的主体规定了一系列沉重的义务④，要求联盟成员在其国内法中也认可这一义务。⑤ 有学者认为，欧盟的《通用数据保护条例》如被起诉，也可能会因某些特殊原因而不能通过测试。因为欧盟可能会在其数据保护法的执行过程中无法找到恰当依据。⑥ 例如，在 2015 年 Schrems 案的判决中，因不能对欧盟公民的数据提供高水平保护，欧盟—美国安全港制度被认定为缺乏正当性而最终被宣布无效。⑦

欧盟的 GDPR 在数据保护上的规定具有相当大的域外影响，与其他国家的数据保护规则相比，也难以证明个人信息无法得到其他措施保护，如果欧盟拒绝第三国进行充分必要性检测的申请或要求谈判类似于欧盟—美国的安全港

---

① 到目前为止，只有一个案例通过了全部测试，见 WTO 上诉机构报告 . 美国：对某些虾及虾制品的进口限制案 (WT/DS58/AB/RW). (2001-10-22).

② 见 WTO 专家小组报告：阿根廷货物和服务相关措施案 (WT/DS453/R). (2015-09-30).

③ BURRI M, SCHÄR R. The reform of the EU data protection framework: outlining key changes and assessing their fitness for a data-driven economy[J]. Journal of information policy, 2016, 6(1): 479-511.

④ 见 GDPR 第 23 ～ 43 条。

⑤ 见 GDPR 第 3 条。

⑥ MACDONALD D A, STREATFEILD C M. Personal data privacy and the WTO[J]. Houston journal of international law, 2014, 36(3): 625.

⑦ Schrems 案 ECJ 6 October 2015, Case C-362/14。参见 KUNER C. Reality and Illusion in EU Data Transfer Regulation post Schrems[J]. German Law Journal, 2017, 18(4): 881-918.

制度或其替代版本隐私盾协议，测试第一步要求就很难满足。而且欧盟极可能为区分不同国家，有针对性地采取措施并与他们合作，进而从实质和程序上确保这些标准能得以实施。

三、WTO 现有规则在个人信息保护中的欠缺

如前所述，WTO 法框架下与数字产品跨境交易中的个人信息保护联系最为紧密的条款是 GATS 第 14 条一般例外的规定。但仅以此作为数字产品跨境交易中个人信息保护的规则还存在较大缺陷，因为到目前为止，各成员方对该一般例外的理解并未统一。在这种情况下，在 WTO 法框架下援引个人信息保护例外规定来处理具体个案的意义不大。

（一）缺乏解决个人信息保护例外争端的司法实践

前文提及的美国赌博案虽属于援引 GATS 协定第 14 条一般例外的第一案，但该案中主要争议点是在 GATS 协定第 14 条（a）项，只是公共秩序和公共道德例外，（c）项中的个人信息保护例外在该案中并未涉及。在 WTO 缺乏实际案例的情况下，如有成员方将数字产品跨境交易中的个人信息保护争端诉诸 WTO 争端解决机构，因无先例可循，会给 WTO 专家组和上诉机构带来很大的裁判压力。

美国曾多次指责欧盟不遵守 WTO 协定，实施个人信息保护的立法，这些立法均不能取得个人信息例外的正当性，但美国并没有将此诉诸 WTO 进行裁判，而是选择协商谈判，与欧盟通过谈判达成了《安全港协议》①，《安全港协议》失效后的《隐私盾协议》② 也是出于这个原因。

（二）个人信息保护例外原则适用难度大

数字产品跨境交易中个人信息保护例外在适用时存在很多问题。目前，有关个人信息保护的国际规则较少，较为普遍的个人信息保护依赖于成员方国内立法。成员方对数字产品跨境交易中的个人信息规制的立场存在较大分歧，在具体保护制度上也存在较大差异。因此，在成员方援引个人信息保护例外规则时，由于各成员方域内法规定的不同，特别是在相关措施的应用上，各成员方的态度甚至会截然相反。所以，在个人信息保护方面，各成员方各说各话、

---

① 《安全港协议》是关于美国企业出口涉及欧洲公民个人数据时应遵守的协议。

② 《隐私盾协议》作为《安全港协议》的加强型替代版，系美国和欧盟进行数据传输时涉及的个人隐私保护规范。

滥用条款、随意设置限制措施的现象时有发生。此外，并不是所有 WTO 成员方都在国内立法中对个人信息进行了保护，对这些国家和地区而言，当它们在国际贸易领域拟采取某种措施时，因无相应的国内法，则无法援引 GATS 协定中的一般例外来证明其为保护个人信息所采取的相关措施的正当性。若想证明措施的必要性，则必须符合援引 GATS 协定一般例外条款的多项条件，其难点就在如何采用可替代措施上。若争端一方提出另一方还有其他更为合理的措施，用该种措施就足以达到与现在采取的措施同样的个人信息的目的时，另一方则必须证明，拟采取的措施是唯一的对贸易限制最小的措施。由于涉及数字产品跨境交易的案件往往与先进的技术关系紧密，而现有技术保护措施却很容易被新的保护措施取代，仅就这一点而言，想要证明所采取的措施满足必要性测试，其难度不言而喻。

我们知道，防止滥用 GATS 协定一般例外原则以及尊重其他成员的实体权利，是 WTO 制定例外条款的目的。在 WTO 争端实务中，"任意或不合理歧视""贸易的变相限制"如何解释，也没有得出权威性的结论。WTO 法框架下贸易争端的双方一般都是主权国家，如何证明自己采取的措施是正当合理的，且不是对 GATS 一般例外的滥用，是 WTO 成员方面临的重要课题。

第三节　WTO 可借鉴的数字产品跨境交易相关个人信息保护规则

国际上对数字产品跨境交易中的个人信息保护进行调整的实践非常多，除了前文提及的国内有专门立法和采取行业自律的国家，还有一些双边\区域贸易谈判、其他经济组织等也参与立法实践。其中，OECD 和 APEC 的个人信息保护与跨境交易中的数据流动规则是一并进行规定的；TPP 作为曾被美国主导制定的协议，其中有很多非常有价值的关于个人信息保护的规定；欧盟的相关立法历史悠久，规定非常完整；此外，美国加州的立法被称为最严厉的消费者隐私法案，也很有典型意义。

一、OECD《指南》和 APEC 隐私框架

1980 年，OECD 制定的《隐私保护与个人资料跨国流通指南》（以下简称《指南》），不仅对数据流动提供了较为先进的指引，还在个人信息保护方面非常有影响力。OECD 旨在成员之间达成关于隐私权保护的最低标准，缩小各方

立法差异，降低因数据流动对个人信息隐私权带来侵犯的风险。《指南》的第二章规定了国内个人资料保护适用的八项基本原则。2007年，OECD公布了《关于隐私法跨境执行的报告》，报告通过对比各国隐私法的执行机制，研究了各国在资料隐私跨境保护上开展合作的必要性、方式和机制。报告指出，完善的国内体制是个人资料法律保护跨境执行合作的前提，应赋予执行机构必要的权限，以便其开展审计、调查、取证和处罚。此外，还要充分重视行业自治的作用，这些对促进各国在个人资料隐私跨境保护上的合作至关重要。

亚太经合组织（APEC）也认识到个人隐私数据对数字产品跨境交易发展的重要性，2004年该组织成员达成了APEC隐私框架，旨在保护跨境在线交易中的个人数据信息。随后，APEC的成员在其缔结的自由贸易协定中积极推进个人隐私信息保护条款。在TPP和《澳大利亚—新加坡自由贸易协定》中有与此类似的表述。

APEC隐私框架旨在约束个人和机构搜集、持有、处理和利用个人资料的行为，确立了隐私保护的九项基本原则。APEC隐私框架受OECD《指南》的影响，在规定数据流动的同时，也规定了个人信息保护的内容。为达成构建国际合作的个人信息保护机制，APEC成员方在隐私框架第46条①的指导下，提出了跨境隐私执法安排②，2012年建立了CBPR机制。CBPR机制具有四个核心要素，即自我评估、符合性审查、认证加入、争端解决和强制执行。它是一个直接针对APEC成员经济体中处理个人信息的商业机构进行规制的规则体系，是收集或接收其他APEC经济体的跨境个人信息的机构，如果想要加入CBPR机制，必须按照CBPR项目要求来执行其隐私政策和隐私操作规程。而申请加入的机构的隐私政策和操作规程应当由APEC承认的问责代理机构进行评估，以确定该隐私政策和操作规程是符合CBPR项目要求的。一旦某个信息处理机构被认证加入了CBPR机制，那么该机构申请加入时所承诺的隐私政策和操作规程就对其具有约束力，并可以被各经济体境内适用的管理机构要求强制执行。③截至目前（2022年8月），APEC中已有澳大利亚、加拿大、

---

① 隐私框架第46条规定，各成员经济体应在遵守亚太经合组织隐私原则的基础上，支持、接受、承认其他成员方国内跨境隐私规则的立法。

② APEC. APEC cooperation arrangement for cross-border privacy enforcement[EB/OL]. (2010-02-28)[2022-03-21]. http://mddb.apec.org/documents/2010/ECSG/DPS1/10_ecsg_dps1_013.pdf.

③ OECD. APEC Cross-Border Privacy Rules (CBPR) System[EB/OL]. (2011-12)[2022-03-21]. https://www.apec.org/Groups/Committee-on-Trade-and-Investment/Electronic-Commerce-Steering-Group.

日本、韩国、墨西哥、新加坡、中国台北和美国在内的八个经济体将其隐私法与 APEC 隐私框架保持一致。①

在保护个人信息方面，OECD 及 APEC 都作了很大的努力。《指南》及隐私框架在保护个人信息方面各有特色。OECD 制定的《指南》没有法律约束力，只为成员方提供参考。采用指南进行个人信息保护在实践中的可操作性不强，但它作为全球首个个人信息保护的标准，奠定了成员方域内立法体系的基础，也影响了其后许多国际组织的立法。反观隐私框架，由于其制定组织 APEC 是一个旨在促进亚太地区经济发展的区域性经济论坛，议事方式主要是磋商，成员间相互平等，对话时相互尊重，是否接受磋商的结果，主要是基于非约束性的承诺和各成员的自愿。因此，其性质更偏向一种合作机制而非传统的政府间组织。这一模式下，无论是隐私保护框架还是 CBPR 保护机制的性质都是非约束性的、自愿的。成员方没有将隐私框架转化为国内法的义务，个人信息保护的执行也是通过自律性的 CBPR 机制来实现的，在成员中可能存在因本国国内法、已参加的其他国际公约和本国政策等，而减损 APEC 隐私框架的效力。从表面上看，CBPR 与美国的行业自律机构有相似的特点，即企业自愿加入隐私保护认证，并进行自我约束。但不同之处是，在机制设计上，CBPR 中加入了隐私执法机构，给自愿认证增加了法律保障，因此不同于一般的行业自律。隐私框架作为一种创新型的个人信息保护模式，其独特之处在于，它不但比世界上其他类似公约和机制更重视信息共享，而且还致力于为发展中国家提供信息技术协助与培训，并鼓励这些国家完善本国家和地区个人信息保护立法，共同创建一个各国互信的环境，以促进数字产品跨境交易的发展。

二、TPP 和 TISA 中的个人信息保护条款

在充分保护个人信息的国际规制方面，大型自由贸易协议也起到了较好的示范作用，如 TPP 协定和 TISA 协定中明确要求缔约方确立个人信息保护的国内立法规则。TPP 协定还提出了四点要求：①国内个人信息保护的立法框架应与相关国际机构的原则和宗旨一致②；②非歧视措施，缔约方应当采取非歧视性的措施保护个人信息免于受到侵害③；③缔约方的相关立法要及时公布以

---

① 见 OECD 官网公布的数据。

② 见 TPP 协定第 14.8.2 条。

③ 见 TPP 协定第 14.8.3 条。

增强立法的透明度①；④各缔约方应通过相互沟通、互认的方式，以实现各自个人信息保护机制的兼容性②，这一规定有利于在澳大利亚等隐私保护法律比较严格的成员与美国等隐私保护法比较宽松的成员之间就个人信息保护的权利义务方面达成一定的平衡。根据泄露的 TISA 协定谈判文本看，TISA 协定也设置了个人信息保护立法的国内法框架要求，缔约方的相关立法在透明度、非歧视性以及兼容性等方面的要求与 TPP 的内容大致相同。

从 TPP 中数字产品跨境交易中个人信息保护的规则方式可知，各国可以采取各自偏好的方式来保护个人信息，如美国就不需要像韩国、日本那样设置高水平的全国性个人信息保护专项立法，同时可以对其他 TPP 签约国声称，本国法律所列的保护要求均已达到。虽然 TISA 的谈判还在进行中，但根据泄露的个人信息保护的内容可知，其与 TPP 并无实质区别，正式适用时也会存在立法不均衡的国家间因信息保护力度不一致而产生的各种风险。

三、欧盟个人信息保护立法实践

就立法技术而言，欧盟是较为成熟的。相对于其他国家和地区，欧盟立法对历史、文化和制度等多重因素给予了更多考虑，这是由欧洲文明的发展特点所决定的。就立法而言，欧洲国家始终把保护公民个人权利放在重要位置。20 世纪 70 年代，德国、瑞典先后颁布了个人信息保护法，其中瑞典首开世界之先河，在国家层面上颁布法律，其意义非同一般。后来十年，全球对个人信息保护的法律中，一半以上是欧洲国家制定的。③欧盟一直认为个人信息权利是基本的人权，必须以立法予以确认并加以保护。④

为避免个人信息被滥用，欧盟于 2012 年颁布 GDPR，专门保护个人隐私。GDPR 的效力等同于欧盟法律框架内的其他条例，即不需要各国国内议会批准就可以直接在成员国国内施行。这意味着，目前欧盟成员国国民可以直接得到 GDPR 的保护。值得一提的是，英国虽然已经脱欧，但其与欧盟其他成员国同步推行该条例。条例第 1 条规定，除非取得用户同意，任何企业不得随意收集、存储或使用公民个人信息。GDPR 含盖的范围非常广泛，包括在欧盟成

---

① 见 TPP 协定第 14.8.4 条。

② 见 TPP 协定第 14.8.5 条。

③ PIPE G R. International information policy: evolution of transborder data flow issues[J]. Telematics and informatics, 1984, 1(4): 413.

④ 齐爱民 . 拯救信息社会中的人格：个人信息保护法总论 [M]. 北京：北京大学出版社，2009: 173.

员国境内设立的企业和虽未设立实体的企业，但业务范围波及成员国居民的企业以及以其他方式与欧盟成员国有关联的企业。GDPR 在全球范围内的影响很大，目前有许多国家采用或借鉴 GDPR 的框架模式。①

四、美国加州消费者隐私法案

在联邦制立法体系下，美国各州有较大的立法权限，其中加利福尼亚州进行的隐私权专项立法非常有代表性。2018 年，美国加利福尼亚州颁布了《2018 年加州消费者隐私法案》(the California Consumer Privacy Act，以下简称 CCPA)。CCPA 被誉为美国国内最严隐私保护立法。CCPA 法案的核心内容在于保护消费者，以免个人隐私信息在不知情时被收集或利用。② 从 CCPA 文本的内容看，CCPA 将个人信息保护范围列得非常详细③，将公开可得（即通过联邦、州或地方政府记录可合法获取）的信息排除在适用范围之外。权利设置上，CCPA 给予了消费者较多对个人信息保护的权利的同时，也对企业设置了相应的义务，包括披露、删除、允许消费者选择退出、不歧视等。CCPA 除了设置企业违法的行政责任，还赋予个人追究损害赔偿的权利，在数据泄露时私人可以据此起诉。

对比欧盟的 GDPR 和加州的 CCPA，可以发现两者最大的区别在于对个人信息收集、处理的原则不同。如前所述，在收集个人信息方面，GDPR 要求事前非经被收集者的同意则不得为之，即所谓 "opt-in" 模式；而加州 CCPA 规定的则是除非用户拒绝或退出，否则公司可以继续处理用户的个人信息，即所谓的 "opt-out" 模式。④ 根据 GDPR 规则，企业和机构需要向用户发送授权申请，以获得用户的同意邮件，导致大量的邮件涌入用户邮箱，企业在网站页面上获取 Cookis 的授权申请，为了合规要求文件都设置得冗长复杂，无法帮助用户真正作出判断，在 GDPR 生效 6 个月后，欧盟消费者对互联网的信任降至 10 年来的最低水平。在知情同意机制方面，CCPA 的规定有一定的灵活性，一般情况下不允许企业歧视消费者，但如果价格与消费者所提供的数据的价值

---

① 中国信息通信研究院. 互联网法律白皮书（2019 年）[R/OL]. (2019-12-19)[2022-03-21]. http://www.caict.ac.cn/kxyj/qwfb/bps/201912/P020191219671017828112.pdf.

② 见 2018 年加州《2018 年加州消费者隐私法案》第 1～3 条。

③ CCPA 对个人信息的定义和范围规定得非常详细，几乎含盖消费者在网上留下的所有信息。

④ BOUCKAERT J, DEGRYSE H. Opt in Versus Opt out: A Free-entry Analysis of Privacy Policies[R]. CESifo working paper series, 2006.

相关时，允许企业对消费者提供不同价格、费率和品质的商品和服务。

在个人信息保护问题上，由于该问题涉及个人隐私，关系到人权保护，不同国家各有侧重点。美国把保护隐私与个人身份认证相联系，试图通过一套系统对两者进行识别。与之相反，欧盟侧重于对消费者的隐私权进行保护。美国推行的行业自律的模式从行业自我约束的角度出发，发挥行业自主监督功能，但过于依赖行业自律模式，相应的保护手段必然受限。一旦消费者对个人信息和隐私的安全产生疑虑，势必影响数字产品跨境交易的发展。

对比 OECD、APEC、欧盟和美国加州数字产品跨境交易中的个人信息保护立法，可以发现世界上各国在个人信息保护方面，最早就是在数字产品跨境交易规则中开始的。立法呈现出国际立法探路先行，国内立法亦步亦趋的特点。OECD 指南被认为带有明显的美国主张的痕迹，以保护个人信息之名来行促进数据自由流动之实。①APEC 的隐私框架中强调行业自律和公私部门的相互合作，也与美国规制的特征相符。其中的隐私执法机构和问责代理机构的引入，对企业的实际约束力很大，因此中国企业在与 APEC 其他成员方进行贸易往来时，尽早加入 CBPR 机制无疑是明智之选。欧盟 GDPR 规定得非常完整，水平很高，对数据的保护力度很强，规则的执行程序也规定得比较详细。CCPA 在规制的同时允许企业探索可行的数据开发模式，合理规范信息商业化利用行为，在消费者权益保护和技术创新之间寻求平衡，也有较强的指导意义。

第四节　WTO 法框架下相关个人信息保护规则完善

因个人信息在数字产品跨境交易中的意义非同寻常，现有规则只有欧盟因其特殊性质进行了有约束力的立法，其他国际性或区域性的个人信息保护规则都不具备强制力，因而保护个人信息的重任几乎都是由各国国内法来承担的。虽然当前各国家和地区信息保护立法在重视程度上基本达成了一致，但在保护水平上还存在很大的差异。WTO 作为多边贸易机构，在协调法律冲突方面有着许多其他组织无法比拟的优势。在 WTO 法框架下制定专门的规则，以保护数字产品跨境交易中的个人信息，亦是大势所趋。

---

① HALLINAN D, FRIEDEWALD M, MCCARTHY P. Citizens' perceptions of data protection and privacy in Europe[J]. Computer law & security review, 2012, 28(3): 263-272.

时至今日，WTO 法框架下仅有一条个人信息保护例外条款来调整就显得非常单薄，适用性上也较差。要完善 WTO 法框架下数字产品跨境交易中的个人信息保护规则，不是在现有规则上进行修修补补，而是需要顺应当前数字产品跨境交易中个人信息立法的时代潮流，大胆借鉴当前立法中影响范围较广、立法体系设置更为科学的规则。

一、寻求个人信息保护与数据自由流动的平衡

在当今各国立法中，都涉及数字产品跨境交易中的数据信息，在如何平衡个人信息保护和自由流动关系的问题上，有些立法主体选择在一部条文中对两个问题一并进行规范，这样的做法主要是考虑到两者之间关系十分紧密。数据信息具有与生俱来的国际性，经济发展迫切需要数据信息自由流动，而科技发展使数据收集、使用和转移变得更加轻而易举。数据流动如果不加限制会直接导致全球范围内个人信息的非法使用，损害信息主体的利益，更有甚者会危及国家安全。在个人信息保护方面如果制定过于严苛的标准，会阻碍数据流动，限制企业进入该国市场，最终对经济发展产生负面影响。

鉴于此，在 WTO 完善数字产品跨境交易中个人信息保护规则时，要确立的立法原则是在贸易自由化的前提下，既要对个人信息进行有效保护，也要促进数据自由流动，力求使两者达到平衡，缺一不可。只有真正解决了数据自由流动与个人信息保护之间的内在矛盾，才能促进数字产品跨境交易的持续发展。

二、加强个人信息保护例外在 WTO 中的适用性

GATS 协定第 14 条之下的个人信息保护例外，是 WTO 之下数字产品跨境交易中个人信息保护的法律基础，但目前 WTO 没有直接涉及 GATS 协定第 14 条个人信息保护例外的争端。未来需要对 GATS 协定第 14 条规定的适用条件给予指引。在具体争端诉诸 WTO 争端解决机构之前，要对焦点问题予以解释和指导。具体而言，在对个人信息保护措施的目的性的认定上，要确保境内法律法规能有效保护个人信息，就可以解释为相关措施符合目的性要求。在必要性的认定上，要考量措施所追求的利益和价值。虽然很多成员方已经有个人信息保护的立法，但在保护措施和保护方式上还存在很大区别，各国保护个人信息的真实态度和实际保护水平也不相同，一国采取的措施是否属于必要措施会存在分歧。在必要性的认定上，可以借鉴欧盟和 OECD 的相关做法，来确认保护是否充分有效。GATS 协定中适用个人信息保护例外中，需坚持技术中

立原则，确立数字产品与相似产品或类似服务的同等对待。

三、建立成员方个人信息保护审查和评估制度

目前，WTO并未要求成员方审查和评估各自的数字产品跨境交易数据，这不符合WTO促进贸易自由化的宗旨。为了在保护成员方个人信息方面实现一致性，WTO可以考虑引入网络审查和评估机制，统一安全评估标准，加强成员方的审查和评价。此外，考虑到个人信息安全涉及专业知识，这超出了WTO争端解决机构专业知识的范围，引入网络审查和评估机制可以让有条件的专业机构对此进行专项评估，将评估报告作为WTO争端解决机构认定事实的依据。这能更有效地指导WTO争端解决机构适用GATS协定第14条的个人信息保护例外。

关于审查和评价机构的甄选，WTO可以编制专门的国际评价机构名单，供成员方选择或指定具体的监测机构来担任。在评估因素的审查方面，可以借鉴APEC隐私框架下CBPR机制的认定规则、欧盟为代表的"充分性保护水平"标准等，将数字产品跨境交易涉及的个人信息所在国家和地区的信息保护制度进行分项认定，对所涉及的个人信息进行分级管理，以此建立一个系统而有效的数字产品跨境交易中个人信息保护评审体系。

四、指引成员方建立域内个人信息保护框架

WTO可以借鉴区域贸易协定中要求缔约方建立域内个人信息保护框架的做法，指引成员方完善各自域内个人信息保护框架。指引的方式可以有两种，第一种是确立最低保护标准的方式，要求所有的成员方达到该标准；第二种是制定示范规则，列明哪些规则必选，哪些是建议性选择，便于成员方在确立本国个人信息保护框架时遵照并列出关键条款。成员方已经或即将执行的个人信息保护措施除了立即报告至WTO，还应通过网络或其他方式及时公开，便于其他成员方获悉相关内容。对成员方已确立的国内保护规则中相关限制措施还应进行必要的审查，以判断措施是否符合GATS第14条个人信息保护例外的要求。

本章小结

信息技术的高速发展和互联网的广泛应用，使数字产品跨境交易中的个人信息大量涌现。个人信息是数据的一种，与数据一样具有极大的经济价值，

获取和使用个人信息一般需要取得信息主体的同意，但许多信息搜集者并没有照做。由此产生的问题是，大量的个人信息被非法使用，损害在线用户的利益。考虑到个人信息保护的重要性，许多国家通过颁布专项法律、行业自律等方式加强对本国个人信息的保护，国际立法中也有大量的实践。

本章对数字产品跨境交易中的个人信息进行界定，通过分析不同规范性文件中的术语，明确互联网环境下的个人信息、个人数据和隐私内容大同小异，不同国家的条文中适用的术语不同，但具体条款其实是殊途同归的。总体来说，都是为了保护能识别身份的信息。各国分别采用立法规制或行业自律等方式对个人信息加以保护，方式各有利弊，需要结合本国的实际来考察究竟哪种方式更有利于个人信息保护。

WTO 法框架下并没有对数字产品跨境交易中个人信息保护的专门规定，仅有可以适用的规则存在于 GATS 协定第 14 条一般例外的具体适用情形中。但语言不同的表述方式使个人信息保护例外规则适应性不强，在 WTO 争端解决机构并没有相关案件作为指引时，只能参照其他案件中的原则性规定作为援引该项例外时应遵循的理论支撑。为了更好地解决目前在 WTO 法框架下数字产品跨境交易中个人信息保护规则的问题，笔者结合 WTO 法之外经济组织的规范性文件、区域贸易协定中的具体条款以及欧盟和美国加利福尼亚州的最新立法实践，提出了完善 WTO 法框架下数字产品跨境交易中个人信息保护规则的若干对策。

要解决 WTO 法框架下数字产品跨境交易中个人信息保护规则缺失的问题，需要明确个人信息保护与数据自由流动之间本身就是对立统一的关系，两者兼容并蓄、合理配置，才能最大限度地促进数字产品跨境交易的发展，因而在规则完善上，要坚持个人信息保护的适度和数据流动的有序相统一。之后再通过有针对性地对个人信息保护例外规则进行解释，解决规则适用性不强的问题。通过借鉴欧盟等国的先进做法，引进专业的机构对个人信息保护的措施进行审查和评估，对不同的个人信息进行分级保护，力求更加专业地解决当前成员方个人信息保护力度不一致问题。在 WTO 法框架下进行专门的个人信息保护的立法并不现实，但可以指引各成员方建立域内个人信息保护框架，并由争端解决机构来审查保护措施。

第五章 WTO 与 RTAs 中数字产品跨境交易规则的协调

　　由于 WTO 数字产品跨境交易规则相关的谈判事实上处于停滞状态，许多成员寻求通过区域贸易谈判，签订区域贸易协定（RTAs）的方式，解决数字产品跨境交易规则问题。据 WTO 统计，截至 2017 年 9 月，世界范围内有超过 90 个 RTAs[①] 包含与数字产品跨境交易相关的电子商务条款，其中 57 个 RTAs 专门就电子商务作出了详细规定。[②] 其中美国、欧盟签订的自由贸易协定（FTAs）各成一派，在各自的范围内力推自己主导的数字产品跨境交易规则。此外，大型 RTAs 中，《跨太平洋伙伴关系协定》（TPP）、《跨大西洋贸易与投资伙伴关系协定》（TTIP）、《国际服务贸易协定》（TISA）中的数字产品跨境交易规则谈判也非常活跃。即便美国已宣布退出 TPP 协定，TPP 协定仍然是目前具有最高标准的 RTAs 范本，这也可以从《全面与进步跨太平洋伙伴关系协定》（CPTPP）中看出，CPTPP 协定中的电子商务规则几乎就是 TPP 相关规则的翻版。这足以证明，TPP 协定对未来数字产品跨境交易规则有着深远的影响。

　　另外，虽然 WTO 的 RTAs 签约方大部分是 WTO 成员方，但这些 RTAs 也需遵循 GATT1994 第 24 条[③] 和 GATS 协定第 5 条[④] 的相关规定，部分 RTAs 中的数字产品跨境交易规则还宣称与 WTO 巴厘世贸组织部长决定（WT/

---

① 从 WTO 官方统计的类别看，通知到 WTO 的区域贸易协定 (RTAs) 包括自由贸易协定 (Free Trade Agreement, FTA)、经济一体化协定 (Economic Integration Agreement, EIA)、特惠贸易协定 (Preferential Trade Agreement, PTA)、关税同盟 (Customs Union, CU)。

② WU M. Digital Trade-Related Provisions in Regional Trade Agreements: Existing Models and Lessons for the Multilateral Trade System. RTA Exchange. Geneva: ICTSD and IDB[J]. 2017.

③ GATT1994 第 24 条是关于适用的领土范围、边境贸易、关税联盟和自由贸易区的专门规定。

④ GATS 协定第 5 条是关于经济一体化的专门规定。

MIN(13) /32-WT/ L/907）电子商务工作计划第 5 段内容保持一致。① 但由于 RTAs 众多，成员方交互重叠、规则上各不相同带来"意大利面碗"效应，规则适用问题变得愈发复杂。部分 RTAs 虽表面上强调奉行自由贸易的原则、看似没有公然背离或否定 WTO 的条款，但其内容已呈现出超越 WTO 规则，脱离 WTO 另起炉灶的趋势，这给 WTO 多边贸易体制带来了极大的冲击。因此，应在 WTO 法框架下对现有且具有较大影响力的 RTAs 中的数字产品跨境交易规则进行具体分析，取其精华，剖析 WTO 与 RTAs 中数字产品跨境交易规则之间的矛盾，以寻求两者协调发展之道。

第一节　RTAs 中的数字产品跨境交易规则

目前已签订（或谈判中）的 RTAs 是以美国和欧盟为主要代表，有较多的 WTO 成员参与其中。在众多的 RTAs 中，美国曾力主的 TPP 协议中的数字产品跨境交易的规则相对全面。如果时下正在紧张谈判的 TTIP 协议和 TISA 协议中的相关规则能顺利达成，必然会对全球数字产品跨境交易市场产生巨大的推动作用。

一、美式 FTAs 中的规则

美国一直在寻求实现其所谓的"数字议程"，通过 FTAs 首创数字贸易领域的具体和广泛目标。美国自 2002 年以来在与秘鲁、新加坡等国达成的 FTAs 中，以及最近与巴拿马、哥伦比亚和韩国达成的 FTAs 中，在数字产品跨境交易领域均包含关键的 WTO 条款。这说明美式 FTAs 中的数字产品跨境交易规则模板已被许多国家接受。更重要的是，美式 FTAs 已经传播开来，可以在其他 FTAs 中找到，如澳大利亚和新加坡、泰国签订的 FTAs 以及新加坡和新西兰、印度、韩国签订的 FTAs 已开始实施美式模板，用以调整电子商务专章规范数字产品跨境交易的关键方面。2018 年 9 月，美国、墨西哥和加拿大达成协议（United States-Mexico-Canada Agreement，以下简称 USMCA），其在美式 FTAs 模板基础上，又进行了一系列升级，在美国目前签订的 FTAs 中最能体现美国数字贸易诉求。

---

① 见《中华人民共和国和大韩民国政府自由贸易协定》第十三章。

（一）美式 FTAs 模板发展阶段

美式 FTAs 中的数字产品跨境交易规则的发展大致经历了三个阶段，相应地形成了三个数字产品贸易规则版本。

1. 美式模板 1.0 版

2000 年，美国、约旦签署《美国—约旦自由贸易协定》，形成了美式 FTAs 中数字产品跨境交易规则的雏形。[①] 该协定首次出现了"电子商务"专章，调整的对象仅限于"数字化产品"，明确对电子传输不征收关税，以及不对包括数字化产品在内的电子传输设置不必要的障碍，但文本中并未将提及的"障碍"的类型予以明确。[②]

2. 美式模板 2.0 版

自 2003 年起到《美国—韩国自由贸易协定》生效前是美式 FTAs 数字产品跨境交易 2.0 版的形成和发展阶段。从《美国—智利自由贸易协议》起的 FTAs 对数字产品的内容有了更为清晰的界定，定义还被其他很多国家和国际条约沿用，但其具体内涵和外延并没有明确界定。缔约方之间确立对数字产品免征关税，给予数字产品非歧视待遇。这部分规定非常细致，包括对哪些对象的什么行为应给予非歧视待遇，都有详尽列举，以消除电子商务交易的障碍、维持活跃的电子商务环境等。[③]

3. 美式模板 3.0 版

这个阶段以《美国—韩国自由贸易协定》为代表，在这一阶段的协定中，首次就数字产品交易中涉及的数据流动、互联网访问规则等进行明确规定，并确定了相关原则。[④] 此外，关于电子签名与电子认证也有明确规定，以确保缔约国之间的交易安全可靠；明确提出保护在线消费者，应对消费者给予国际保护，以免消费者受到欺诈或其他欺骗性商业行为的损害；允许消费者访问和使用他们选择的数字产品，选择应用程序和服务，将选择的设备与互联网连

① AGGARWAL V K. US free trade agreements and linkages[J]. International negotiation, 2013, 18(1): 89-110.

② MALKAWI B H. E-commerce in light of international trade agreements: the WTO and the United States-Jordan free trade agreement[J]. International journal of law and information technology, 2007, 15(2): 153-169.

③ AGGARWAL V K. US free trade agreements and linkages[J]. International negotiation, 2013, 18(1): 89-110.

④ CHOI W M. Aggressive regionalism in Korea–US FTA: the present and future of Korea's FTA policy[J]. Journal of international economic law, 2009, 12(3): 595-615.

接等；确立无纸化贸易的功能等同原则以及确保跨境贸易中的数据信息自由流通。①

（二）美式FTAs模板的主要内容

综上，美式FTAs中数字产品跨境交易规则主要包括以下方面：影响数字产品跨境交易的措施、数字产品非歧视待遇、跨境传输数据信息规范性文件需与国内投资、跨境服务贸易和金融服务的义务相符。数字产品的非歧视待遇和通过电子方式跨境传输信息包含的措施不得与国际投资法、跨境服务贸易法、金融服务法等方面的义务不符。数字产品的非歧视待遇如与知识产权规定的权利和义务存在冲突，也不得适用。

美式FTAs的最大创新之处是制定了对数字产品可以直接适用、有约束力的电子商务章节，显著提高了数字产品贸易的自由化程度。美国在FTAs中规定了电子商务专章，直接或间接地解决了WTO电子商务工作计划中许多已经讨论过但尚待解决的问题。② 其中包括对"数字产品"进行明确的界定，解决了数字产品概念不清的问题。特别值得一提的是，美式FTAs在电子商务相关规则问题上，对通过电子传输进出口数字产品提出了永久免税的规定。电子商务专章规定了数字产品贸易的最惠国待遇和国民待遇。③ 这些约定不需要成员方做出具体、额外的承诺，两个当事方均需要给予具有相似性的数字产品相同的待遇。电子商务专章还包括一些超出WTO范围的规则，包括电信政策、信息技术标准和互通性、网络安全、电子签名和支付、无纸化交易、行业自律规范和电子政务项目等。

《美国—韩国自由贸易协定》在消除数字贸易壁垒方面规定得非常细致。它在规定电子商务接入和使用互联网的原则问题上，明确规定了消费者有权接入和使用其选择的服务和数字产品，运行其选择的应用程序和服务，将其选择

---

① GAGNÉ G. Free trade, cultural policies, and the digital revolution: evidence from the US FTAs with Australia and South Korea[J]. Asian journal of WTO & international health law & policy, 2014(9): 257.

② SBRAGIA A.The EU, the US, and trade policy: competitive interdependence in the management Of globalization[J]. Journal of European public policy, 2010, 17(3): 368-382.

③ 在许多自由贸易协定中，数字产品不得完全由双边自由贸易协定的缔约方之一生产和出口，以受益于不歧视义务。这是一种避免复杂原产地规则的有效方法。

的设备连接到互联网等。①《美国—韩国自由贸易协定》第15.7条、第15.8条还以非强制性的方式规定了跨境数据自由流通规则，要求双方不要强加或使用会对跨境信息流动造成不必要的障碍的措施。另外，USMCA中专门列出数字贸易专章，包括界定数字贸易术语、数字贸易的含盖范围、对数字传输内容实施永久免关税、承认电子认证和电子签名的有效性、无纸化交易的法律效力问题，也规定了允许数据跨境流动和自主选择计算设施和数据存储位置、豁免互联网服务提供商的第三方侵权责任等内容。只是电子商务章节中这些看似意义深远的条款在法律上似乎不如协议的其他部分，因为它们受制于协议其他章节或附件中的其他相关规定，并不得与其他部分相冲突。②

美式FTAs中，电子商务专章中所做承诺的深度与其在其他方面的承诺有密切的联系，体现了美国所倡导的自由化精神，这部分基本上是以负面清单的方式来进行承诺的。这意味着，除非有特别规定，否则国内现有制度中不得存在与国民待遇相抵触的措施。负面清单的做法不会影响签约各方承担义务的内容或质量，从某种程度来看，负面清单的方式也间接解决了一直以来在理论界争论不休、在政治上也无法达成共识的分类问题，并确保了对未来数字服务的覆盖。③

（三）美式FTAs模板的特点

美国在WTO谈判中，因其提出的自由化步伐过大，范围过广，因而没有得到广泛支持。美国在受挫后，转而采用逐个突破、步步为营的策略，推行自由化的政策，具体方式就是通过双边或多边谈判，达成贸易协定，希望在这些协定中，加入自己的政策，以实现自由化贸易。美国签订的各种双边或多边贸易协定数量多，且相互间都有联系，正是这些彼此相互联系的FTAs形成了一条环环相扣的贸易链，将美国与其他国家紧紧相连，使美国整体战略目标得以实现。从美国签订FTAs的电子商务章节中可以知道，美国的策略性安排随处可见。④例如，在像澳大利亚和韩国这样有比较开放的贸易体系国家的自由贸

---

① KWON S K. Legal issues of electronic commerce chapters of the Korea-US FTA and tasks of the digital contents industry[J]. Journal of digital Convergence, 2015, 13(5): 21-29.

② 见《美国—新加坡自由贸易协定》第14.2条。

③ BIERON B, AHMED U. Regulating e-commerce through international policy: understanding the international trade law issues of e-commerce[J]. Journal of world trade, 2012, 46(3): 545-570.

④ GAGNÉ G. Free trade, cultural policies, and the digital revolution: evidence from the US FTAs with Australia and South Korea[J]. Asian journal of WTO & international health law & policy, 2014(9): 257.

易协定中，电子商务章节会偏向有具体机制性安排和更高自由化水平的内容；在像巴拿马、中美洲国家这样贸易政策比较保守或本身在对待数字产品贸易方面就与美国存在分歧的FTAs中，电子商务章节的内容会侧重双边合作。美国这样的做法可谓一箭双雕，既在国际协商层面扩大了自己的影响力，也为其扩大阵营提供了有力的保障。

将美式FTAs的数字产品跨境交易规则与WTO法框架下的GATS协定中的相关规定进行比较可以看出，美式模板中的数字产品跨境交易规则以电子商务为核心，涉及投资、跨境服务贸易和金融服务等相关章节，而WTO法框架下至今没有形成电子商务专项规则。GATS协定中只针对跨境服务贸易，对投资服务以及金融服务缺乏专章规定。同时，美式模板中的数字产品跨境交易规则规定电子方式交付中不得设立各种贸易壁垒，这为美国数字产品的输出提供了极大的便利。

二、欧式FTAs中的规则

（一）欧式FTAs模板基本情况

欧盟和美国在FTAs上存在一定的差异，其在数字贸易方面的模板并不像美国那样连贯。[1]2002年欧盟与智利达成的协议是欧盟第一个包含大量电子商务条款的协议。该协议可谓非常谨慎，仅限于服务章节、信息技术、信息社会和电信领域的软合作承诺[2]。后来在欧盟与韩国的自由贸易协定中的规定就开始变得更加具体和具有约束力。欧盟FTAs中有部分模仿了美式FTAs模板的某些规定，同样保持了WTO规则对影响电子商务措施的适用性，并同意了对电子传输永久性的免税措施。[3]欧盟特别坚持数据保护政策，协定中包括许多关于相互认可电子签名证书、协调互联网服务提供商的责任、保护消费者和无纸化贸易的内容。欧盟与加拿大签订的自由贸易协定——全面经济贸易协议（Comprehensive Economic and Trade Agreement，CETA）的条款涉及如下内容：国内监管框架中的清晰、透明和可预测的承诺；促进电子商务的互操作性、创新性和竞争性。CETA还单设一条条款，该条款规定缔约方有义务根据国际数据保护标准，采取或维持法律、法规或行政措施，以保护从事电子商务的用户

---

[1] 欧盟自由贸易协定倾向于覆盖更多的超过WTO范围的方面，自由承诺相对较少。

[2] 软合作承诺是指该项承诺只具有原则性的指导意义，如未遵照执行，并没有后续的惩罚措施。

[3] 见《欧盟—韩国自由贸易协定》第7.48条。

的个人信息。①

（二）欧式 FTAs 规则的主要内容

欧式 FTAs 采用与 GATS 协定相似的做法，即由缔约方做出一定的承诺并列出承诺清单，就服务贸易领域，具体列出不同服务部门和子部门中国民待遇和市场准入的承诺标准。这些承诺和标准一般基于欧盟在国际谈判中的立场及观点而提出。② 所以，与美国不同，欧式 FTAs 规则所涉及内容与 GATS 协定中的内容不完全一致，但也并未大幅增加，只是针对电信服务增加了包括号码可携带的额外承诺。③

欧盟签订的 FTAs 中有许多与计算机和相关服务自由化的负面清单承诺。这在欧盟与加拿大签订的 CETA 中体现得尤为明显。对欧盟而言，加拿大这样的贸易伙伴非常特殊，欧盟很有可能会在谈判过程中专门做出一些让步，以谋求双方谈判目标的达成。最后的结果是，欧盟和加拿大都保留了文化产业。④ 此外，CETA 在服务一章之后有一份附件。附件表示，CETA 承诺不适用于与不能归入《联合国临时中央产品分类目录》中的新服务有关的任何措施，各方有义务根据一方的要求，将此类新服务通知另一方，并就将新服务纳入协议范围进行谈判。⑤ 这与美国目前的做法不同。

在 2019 年的《欧盟—越南自由贸易协定》中将服务贸易、投资和电子商务并列为一章，其下的内容分为一般义务、投资、跨境服务、监管框架、电子商务和例外等部分。需要指出的是，欧式 FTAs 模板涉及较多的要素包括电子传输免征关税、电子签名和电子认证、消费者保护、数据保护、未经应邀的商业电子信息、服务提供商责任等。这些要素与欧盟内部的立法与政策是保持高度一致的，多数 RTAs 都规定了在数据保护方面要遵循国际最高标准。⑥

众所周知，日本是当今世界上最先进的工业化经济体之一。与日本结盟，以消除实质性的贸易壁垒，共同制定全球贸易规则也是欧盟的目标。在制定数字产品跨境交易规则方面，双方有共同的意愿，共同的需求，甚至共同的立

---

① 见 CETA 第 16.4 条、16.5 条。

② 见 CETA 第 15.10 条。

③ 号码可携带性是指用户在跨境移动时不用换号。

④ 见 CETA 第 12.2 条。

⑤ 见 CETA 附件 9-B。

⑥ PELKMANS J. Business dimensions of EU's new FTAs[J]. Journal of European integration, 2017, 39(7): 781-794.

场，都认可数字产品跨境交易规则，并寻求在其他场合推广这些规则。在这样的背景下，双方一拍即合，并很快就双方经济合作的主要内容达成原则性协议——《欧盟—日本经济伙伴关系协定》。欧洲联盟委员会提供了条约文本草案的部分内容。随后，双方签订的相关协定中规定，欧盟和日本禁止转让或访问软件源代码。在电子合同、电子签名以及消费者保护和垃圾邮件规则等方面，协定也比以前的欧盟贸易协定完善了许多。

（三）欧式 FTAs 中的特点

总体来看，欧盟现有的 FTAs 中，只有少部分包含了电子商务专门条款或章节。原因如下：一方面，欧盟的部分 FTAs 签订时间较早，当时历史环境下电子商务并未得到充分发展；另一方面，欧盟自身电子商务发展水平相比美国要逊色得多，与其他国家和地区达成电子商务条款的内在动力也因此不足。[①]尽管欧盟致力于提高知识产权领域的标准，但在解决 FTAs 中的数字贸易问题方面，欧盟并不是积极主动的，而是防御性的。

此外，欧盟与不同的国家和地区签订的 FTAs 在内容上各有侧重。其与厄瓜多尔、秘鲁、哥伦比亚签订的 FTAs 强调各方在消费者权益保护、数据保护、无纸化交易方面的合作；与新加坡签订的 RTAs 强调双方要致力于推进电子服务的发展和电子签名的互认；与摩尔多瓦、格鲁吉亚之间的 FTAs 中除了一般规定的条款外，还增加了关于中间服务提供商的责任的专门规定，明确了信息传输服务提供者不对其服务过程中传输的信息负责，信息缓存服务提供者不对信息自动存储负责等责任规则。[②]

三、TPP/CPTPP 中的规则

CPTPP 协定是美国退出 TPP 协定之后，其余 11 个成员国达成的协定，其关于数字产品跨境交易的主要内容与 TPP 协定无异。考虑到 TPP 协定的渊源地位，以下只对 TPP 协定进行介绍。

（一）TPP 相关规则的主要内容

TPP 协定第 14.1 条对电子商务专章调整的范围专门进行了界定，包括适

[①] GARCIA M. From idealism to realism? EU preferential trade agreement policy[J]. Journal of contemporary European research, 2013, 9(4): 521-541.

[②] 中国信息通信研究院互联网法律研究中心. 数字贸易的国际规则 [M]. 北京：法律出版社，2019: 58-61.

用哪些范围和排除哪些范围。这意味着缔约方的投资者和跨境服务提供者在业务活动中的数据问题都可以得到解决。

除了一般定义条款和前文已提及的数字产品跨境交易中的数据流动和个人信息保护的规则外，TPP协定还有许多较为细致的规定，不仅强调了电子商务的重要性，还提出了缔约方应避免对电子商务活动发展造成不必要的障碍的措施。TPP协定针对可能的障碍做出了以下规定（表5-1）。

表5-1 TPP协定与数字产品跨境交易相关的条款摘录

条款	具体内容
第14.2条	以电子方式提供的服务应受TPP协定中投资、服务贸易和金融服务章节所载义务的约束
第14.3条	对电子传输和电子传输内容不征收关税
第14.4条	缔约方之间提供数字产品的非歧视性待遇（广播除外）
第14.6条	缔约方承认电子认证和电子签名的效力
第14.7条	禁止各国要求获取大众市场软件的源代码，但用于关键基础设施的软件除外
第14.9条	各成员国要提供电子形式的贸易管理文件，并认可以电子方式提交的文本的效力
第14.11条	允许商业活动中的数据（包括个人信息）跨境传输
第14.13条	禁止数据本地化要求
第14.16条	缔约国之间在网络安全方面的合作
第18.82条	加重了互联网服务提供商（ISP）在知识产权保护方面的责任，包括向版权所有人承担侵权赔偿的责任
附录8-B	禁止要求制造商或供应商提供产品中的加密技术、加密过程、私钥或其他秘密参数、算法等 该条款并不妨碍执法机构根据法律程序要求服务提供商使用技术提供未加密的信息

值得注意的是，TPP 协定在规定数字产品的待遇方面并不是以数字产品原产地作为判断依据，而是认定数字产品的作者、表演者、开发者、制作者或发行者中的任意一人是缔约方公民的均可以在另一缔约方享受同等保护。①TPP 协定在网络接入和使用方面的规定在其他 RTAs 中较少涉及，这部分侧重于保障消费者在缔约各方均有权利访问和使用各种互联网服务和应用程序。②

（二）TPP 相关规则的影响

分析 TPP 协定中的数字产品跨境交易规则可知，TPP 协定中有关数字产品跨境交易的条款相对完整，大量限制数据流动措施的禁止性规定释放出 TPP 协定寻求自由和开放的数字产品跨境交易市场的信号。TPP 协定是美式 FTAs 中数字产品跨境交易的扩展，有利于维护美国在数字产品跨境交易领域的优势。③从国际方面看，TPP 协定中的数字产品跨境交易规则已经被 CPTPP 协定全盘接受，从通报到 WTO 的文本看，CPTPP 协定的文本链接就是 TPP 协定的链接。TPP 协定中的数字产品跨境交易规则含盖的对象十分广泛，因而其对全球数字产品跨境交易市场和互联网治理规则均能产生极大的影响。④TPP 协定附件中缔约方采用负面清单的方式有一定的谈判优势，可以为解决 WTO 当前谈判中的瓶颈问题提供参考。

虽然美国已正式退出 TPP 协定，但 TPP 协定堪称 21 世纪数字产品跨境交易新规则范本。美国在后来的 RTAs 谈判中推行的数字产品跨境交易规则基本上是以此为基础，提出了更高水平的文本。⑤当然，TPP 协定的弱执行力在一定程度上削弱了规则的预期效果。TPP 协定谈判各方为了促成协议达成一致，必须接受其他缔约国的例外规定，必须限制规则的适用范围等，因而在规则方面存在各国规定不尽相同的情形。事实上，这种妥协对数字产品跨境交易而言，确实意味着限制数据流动的范围，约束数字产品的自由交易。妥协不仅是

---

① 见 TPP 协定第 14.4.1 条。

② 见 TPP 协定第 14.10 条。

③ GRANVILLE K. The trans-Pacific partnership trade deal explained[N/OL]. New York times, 2015-10-05[2022-03-21]. https://relooney.com/NS3040/000_New_2370.pdf.

④ 郭琰."亚太再平衡战略"及 TPP 对中美经贸关系的影响 [J]. 中州大学学报, 2019 (1): 39-42.

⑤ SYLVESTRE FLEURY J, MARCOUX J M. The US shaping of state-owned enterprise disciplines in the trans-pacific partnership[J]. Journal of international economic law, 2016, 19(2): 445-465.

TPP 协定缔约方博弈的结果，也源于数字产品跨境交易本身带有太多不确定因素。与其他产品相比，TPP 协定更为复杂，因而相关规则中将有争议的部分搁置，留足空间以便今后谈判时确定，这体现了数字贸易本身相当复杂并发展过于快速的特点。①

就影响力而言，国际上对 TPP 协定的期望很高。有人说它比 WTO 更适合当代全球贸易。②从这个意义上讲，TPP 协定中的数字产品跨境交易规则相当完备。就承诺的广度和深度而言，TPP 规则的内容对《美国—韩国自由贸易协定》中已确定的所谓"黄金标准"有明显的超越。③TPP 协定在与数字贸易有关的某些部门，如电信、计算机相关部门，总体上已经实现了更高水平的自由化。TPP 协定也提高了数字贸易领域的标准。④

四、TTIP 谈判涉及的规则

只有将 TPP 与其他现有的大型 RTAs 相比较才能更深刻地理解 TPP 的重要意义。欧盟和美国之间的跨大西洋贸易和投资伙伴关系协定（Transatlantic Trade and Investment Partnership，TTIP）谈判是专门对双方农业、服务业、航空业等领域的谈判。TTIP 协定是一个全面、高标准的贸易与投资协定。

从美欧目前数字产品贸易发展的现状来看，美国的网络零售商和服务供应商通过互联网向法国、英国、德国和意大利等发达国家的消费者出售越来越多的货物和服务。美国每年向欧洲五亿多消费者提供电影、音乐、游戏、视频及其他数字产品，而在电影和音乐的制作、游戏及软件开发上无须过于担心关税、其他税费和缺乏市场竞争优势等问题，因为它们是通过互联网来提供的产品。⑤欧洲的消费者通过电子签名的方式就可以使网上的交易生效。美欧除了在数字产品跨境交易领域有很大合作空间，在促进数字产品贸易便利化和促进

①　CHEONG I, TONGZON J. Comparing the economic impact of the trans-Pacific partnership and the regional comprehensive economic partnership[J]. Asian economic papers, 2013, 12(2): 144-164.

②　NAOI M, URATA S. Free trade agreements and domestic politics: the case of the trans-Pacific partnership agreement[J]. Asian economic policy review, 2013, 8(2): 326-349.

③　YU P K. Thinking about the trans-Pacific partnership [J]. SMU science & technology law review, 2017(20): 97.

④　CIURIAK D, XIAO J, DADKHAH A. Quantifying the comprehensive and progressive agreement for trans-Pacific partnership[J]. East Asian Economic Review, 2017, 21(4): 343-384.

⑤　FERGUSSON I F, MCMINIMY M A, WILLIAMS B R. The trans-Pacific partnership (TPP): in brief[J]. journal of contemporary China, 2016,23(87):462-479.

数据跨境自由流动方面，也有着同样的目标和利益诉求，这为双方在数字产品贸易领域开展合作打下了坚实的基础。①

（一）相关谈判的主要内容

TTIP 协定有关数字产品跨境交易谈判的宗旨是，确立跨大西洋国家之间的数字产品跨境交易框架。TTIP 协定谈判包含三大核心原则：市场准入、消除壁垒和合作监管。② 监管趋同是 TTIP 协定和 TPP 协定共同面临的问题。TTIP 协定谈判代表也一再强调这一问题，并努力通过提高兼容性来减少监管和标准方面的差异，提高监管透明度，以期解决本地化要求壁垒和数字产品的歧视待遇相关问题。③

然而，TTIP 协定在数字产品跨境交易的许多领域仍存在争议。自 WTO 乌拉圭回合谈判期间法国领导的"文化例外"运动以来，美国和欧盟之间争议的一个主要战场就是在视听服务领域。目前法国和其他一些欧盟成员国限制某些文化敏感性行业的市场准入，如限制外国广播电视节目的进入视听领域，限制外资进入本国的电影市场。④ 欧洲议会迫于压力，将在线媒体服务排除在谈判清单之外。按照议会的观点，这种排除对维护"文化例外"和保护欧盟国家的文化和语言多样性是非常有必要的。另一个有争议的话题是知识产权问题。欧盟方面的担忧是相关规则在美国国内无法通过。⑤ 所以，TTIP 的影响到底有多么深远仍有待观察。

2016 年，TTIP 协定第 13 轮谈判报告显示，美国和欧盟在协定草案中的电子商务规则方面取得了一定进展，涉及电子认证服务、反垃圾邮件、在线消费者保护等内容。但这轮谈判不涉及数据跨境流动和数据本地化，因为有关数据流动和本地化限制的条款因欧盟成员之间并未达成一致意见，无法提交议案，因而不在讨论范围。2017 年 1 月发布的《欧美 TTIP 进展联合报告》对数

---

① 许多. 论 TTIP 协定谈判对 TTP 协定谈判的影响 [J]. 南京社会科学 , 2014 (11):137-143, 150.

② 全毅. 全球区域经济一体化发展趋势及中国的对策 [J]. 经济学家 , 2015, 1(1): 94-104.

③ NAKATOMI M. Cross-border digital trade, e-commerce governance, and necessary actions ahead[M]//CHEN L R, KIMURA F. Developing the digital economy in ASEAN. London: Taylor & Francis Ltd, 2019: 31-55.

④ CREMONA M. Guest editorial: negotiating the TTIP[J]. Common market law review, 2015, 52(2): 351-362.

⑤ PARKER R W. Four challenges for TTIP regulatory cooperation[J]. Columbia journal of European law, 2016,22(1): 1-14.

字贸易问题做了如下表述：一是通过强化在线信息建立新的欧美合作机制，帮助中小企业发展跨大西洋市场；二是在数据流动方面仍有较大分歧需要弥合，主要是如何做出承诺，以完善跨大西洋经济关系中必需的电子商务和数据基础设施。

（二）影响分析

TTIP 协定谈判对美欧乃至世界经济增长的影响巨大，它可以助推全球贸易自由化深入发展。如果美欧能就更紧密的贸易规范达成一致，会起到直接的示范效应，并与 TPP 形成合力，使中国和其他新兴国家感受到更大的贸易自由化的压力。不过目前谈判中美国与欧盟的分歧还比较大，其中数据保护可能是最具争议的问题。[1] 此外，在保护隐私方面，美国和欧盟还存在很多分歧，能否调和还要静待时变。例如，欧盟 GDPR 的规则在欧盟境内统一适用，而美国仅有加利福尼亚州的 CCPA 可与之媲美，且与美国联邦规则方面存在很大差异。解密的 TTIP 文本再次暴露了美国和欧盟在数据保护方面的分歧。尽管有迹象表明，美国愿意允许将视听媒体服务排除在贸易协议范围之外，但谈判各方之间没有就数据流动达成协议。总体来说，已知的 TTIP 协定文本显示，到目前为止，美国与欧盟之间的谈判在数字问题上没有取得实质性进展。[2] 欧盟还提出了一项服务业的一般例外条款，非常符合 GATS 协定第 14 条的规定。

虽然谈判结果还存在很大变数，但可以肯定的是，在谈判过程中，美国和欧盟都会不懈努力，使彼此的规则尽可能趋同，美欧的强强联合模式势必在全球范围内产生极大的示范效应。

五、TISA 谈判涉及的规则

《国际服务贸易协定》（TISA）是由少数 WTO 成员方组成的次级团体 WTO 服务业真正之友集团启动的，目的在于打破 WTO 服务贸易谈判长期停滞的僵局，适应服务贸易数字化发展的需要，确立与之相适应的全球服务

---

[1] ROUX G L. TTIP negotiations, policy convergence, and the transatlantic digital economy[J]. Business and politics, 2017, 19(4): 709-737.

[2] ALEMANNO A. What the TTIP leaks mean for the on-going negotiations and future agreement? time to overcome TTIP's many informational asymmetries[J]. European journal of risk regulation, 2016, 7(2): 237-241.

贸易规则。①

因为 TISA 协定中包括一些非常重要的市场经济体，实际上覆盖了世界服务贸易的 70% 以上，但 TISA 协定最终版本还不能确定。到目前为止，TISA 协定似乎已经采用了混合提交方式，即谈判方对最惠国待遇和国民待遇做出负面清单的承诺，但对于市场准入则做出正面清单的承诺。②

（一）规则主要内容

由谈判各方提交的提案文本可知，TISA 数字产品跨境交易规则谈判已在本地管理层、业绩要求等规则方面取得了一定进展。谈判各方在数据本地化要求和数据流动限制障碍消除等方面分歧较大。目前包括欧盟在内的许多谈判方本国法规中都有数据本地化要求，数据本地化会导致特定企业在与相关国家和地区交易时增加成本，也会造成市场准入的障碍。③

在 TISA 谈判中，美国和欧盟的立场对立明显。美国主张数据流动是 TISA 谈判的核心内容，除了电子商务章节要适用，在其他部门也应适用。同时，美国主张谈判方有权做出保留，即对哪些部门不予适用可以通过国内不符措施来排除。对此，欧盟持反对意见，欧盟不同意数据不加限制地进行流动。④ 欧盟认为 TISA 协定中的例外条款应与 GATS 协定规定的例外规则保持一致，即遵循 GATS 协定第 14 条一般例外规则中的个人信息保护例外。⑤ 欧盟委员会同时指出，TISA 协定谈判的数据传输规则应与欧盟现有 FTAs 的类似条款保持一致，如《韩国—欧盟自由贸易协定》第 7.48 条规定的，个人信息保护措施并不是为阻止贸易自由进行，而是强调保护措施的重要性和必要性。

与 TPP 协定相同，TISA 协定也对在线消费者保护、数字产品跨境交易中的贸易壁垒等问题进行了规定，但 TISA 协定在数据保护的国际监管合作和中

---

① FEFER R F. Trade in services agreement (TiSA) negotiations: overview and issues for congress[R]. Washington D.C.: Congressional Research Service, 2016:4-15.

② CONRAD M, OLEARt A. Framing TTIP in the wake of the greenpeace leaks: agonistic and deliberative perspectives on frame resonance and communicative power[J]. Journal of European integration, 2019,42(4): 527-545.

③ 见 European Commission《TISA 协定第 17 轮谈判报告》。

④ KELSEY J, KILIC B. Briefing on US TISA proposal on e-commerce, technology transfer, cross-border data flows and net neutrality[R]. Washington D.C.: Public cervices international, 2014.

⑤ 见《TISA 协定第 21 轮谈判报告》。

小企业主保护方面能否取得进展，还不得而知。据国际透明组织维基解密提供的文本信息，TISA谈判方试图在数据流动自由和国内监管例外间取得平衡。[①]谈判方大部分已经接受数据需要跨境自由流动的理念，但在文化多样性、隐私保护等方面有不同的意见。

不同于TPP协定将金融服务排除适用范围，TISA协定如果将数字产品跨境交易规则适用于各部门，金融服务部门的数据信息将与一般的商业信息一样受数字产品跨境交易规则的影响。美国国内金融行业也赞同此做法[②]，但欧盟表示，欧盟及其成员国中有关金融服务的隐私保护所有规则不受TISA协定的影响，仍将继续适用。TISA第18轮谈判回合的草案中包括禁止金融服务公司的数据本地化要求，TTIP协定的相关草案文本也包括同样的要求。如果这一草案最终成为有完全约束力的承诺，其将是在TPP协定基础上的进一步发展。[③]

（二）影响分析

TISA协定参加方相互之间存在许多RTAs，不少参加方也在参与其他区域贸易协定的谈判，TISA协定谈判形成了一个非常紧密的贸易关系网络，美国、日本和欧盟是世界上重要的服务贸易市场，谈判如果成功，全球服务贸易格局也必然发生巨变。[④]就自由化的深度而言，TISA协定正在努力使所有服务部门承诺水平达到最优状态。但数字产品跨境交易的问题能否在TISA协定中得到全面解决，恐不能期待太高。制约因素主要是，许多谈判方的FTAs深受美式FTAs模板的影响，在众多RTAs中普遍存在较为敏感的领域（如视听服务），这些领域一直没有取得实质性进展。加拿大和欧盟将视听服务部门作为重点监管的部门，很难开放。因而TISA很有可能面临类似乌拉圭回合谈判

① SAUVÉ P. A plurilateral agenda for services? assessing the case for TISA[M]// SAUVÉ P ,SHINGAL A.The preferential liberalization of trade in services. Cheltenham: Edward Elgar Publishing, 2014.

② KOKKEADTIKUL C. Directions and challenges in the negotiation of the telecom trade in services agreement (TiSA) the digital economy era[J]. NBTC journal, 2019, 3(4): 328-349.

③ RENSBURG S J J V, ROSSOUW R, VIVIERS W. Liberalizing Bangladesh' s services trade: is joining trade in services agreement the way to go?[J]. South Asia economic journal, 2020,21(1):99-121.

④ 申斌 . 美国主导的 TISA 及其服务贸易影响研究 [D]. 湘潭：湘潭大学 , 2015.

遇到的两难处境，在贸易与文化之间难以调和。①

许多成员考虑了该协定的例外或条件，以提供更大的国内灵活性。例如，中国香港特别行政区提出"在跨境信息自由流通与保护个人数据之间应取得平衡"。在中国香港特别行政区，《个人资料（私隐）条例》第六部分第 33 条规定必须满足某些条件（如书面同意），才能将个人资料转移到中国香港特别行政区以外的地方。在 TISA 的谈判过程中，由于许多有争议的问题仍然悬而未决，而且政治气候难以预测，参加方的服务贸易发展水平参差不齐，在关键问题上的分歧也很大，TISA 谈判的结果依然无法确定。

第二节　RTAs 中数字产品跨境交易规则对 WTO 的影响

一、RTAs 相关规则对 WTO 的正面影响

RTAs 中形成的数字产品跨境交易规则不仅包含许多对域外有影响的措施，如关税、市场准入等，也包括许多国内措施，如贸易便利化、无纸化等内容。RTAs 对 WTO 贸易自由目标的促进作用表现为域外和域内两方面。

（一）RTAs 域外自由化

RTAs 中通过实施零关税、给予数字产品非歧视待遇等做法进一步扩大数字产品跨境交易的自由化进程。现有 RTAs 大多是在 WTO 法框架下的 ITA 协定以及 WTO 成员方同意的电子传输暂免关税的基础上，达成永久免征的条款。② 技术中立原则是数字产品跨境交易国际规则中的核心原则，RTAs 确立的技术中立原则与 WTO 电子商务工作小组确立的原则基本相符，且适用性更广，避免因传输渠道不同而使通过网络提供的数字产品受到歧视。③ 目前大多数含有电子商务专章的 RTAs 中包含非歧视待遇原则，旨在将 WTO 法框架

---

① CORY N, EZELL S. Crafting an innovation-enabling TISA[R]. Washington D.C.: Information Technology and Innovation Foundation Report, 2016.

② 何其生 . WTO 电子商务零关税政策的法律分析 [J]. 世界贸易组织动态与研究 , 2010, 17(4): 46-51.

③ YANG S L. The solution for jurisdictional conflicts between the WTO and RTAs: the forum choice clause[J]. Michigan state international law review, 2014(23): 107.

下确立的国民待遇原则和最惠国待遇原则扩展到数字产品跨境交易领域。① 当TPP协定中数字产品跨境交易国民待遇和最惠国待遇适用时，数字产品的生产者或者生产地在缔约方境内的，都受到保护。②TPP协定还对非缔约方的数字产品进行了规定。③ 大部分RTAs对数字产品的适用范围规定得较为明确，如不适用缔约方提供政府补贴或政府支持的贷款、担保等数字产品。④ 除了条款本身的明确规定外，大量RTAs还采用了包括承诺表和不符措施清单等方式，如《韩国—新加坡自由贸易协定》《墨西哥—中美洲自由贸易协定》中都有此类规定，承诺表有正面清单和负面清单两种形式。⑤

一些非歧视待遇条款还采用WTO中的"非变相贸易限制"的表述，如印度和新加坡签署的《全面经济合作协定》第10.4.4条规定，"缔约方不得在贸易中给予数字产品不利的待遇……这些措施构成保护自己的数字产品或对另一方数字产品贸易的变相限制"，以此来确保国民待遇原则在数字产品和实物产品的适用上保持一致。美式FTAs与欧式FTAs采用负面清单方式对服务贸易的市场准入做出承诺。负面清单方式可以更大程度上拓展数字产品跨境交易的准入领域，避免了WTO在不同模式下的市场准入限制承诺对数字产品跨境交易的适用问题，也避免了产业分类时无法覆盖新服务部门的问题。⑥

美式FTAs中通过限制数据本地化措施来保障数字产品跨境交易所需数据的自由流动，对贸易自由化也有极大的裨益。新型数字贸易部门几乎都需要数据流动，但有不少国家和地区规定了数据本地化要求等限制性措施，这些本地化措施构成新型数字贸易壁垒。⑦ 为防止此类国家的规制措施阻碍数字产品跨境交易的发展，美式FTAs以及深受其模式影响的各种RTAs往往要求缔约方

① KIM J B. Dual WTO notifications of RTAs with non-reciprocal trade liberalization[J]. Journal of international economic law, 2012, 15(2): 647-672.

② 见TPP协定第14.4.1条。

③ 见TPP协定第14.4.1条脚注4。

④ 见TPP协定第14.4.3条，《澳大利亚—新加坡自由贸易协定》第5.3条。

⑤ 见《韩国—新加坡自由贸易协定》第14.4.4条，《墨西哥—中美洲自由贸易协定》第15.4.5条。

⑥ WUNSCH-VINCENT S, HOLD A. Towards coherent rules for digital trade: building on efforts in multilateral versus preferential trade negotiations[M]//BURRI M, COTTIER T. Trade governance in the digital age: world trade forum. New York: Cambridge University Press, 2012: 179-221.

⑦ PENG S Y, LIU H W. The legality of data residency requirements: how can the trans-Pacific partnership help?[J]. Journal of world trade, 2017, 51(2): 183-204.

对此加以限制，不得规定本地化要求为交易的准入条件。①

（二）RTAs 域内自由化

除了上述措施，RTAs 为了使数字产品跨境交易自由化深度加强，对缔约方国内规则的约束也较多，如无纸化贸易、便利化措施、透明度要求等方面。相比 WTO 规则，RTAs 在国内规制措施的协调和整合方面对各国要求更高，除此之外，还确立了以一系列国际规则作为国内规制制定的基本标准②，如包括 CPTPP 在内的一些 RTAs 规定了以联合国的《电子商务示范法》③或《联合国国际合同使用电子通信公约》④为标准来指引国内立法，特别强调了国内法规不应造成不必要的监管负担。

《电子商务示范法》是第一部示范规则，旨在消除障碍并建立可预测的电子商务法律框架，率先在国际上确立纸质交易和无纸化交易非歧视待遇原则，并将技术中立原则和功能等同原则构成电子商务立法的基本原则。包括澳大利亚和新西兰在内的 RTAs 中明确应将《电子商务示范法》作为国内电子交易法律规范的基础。《东盟—澳大利亚—新西兰自由贸易协定》⑤和《新西兰—中国香港特惠贸易安排》则仅要求其法规考虑《电子商务示范法》。另有《韩国—澳大利亚自由贸易协定》⑥《中华人民共和国政府和澳大利亚政府自由贸易协定》⑦和《马来西亚—澳大利亚自由贸易协定》⑧明确要求国内法规要以《电子商务示范法》为基础构建互联网贸易的监管中立机制，要求缔约方对以电子化方式进行的贸易的监管力度不能高于对一般贸易的监管。

《联合国国际合同使用电子通信公约》是建立在《电子商务示范法》基础

---

① 王秋雯. 区域主义路径下互联网贸易规则的新发展与中国对策 [J]. 华中科技大学学报 (社会科学版), 2018(5): 68-76.

② MARCEAU G, REIMAN C. When and how is a regional trade agreement competible with the WTO?[J]. Legal issues of economic integration, 2001, 28(3): 297-336.

③ 联合国国际贸易法委员会. 电子商务示范法及其颁布指南 (1996 年)[EB/OL]. [2022-03-21]. https://uncitral.un.org/sites/uncitral.un.org/files/media-documents/uncitral/zh/mlec_c_v05-89449_ebook.pdf.

④ 联合国. 联合国国际合同使用电子通信公约 [EB/OL]. [2022-03-21]. https://uncitral.un.org/sites/uncitral.un.org/files/media-documents/uncitral/zh/06-57451_ebook.pdf.

⑤ 见《东盟—澳大利亚—新西兰自由贸易协定》第 4 条。

⑥ 见《韩国—澳大利亚自由贸易协定》第 15.4.1 条。

⑦ 见《中华人民共和国政府—澳大利亚政府自由贸易协定》第 12.5 条。

⑧ 见《马来西亚—澳大利亚自由贸易协定》第 15.5 条。

上的一项具有约束力的多边条约，签署国应保证通过电子方式订立的合同与传统纸质合同同样有效。截至 2020 年 3 月，联合国官网可查询到的已经批准或加入该公约的国家一共 12 个。①TPP 协定第 14.5 条要求成员方确立电子交易的国内法律框架，但可以选择使该框架与《电子商务示范法》或《联合国国际合同使用电子通信公约》保持一致。TPP 协定这样的提法较为少见，迄今为止，其他 RTAs 中都没有参照《联合国国际合同使用电子通信公约》的规定。

RTAs 还对数字产品跨境交易相关的国内规制提出了透明度之外的新要求，缔约方不仅负有国内立法义务，还应遵循 RTAs 中确立的国内法制定标准。这一点可以从前述的 TPP 协定、TTIP 协定等规定的相关条款中得到印证，如 CPTPP 协定第 14.7 条、第 14.8 条对消费者保护国内立法的要求，还有 RTAs 要求在国内立法中遵循国际示范法和国际标准的指导性要求。②

二、RTAs 相关规则对 WTO 的负面影响

虽然 RTAs 致力于推进数字产品跨境交易自由化的纵深发展，但 RTAs 的影响范围有限，区域间形成的协调导致全球范围内规则碎片化现象加剧，各种规则适用问题不断涌现。RTAs 规则奉行数字产品跨境交易自由化，但并没有解决国家应如何在数字产品跨境交易自由与秩序之间发挥作用、国家对贸易的规制权与数字产品跨境交易自由之间存在不匹配的问题，数字产品跨境交易规则的例外问题也缺乏有效的规则。③

（一）RTAs 例外机制对 WTO 贸易自由化的侵蚀

RTAs 追求数字产品跨境交易自由化的目标非常明确，但协定中的"例外机制"与自由化相悖。④RTAs 中的例外主要表现在三个方面：一是某些特定的行业排除适用；二是有其他规则与之不一致时，要让位于其他规则；三是很多协定规定数字产品跨境交易纠纷发生后，并不能将纠纷提交争端解决机构处理。

---

① 联合国．状况《联合国国际合同使用电子通信公约》(2005 年，纽约) [EB/OL].[2022-03-21]. https://uncitral.un.org/zh/texts/ecommerce/conventions/electronic_communications/status.

② 见《美国—约旦电子商务联合声明》。

③ WEBER R H. Digital trade and e-commerce: challenges and opportunities of the Asia-Pacific regionalism[J]. Asian journal of WTO & international health law & policy, 2015, 10(2): 321-347.

④ KIM J B. WTO legality of discriminatory liberalization of internal regulations: role of RTA national treatment[J]. world trade review, 2011, 10(4): 473-495.

RTAs 中有关产业例外的规定，如《美国—新加坡自由贸易协定》第 14.3 条规定电子商务转账的规定不适用于视听产业，《美国—澳大利亚自由贸易协定》第 14 条排除数字产品跨境交易规制在视听产业、广播产业的适用性。此外，RTAs 中还规定，自由贸易协定其他章节中的例外规则并不适用于电子商务章节，因此当其他章节的规则与电子商务章节的规定不一致时，电子商务章节中的规则将不能适用金融服务、投资等领域。① 排除适用的方式使有关数字产品跨境交易的规则能发挥的作用受限。② 在争端解决机制方面，一些 RTAs 明确规定电子商务章节发生的争端并不能诉诸争端解决机构予以解决，如《中华人民共和国政府和大韩民国政府自由贸易协定》第 13.9 条就明确了争端解决机制不适用于电子商务章节。还有的 RTAs 则是在争端解决机制中剔除电子商务章节中某些部分的适用，而不是整个章节。例如，在《澳大利亚—泰国自由贸易协定》第 1109 条、《新西兰—泰国自由贸易协定》第 9 章第 6 条中，除关税承诺之外的所有其他事项不适用于争端解决机制。在 TPP 协定中，马来西亚和越南被赋予了过渡期，在该过渡期，有关数字产品非歧视性待遇的现有措施和通过电子手段进行的跨境传输都不可提交争端解决。在现有数据本地化措施方面，越南也有类似的过渡期。③

（二）RTAs 伪自由化对 WTO 多边贸易体制的损害

在经济一体化的过程中，区域经济一体化和全球化均是不可避免的过程。RTAs 与 WTO 都是经济全球化的产物，但两者的区别很大。WTO 追求的目标就是全球经贸、投资、服务一体化，这种一体化并不是成员方利益的简单相加，而是在融合不同成员利益的基础上，寻求利益最大化的结果。RTAs 与此不同，许多 RTAs 产生之初就是部分主体利益一致，为彼此都能获利一拍即合的结果。至于是否会损害其他主体的利益，并不在 RTAs 的考虑范围。也有 RTAs 是基于强强联合，欲获得在数字产品跨境交易市场的垄断地位，目的是攫取垄断利益。因此，缔约方的利益才是考虑的根本。其所追求的数字产品跨境交易自由化的范围仅限于缔约方区域内，这种自由化是自由贸易与保护主

---

① 见《美国—智利自由贸易协定》第 15.1 条、《中华人民共和国政府和大韩民国政府自由贸易协定》第 13.2 条、CPTPP 协定第 14.2 条。

② Froese, Marc D, "Mapping the Scope of Dispute Settlement in Regional Trade Agreements: Implications for the Multilateral Governance of Trade," *World Trade Review* 15, no.4(2016): 563-585.

③ 见 TPP 协定第 14.18 条。

义的结合，本身就不是真正的自由化。① 从某种意义上讲，RTAs 本质上就是贸易保护主义，在区域范围内达成一致，对区域外的其他 WTO 成员则给予区别对待，从最终效果来看，是反全球化的。RTAs 缔约方之间的数字产品零关税、数字服务负面清单模式等特惠贸易安排实际上是对自由贸易的扭曲，对GATT 协定第一条非歧视的最惠国待遇条款形成挑战。在关税问题上，RTAs成员间内部减免，对外依然维持原来税率，这必然会在 WTO 成员方之间造成贸易转移效果②，剥夺了区域外成员的贸易机会。因此，可以认为RTAs中的数字产品跨境交易规则冲击着 WTO 确立的多边贸易体系。③

（三）RTAs 碎片化对 WTO 规则困境的强化

RTAs 在一定范围内缓解了 WTO 多边成员之间难以协调一致的问题，但大量存在的数字产品跨境交易规则相互交织形成的"意大利面碗"现象④ 导致数字产品跨境交易规则体系的碎片化，如近年来亚太地区 RTAs 谈判热度较高，产生的 RTAs 呈指数式增长，且各级 RTAs 纵横交织。太平洋东岸是以美国为代表的 FTAs 模式。太平洋西岸是以东盟为代表的"10+X"模式，即东盟与其他主体签订的 RTAs，日本、韩国和中国之间的自由贸易协定也在有序进行中。以亚太地区为例，CPTPP 协定和 RCEP 协定成员相互重叠，数字产品跨境交易条款交织。这些都会引发规则冲突、管辖权重叠、司法机构裁决结果相悖的贸易治理困境，削弱数字产品跨境交易国际规则的统一性。⑤ 规则不统一极容易导致 RTAs 做出与 WTO 争端解决机构相悖的裁决，这些都会给 WTO倡导的全球多边贸易自由化带来各种障碍，对原本就几近停滞的 WTO 数字产品跨境交易规则谈判而言，无疑是雪上加霜。

① CRAWFORD J A, LAIRD S. Regional trade agreements and the WTO[J]. The North American journal of economics and finance, 2001, 12(2): 193-211.

② 贸易转移效果是指因区域协定或区域优惠安排等，使区域内优惠的贸易政策吸引更多的区域外成员的贸易活动转移进来。

③ 余楠. 新区域主义视角下的《跨太平洋伙伴关系协定》——国际贸易规则与秩序的动态演变及中国之应对 [J]. 法商研究 , 2016 (1):129-138.

④ PAUWELYN J. Adding sweeteners to softwood lumber: the WTO-NAFTA 'spaghetti bowl' is cooking [J]. Journal of international economic law, 2006, 9(1): 197-206.

⑤ MESTRAL A C M D. Dispute Settlement under the WTO and RTAs: an uneasy relationship[J]. Journal of international economic law, 2013, 16(4): 777-825.

第三节　以 WTO 为主导的数字产品跨境交易规则的外部协调

可以预见，在国际贸易领域，全球化与区域一体化并行的状况必然在国际经贸舞台上持续存在，就数字产品跨境交易国际规则的发展而言，WTO 和 RTAs 都发挥了十分重要的作用，两者不可偏废。[①]能否将有关数字产品跨境交易的 WTO 规则与 RTAs 规则理顺和协调将决定这种并存的局面是否能最大限度地促进数字产品跨境交易的发展。

一、坚持以 WTO 为主导构建相关规则

WTO 规定的最惠国待遇和国民待遇是贸易自由化的基础，基于这两项原则形成的非歧视原则为全球范围内形成公平、自由的交易市场提供了强有力的支持。WTO 成立 20 余年所经受的实践检验也证明了其在全球贸易治理领域发挥了不可估量的作用。[②]WTO 已经形成的规则体系相对成熟，有利于自由化贸易的顺利进行。WTO 法框架下各项法律规则形成合力，使国际贸易可以有序进行、有章可循，目前没有哪个组织能与之媲美。[③]

WTO 规则虽然不具备直接在国内适用的法律效力，但它对成员方域内法的影响是非常深远的。受 WTO 一揽子协定的约束，任何成员方都不可以随意违反。[④]而且不同于 RTAs 的是，WTO 还设置了专门的争端解决机制，对违反义务的成员由争端解决机制做出相应的惩罚。WTO 专家组和上诉机构的裁定在某种程度上既可以解决 WTO 成员之间的特定冲突，又有助于强化 WTO 规

①　BALDWIN R. WTO 2.0: governance of 21st century trade[J]. The review of international organizations, 2014, 9(2): 261-283.

②　KAUKAB R S. The changing landscape of RTAs and PTAs: analysis and implications[J]. Lahore journal of economics, 2014, 19(Special Edition): 411-438.

③　BOONEKAMP C.Regional trade agreements and the WTO[M]// BRAGA C A P, HOEKMAN B M. Future of the global trade order(2nd ed.).Italy: European University Institute, 2016: 197-214.

④　ACHARYA R. WTO procedures to monitor RTAs[C]//Proceedings of the ASIL annual meeting. Cambridge: Cambridge University Press, 2017.

则的确定性，确保规则的贯彻执行。①WTO争端解决机制提供了两种临时补救办法：赔偿损失或中止减让等报复措施，这样就可以更好地促使相关国家在合理的时间内合规解决争端。从这个角度看，WTO对成员方域内法有一定的影响，它涉及对国内监管制度的深层干预，并可以对违反义务的国家采取某些制裁措施。WTO的法律也有一些固有的灵活性，如GATT协定和GATS协定中的所谓"一般例外"条款，这些条款通过列出国家寻求保护的重要目标（如公共秩序保护），以及通过一系列合规检测，努力防止使用保护主义手段来实现这些目标。②除了这些WTO法框架内的一般规则外，还有规范货物贸易、服务贸易或知识产权保护的具体协定，以及关于补贴、标准、政府采购或贸易便利化的规定。

二、推进WTO数字产品跨境交易规则谈判进程

在国际贸易现有机制下，WTO一方面要主动吸收RTAs中数字产品跨境交易规则的区域性成果，尤其是在以往WTO数字产品跨境交易相关的电子商务领域没有涉足或迟迟未决的领域，提高WTO规则的谈判效率，积极推动WTO数字产品跨境交易规则谈判。另外，WTO作为当今影响力最大的国际贸易组织之一，要主动担当起自己的责任，积极主动地引导相关区域组织，发挥其区域规则形成更为迅速的优势，在制定全球性的数字产品跨境交易规则的过程中共同努力。③

结合近年来各成员方向WTO提交的通报文件，与RTAs中的相关数字产品跨境交易规则进行对比，将其中共同含盖的部分挑选出来，在谈判中可以先集中对此进行谈判，争取尽早通过并达成一致，避免内容过于庞杂，尾大不掉。WTO成员方在数字产品规则方面的主要共识如下：继续保持WTO的现有做法，即对电子传输不予征税；成员方域内的电子交易框架应符合1996年联合国国际贸易法委员会《电子商务示范法》的相关规定；在电子签名和电子认证方面，同意互认法律和鼓励使用可交互操作的电子认证；在在线消费者保护方面，各成员方应采取或维持消费者保护的做法，禁止损害在线消费者的利

① MOSSNER L E. The WTO and regional trade: a family business? the WTO compatibility of regional trade agreements with non-WTO-members[J]. World trade review, 2014, 13(4): 633-649.

② VAN DEN BOSSCHE P. The law and policy of the World Trade Organization[M]. Cambridge: Cambridge University Press, 2005: 34-45.

③ KURIHARA Y. The impact of regional trade agreements on international trade[J]. Modern Economy, 2011, 2(5): 846-849.

益，禁止商业欺诈；在个人信息保护方面，要采取或维持保护电子商务用户个人信息的做法。[①]

倡导 RTAs 协定的缔约方通过联合提议或借助国际组织来提交议案，由 RTAs 缔约方将其中的数字产品跨境交易规则作为提案的内容呈交 WTO，这样可以在尽可能多的成员内部先行达成共识，然后再寻求 WTO 范围内的共识，降低了后续谈判的难度。同时，在谈判的过程中，可以考虑为已经取得一致的部分议题先行制定单项的规则。这样既能迅速解决部分问题，还可以在出现不适应性时及时予以调整。

三、鼓励发展中国家参与 RTAs 数字产品跨境交易立法

RTAs 中涉及的数字产品跨境交易自由发展的规则大多是由发达国家主持创设的，发展中国家基于自身的技术局限等原因，在 RTAs 中较少涉及或即便涉及也是以数字产品跨境交易的保护性规则为主，相比发达国家，无论是在立法的广度上还是深度上都无法企及。在 RTAs 谈判涉及 WTO 成员方时，作为发展中国家的成员方往往处于被动接受的地位。RTAs 规则发展的不平衡性导致在 WTO 涉及数字产品跨境交易规则的谈判时，发展中国家很难提出比较可行的方案。

因此，建议发展中国家在进行数字产品跨境交易规则制定时，多参与 RTAs 谈判，在谈判中发声，最大限度上取得其他缔约方的支持。如果发展中国家在 RTAs 中罔顾本国实际，随意开放市场，最终只会被激烈的竞争市场淘汰。因此，RTAs 谈判涉及数字产品跨境交易规则时，发展中国家要争取更长的过渡期和更多的例外条款。发展中国家只有在 RTAs 中能与发达国家形成分庭抗礼的局面，才能在 WTO 数字产品跨境交易多边规则谈判中取得更大的话语权，真正实现 WTO 成员间的利益平衡。

四、坚持 RTAs 中数字产品跨境交易规则的补充地位

RTAs 追求贸易自由化和便利化的目标与 WTO 贸易自由化目标是一致的。共同的目标决定了两者并行的可能性与现实性。但多边贸易体制给 RTAs 的定位是"例外"，虽然多边贸易体制下 RTAs 的演进过程充分证明 RTAs 与 WTO 能并行发展、互为补充，但在推进贸易自由化和经济一体化方面，两者的地位

---

① 沈玉良，李墨丝，李海英，等．全球数字贸易规则研究 [M]．上海：复旦大学出版社，2018：74-75.

绝对不是平等的。① 即便现在 RTAs 已成为世界各国家和地区参与国际经贸竞争的主要方式，在数字产品跨境交易规则方面 WTO 严重滞后，但并不能以此判断 RTAs 会取代 WTO，或摆脱 WTO 体制规定的例外身份。②

因为不管是在 WTO 中还是在 RTAs 中，数字产品跨境交易规则调整的对象都具有天然的流动性，数字产品只有在流动中才能体现其价值。因此，为了充分挖掘数字产品的经济效益，在 RTAs 中设立相关规则只能是权宜之计，在全球层面建立数字产品跨境交易框架体系才是帕累托最优。③ 因文化背景、政策等方面的原因，数字产品跨境交易有关的规则在不同的 RTAs 中存在较大分歧和制度的差异，若要推动数字产品跨境交易在全球范围内的发展，需要在国际层面建立一个具有兼容性的统一的标准和框架，从而避免数字产品跨境交易规则的重复性和碎片化形态。④ 在这个过程中，RTAs 在局部范围内积累的实践经验可以为 WTO 法框架下数字产品跨境交易规则的构建提供有益参考。

在具体的协调措施上，可以采用自下而上的路径，包括吸收更多的成员加入 RTAs、在不同 RTAs 之间整合和趋同、在 RTAs 中并入非缔约方最惠国待遇条款等做法。⑤ 也可以采用自上而下的路径，以 WTO 为平台推动缔约方就互联网贸易条款达成共识，推动缔约方履行关税减让和贸易自由化承诺，在 WTO 规则中并入 RTAs 的深度条款，鼓励 WTO 成员方将其在 RTAs 中的自由化承诺扩展为多边承诺。

本章小结

WTO 正面临着前所未有的挑战，成员间在数字产品跨境交易问题上存在许多彼此对立的立场，在 WTO 规则无法及时适应互联网信息技术发展现状的

---

①　NAKATOMI M. Plurilateral agreements: a viable alternative to the WTO?[J]. Governance working papers,2013.

②　LEE Y S. Regional trade agreements in the WTO system: potential issues and solutions[J]. Journal of East Asia and international law, 2015, 8(2): 353-354.

③　有限的资源得到最大的配置即为帕累托最优。

④　SORGHO Z. RTAs' proliferation and trade-diversion effects: evidence of the spaghetti bowl phenomenon[J]. The world economy, 2016, 39(2): 285-300.

⑤　BALDWIN R E. Multilateralising regionalism:spaghetti bowls as building blocs on the path to global free trade. [J]. CEPR, discussion paper, 2006(5775): 1512.

情况下，RTAs 有着极大的发展空间。

在双边 FTAs 方面，美国和欧盟各自扩大自己的数字贸易阵营，在已有 FTAs 中都成功地加入了各自的国内利益相关者立场。美式 FTAs 侧重数字贸易自由化，需要缔约方开放和取消限制的规定较多，而欧盟则表现得相对保守，在公共政策目标实现和个人信息保护方面，欧盟非常谨慎。

超大型 RTAs 虽然有许多更深入、更具约束力的内容，但 TPP 被美国抛弃，取而代之的 CPTPP 算不上另起炉灶，11 个成员的经济实力有限，协议生效后不能对国际数字产品贸易市场产生根本性的影响。TTIP 的谈判结果仍有待观察，但考虑到美国和欧盟在数据保护方面的分歧，似乎不太可能取得突破。RTAs 的优势同时成为弊端，因为各自为政之下，多个相互重叠的 RTAs 不断涌现，加剧了世界财富分配的不对称性，不利于全球范围内信息的自由跨境流动。

不可否认，现有 RTAs 所新增的承诺不少是在现有 WTO 的基础上做出的，还有部分是 RTAs 为数字产品跨境交易量身定制的，如在线消费者保护、电子签名与认证的相互承认以及数据自由流动的保障等。RTAs 中产生的数字产品跨境交易规则在国际上占据了重要地位，对 WTO 现有规则起到了积极的促进作用，但产生的消极影响也不容忽视。如果不摆正 WTO 多边贸易体系的地位，WTO 未来的发展也会非常艰难。只有坚持 WTO 法在数字产品跨境交易规则中的主导地位，辅之以 RTAs 中的有效实践，才能真正构建符合数字产品跨境交易基本特征的国际规则。

第六章　中国数字产品跨境交易规则体系构建

　　中国在多边和区域贸易协定中，均没有使用数字产品的概念，国内并没有对数字产品进行专门的立法调整。与数字产品跨境交易相关的法规主要集中在电子商务立法体系之下，而且新闻、出版、文化、视听类产品的在线交易被排除在《中华人民共和国电子商务法》的调整范围之外。鉴于我国服务贸易发展相对滞后的现状，在 WTO 多边贸易框架中，中国在服务贸易领域、跨境支付和数据流动方面做出了有限的承诺。中国参与制定的双边贸易协定以电子商务条款和电子商务专章来调整与相关国家的电子商务活动，其中在正面清单和负面清单部分都涉及了部分数字产品在具体部门的承诺。数字产品跨境交易涉及的问题繁多，中国参与的国际协定也有不少存在交叉、重合，因而如何构建中国数字产品跨境交易规则体系，确保中国在未来国际数字产品跨境交易市场的主导地位显得尤为重要。

第一节　国际层面上中国数字产品跨境交易规则现状与构建

一、入 WTO 时的相关承诺

　　基于前文所述数字产品跨境交易适用 WTO 法框架下 GATS 规则的论述，下文仅针对中国在 WTO 法框架下与服务相关的规则进行分析。

　　中国 2001 年加入 WTO，在服务贸易领域做出了具体承诺减让表，该表采用的是 CPC 中服务部门的分类标准。数字产品跨境交易在服务贸易中主要表现为跨境交付，即服务商提供数字传输形式的跨境交付服务。一般而言，数字传输形式跨境交付贸易的实现需要技术支持、承诺保障和数据通畅三个条件。目前，现有技术很难助力上述贸易服务。即使在技术上可行的服务也需要东道国承诺开放一定范围，即给予市场准入承诺和国民待遇承诺。能否跨境传输，需要看服务部门对此是否做出了承诺。在联合国临时中心产品分类表中，与跨境数据传输服务相关的分类有数据基础服务（CPC844）、通信服务中在线信息和数据检索服务（CPC7523）、在线信息和数据处理（包括交易处理）服务（CPC843）。[①]

数字服务网络平台的出现使许多新业务在归类上比较模糊。比如，云计算服务在计算机服务和通信服务两个类别下都可以归类。美国在提交 WTO 的提案中提出，将云计算服务归类为"计算机及其相关服务"。但问题是云计算服务追求的商业目的并不仅仅是处理数据，处理数据以后再进行数据跨境传输才能真正实现其价值。鉴于此，将数据跨境传输归类于电信服务之下的在线信息和数据处理（CPC843）应该更为恰当。

中国入 WTO 时在跨境交付方面的市场准入和国民待遇承诺总体高于发达经济体。发达经济体在跨境交付方面的服务部门有 100 个，其中没有限制的26 个、有限制的 50 个、不承诺的 24 个，而中国涉及 101 个服务部门，没有限制的 40 个、有限制的 41 个、不承诺的 20 个，基本与后来加入 WTO 的成员的承诺一样。各服务部门在分部门的承诺也存在很大的差异。根据类别不同，服务行业分为完全开放的服务行业、有限开放的服务行业和不开放的服务行业。完全开放的服务行业包括专业服务、配送服务、观光旅游服务三个服务部门；有限开放的服务行业包括通信服务和运输服务、金融服务和部分专业服务；基本不开放的服务行业包括健康及相关的社会服务，娱乐、文化和体育服务以及其他未归类的服务，没有任何承诺；环境服务、教育服务和建筑服务在跨境交付领域也没有承诺（表 6-1）。

表6-1　我国入WTO时的跨境交付承诺汇总表

服务类型	市场准入限制			国民待遇限制		
	没有限制	有限制	不承诺	没有限制	有限制	不承诺
通信服务	4	20	0	24	0	0
建筑服务	0	0	1	0	0	1

---

① 沈玉良，李墨丝，李海英，等 . 全球数字贸易规则研究 [M]. 上海：复旦大学出版社，2018:133.

服务类型	市场准入限制			国民待遇限制		
	没有限制	有限制	不承诺	没有限制	有限制	不承诺
专业服务	25	5	0	30	0	0
配送服务	2	1	2	2	1	2
教育服务	0	0	5	0	0	5
环境服务	0	0	7	7	0	0
金融服务	2	12	0	14	0	0
旅游服务	2	0	0	2	0	0
运输服务	5	3	5	7	1	5
总计	40	41	20	86	2	13

具体而言，中国对计算机和相关服务中的数据处理服务（CPC843）之类专业服务的跨境交付可以依承诺不加限制地开放。通信服务中在线信息和数据检索服务（CPC7523）与在线信息和数据处理（包括交易处理）服务（CPC843）在市场准入方面的承诺与商业存在模式的服务方式相同，即外国服务提供者提供在线信息和数据检索和处理服务时，需设立外资企业，且外资占比不得超过50%，但在国民待遇上没有限制。[①] 在其他金融服务之下的提供和转让金融信息、金融数据处理以及与其他金融服务提供者有关的软件服务没有限制。运输服务类别下的计算机订座系统（CRS）服务在国民待遇方面不承诺，在市场准入限制上针对三种类型分别进行了规定。

因数字产品的类型非常复杂，对于没有被列入承诺表的数字产品，中国可以认为其不在具体承诺表之列，不属于可开放的服务部门，也可以对现有服务承诺减让表中的相似服务进行扩大解释，从而参照适用。

---

① 中华人民共和国中央人民政府. 附件9：中华人民共和国服务贸易具体承诺减让表 [EB/OL]. [2022-03-21]. http://www.gov.cn/gongbao/content/2017/content_5168131.htm.

二、中国 FTAs 中的规则

（一）中国 FTAs 中的数字产品跨境交易规则

中国在国际谈判中并没有使用数字产品的概念，但在中国现有的自由贸易协定（FTAs）中确有部分包含数字产品跨境交易的内容。在法律文本上，中国使用了"电子商务"的表述，这个概念并没有排斥本书研究的无实物相对应的狭义数字产品，可以认为对狭义数字产品同样适用。因此，笔者在进行文本分析时，对中国现有包含了电子商务条款的 FTAs 进行了梳理。

截至 2021 年 11 月，我国已与 26 个经济体达成了 19 个 FTAs[①]，从现有的 FTAs 来看，已有电子商务内容的包括澳大利亚[②]、韩国[③]、新加坡[④]、毛里求斯[⑤]和 RCEP[⑥]。正在谈判的《中日韩自由贸易协定》等也将电子商务列入了谈判内容。[⑦] 此外，还有一些 FTAs 中提及了电子商务的内容。比如，我国与东南亚国家联盟在《中华人民共和国与东南亚国家联盟全面经济合作框架协议》第二部分中规定了双方在电子商务方面加强合作的内容。2003 年《内地与香港关于建立更紧密经贸关系的安排》的第十七条，规定了在电子商务领域加强合作的条款；2008 年《内地与香港关于建立更紧密经贸关系的安排》补充协议八中第五条"贸易投资便利化"下第（二）项规定了进一步加强电子商务领域合作的内容。2005 年签署的《内地与澳门关于建立更紧密经贸关系的安排》以及 2011 年《内地与澳门关于建立更紧密经贸关系的安排》补充协议五在电子商务方面规定的内容与香港的规定相同。2017 年，《内地与香港关于建立更紧密经贸关系的安排》经济技术合作协议中就电子商务规定了许多更深层次合作相关的条款，包括互认电子签名证书和加强数据跨境流动等内容。在有关中国

---

① 国家统计局. 对外经贸开启新征程 全面开放构建新格局——新中国成立 70 周年经济社会发展成就系列报告之二十二 [EB/OL]. (2019-08-27)[2022-03-21]. http://www.stats.gov.cn/tjsj/zxfb/201908/t20190827_1693665.html.

② 见《中华人民共和国政府和澳大利亚政府自由贸易协定》第 12 章。

③ 见《中华人民共和国政府和大韩民国政府自由贸易协定》第 13 章。

④ 见《中国—新加坡自由贸易协定升级》附录 6 第 15 章。

⑤ 见《中华人民共和国政府和毛里求斯共和国政府自由贸易协定》第 11 章。

⑥ 见《区域全面经济伙伴关系协定》第 12 章。

⑦ 商务部. 中日韩自贸区第十六轮谈判在韩国首尔举行 [EB/OL].(2019-11-29)[2022-03-21]. http://fta.mofcom.gov.cn/article/chinarihan/chinarhnews/201912/41938_1.html.

内地和中国香港以及中国内地和中国澳门更紧密经贸关系安排的附件部分，服务贸易承诺减让表中包含部分数字化服务的承诺。

（二）FTAs中数字产品跨境交易规则之中、美、欧比较

目前，FTAs中的数字产品跨境交易规则基本形成了三大阵营，产生了三种数字产品贸易规则模板，即美式模板、欧式模板和其他国家（以中国为代表）模板。此处根据中国签订的FTAs中数字产品跨境交易的规定，再结合美、欧FTAs的相关内容，对三者进行比较研究，有利于更加清楚地了解中国签订的FTAs中跨境数字交易条款与其他国家之间的区别，以便在今后的自由贸易谈判过程中加以完善。

总体来看，美式模板中数字产品跨境交易条款独立于货物和服务部分之外，一般放在货物贸易章节以后，设立专门章节。协定不仅明确了数字产品的定义，还确立了不对其进行货物和服务化定性的立场。数字产品贸易在美式贸易协定中被当作一种单独类型的贸易。①美式贸易协定在国际投资和服务贸易领域采用了负面清单的方式，在投资章节、跨境服务贸易章节和金融服务章节中所述的义务可以作为对电子方式交付或履行的服务进行约束的措施。不少国家效仿了美式模板的相关内容，如日本、澳大利亚、韩国、智利和新西兰等。

欧式模板的数字产品跨境交易规则从刚开始只有单独一条提及，到后来设立专章来约定，表明欧盟的政策导向发生了很大的变化。随着数字产品跨境贸易的发展，数据服务提供商大量出现，欧盟开始调整文本结构，使其成为专章。规则的表述也经历了倡导性提法到具体性措施的转变。②欧式模板因为坚守视听例外和隐私保护两大红线，对其他国家的要求比较严格，所以贸易伙伴之间要达成一致比较困难，也因此到目前还没有其他国家效仿。

以中国为代表的其他FTAs的电子商务专章中规定了涉及数字产品跨境交易的关税问题、电子签名与认证、无纸化交易、在线消费者权益保护和个人信息保护等内容。相对而言，数字产品贸易领域的自由化程度比较低，约束性条款比较少。③中国参与的RTAs中数字产品跨境交易相关规定内容较为单一，

---

① 张茉楠.数字贸易与新型全球贸易规则发展及对策[C]//中国国际经济交流中心.国际经济分析与展望（2017～2018），北京：社会科学文献出版社，2018.

② 周念利，陈寰琦.数字贸易规则"欧式模板"的典型特征及发展趋向[J].国际经贸探索，2018, 34(3): 96-106.

③ 周念利，陈寰琦，黄建伟.全球数字贸易规制体系构建的中美博弈分析[J].亚太经济，2017(4): 37-45, 173-174.

缺乏相应的体系，同时针对数字产品跨境交易规则的内容大多集中在定义解释和法律层面，其中具体的规定有许多模糊之处，无具体参照标准。

美式FTAs的基础是跨境服务贸易和投资负面列表方式。美式模板中的数字产品跨境交易规则强调在保证国家安全的前提下减少跨境信息流动和数据流动壁垒。欧式FTAs主要采用GATS类型，寻求数字产品跨境交易中的监管协调，在信息和数据自由流动方面与美国的立场可谓截然不同。

但对比美国、欧盟和中国FTAs中的具体条款可知，其中不少条款存在重合，详见表6-2。

表6-2　美国、欧盟和中国FTAs涉及数字产品跨境交易的条款对比

	美式 FTAs		欧式 FTAs			中式 FTAs	
	美韩 FTA	美澳 FTA	欧韩 FTA	欧加 FTA	欧日 FTA	中澳 FTA	中韩 FTA
定义	第15.9条定义	第16.8条定义		第16.1条定义	第8.71条定义	第2条定义	第13.8条定义
范围、目标、一般条款	第15.1条总则	第16.1条总则	第7.48条目标和原则	第16.2条目标和范围	第8.70条目标和一般条款	第1条目的和目标	第13.1条一般条款
关税		第16.3条关税		第16.3条电子关税	第8.72条关税	第3条关税	第13.3条海关关税
国内规制					第8.74条国内规则	第5条国内规制框架	
电子签名电子认证	第15.4条电子认证与电子签名	第16.5条电子认证与电子签名			第8.77条电子认证和电子签名	第6条电子认证和数字证书	第13.4条电子认证和电子签名
消费者保护	第15.5条在线消费者保护	第16.6条在线消费者保护			第8.78条消费者保护	第7条在线消费者保护	

	美式 FTAs		欧式 FTAs			中式 FTAs	
	美韩 FTA	美澳 FTA	欧韩 FTA	欧加 FTA	欧日 FTA	中澳 FTA	中韩 FTA
合作			第 7.49 条监管合作		第 8.80 条电子商务合作	第 10 条电子商务合作	第 13.7 条电子商务合作
个人信息保护				第 16.4 条电子商务的信任和信心		第 8 条在线数据保护	第 13.5 条电子商务中的个人信息保护

资料来源：根据美国、欧盟和中国签订的 FTAs 条款整理。

　　分析三种 FTAs 可知，在规则框架上，三种模式的 FTAs 在一些重要问题上不谋而合，条款虽然规定各不相同，但在电子传输免税、跨境数据流动的监管与合作、贸易便捷性安排和个人信息保护等方面有着很高的契合度，因而中国、美国和欧盟在规则制定方面开展合作对话的可能性也极大。所以，只纠结于规则制定中难以调和的矛盾对三方解决数字产品跨境交易规则的冲突毫无作用。中、美、欧三方求同存异，共谋发展，拓展今后的合作空间才是长久之计。

三、其他国际立法尝试

　　虽然《中华人民共和国政府和大韩民国政府自由贸易协定》包含电子商务条款，但从条款的表述看，该条款仅仅是中、韩双方在电子商务方面达成的框架性条款，既没有具体的指引，也缺乏实施细则。在国际立法方面，中国也在参与一些具有国际影响力的组织谈判，中国的目的也非常明确，即在更大程度上取得数字产品跨境交易国际规则制定中的主导权。从现状上看，中国在国际层面的数字产品跨境交易规则与发展现状不符，与发达国家的数字产品规则相比，无论在内容上还是立法深度上都存在较大差距。国际立法层面上，中国一直侧重于传统货物贸易领域跨境电子商务方面的规则制定，而在电子传输形式的非实物产品方面，中国现有规则非常匮乏。

中国海关起草的《世界海关组织"经认证的经营者"（AEO）互认实施指南》于2017年获得通过，这是我国海关首次在"经认证的经营者"（Authorized Economic Operator，AEO）①领域成功引领制定国际规则。②AEO互认使我国通关待遇提升、通关时间缩短，从而减少了通关成本，进一步提高了跨境电子商务企业国际竞争力。

在双边合作方面，中国开展的双边电子商务国际交流也取得了一定的进展。双边电子商务国际交流有助于推广中国跨境电商发展的经验，推动"一带一路"③伙伴国家或地区构建合作机制体系，搭建"网上丝绸之路"。④中国可利用"一带一路"带来的机遇，积极与相关国家就如何消除数字壁垒进行磋商，涉及的内容包括关税、知识产权保护、数据流动等多个方面。

在积极争取数字产品跨境交易规则话语权方面，中国正通过积极参与经济论坛，代表广大发展中国家发声。2016年，G20杭州峰会首次正式讨论数字经济，明确了互联网发展的重大意义，中国企业家代表提出的电子世界贸易平台被写入G20公报第30条。⑤2019年，中国与美国、日本等国在G20大阪峰会上共同发布《大阪数字经济宣言》，强调了数据流动合作机制、电子商务国际规则制定等内容。⑥为实践中国在G20峰会所做出的承诺，中国还在积极借鉴CPTPP、TTIP和TISA中的数字产品跨境交易规则，积极参与各类RTAs的谈判和制定。

---

① 经认证的经营者 (Authorized Economic Operator, AEO) 指世界海关组织 (WCO) 对符合条件的贸易参与人的认定。

② 新华网. 中国海关首次引领制定国际 AEO 互认规则 [EB/OL]. (2017-11-03)[2022-03-21]. https://www.yidaiyilu.gov.cn/xwzx/bwdt/32817.htm.

③ 见 2015 年商务部等联合文件《推动共建丝绸之路经济带和 21 世纪海上丝绸之路的愿景与行动》。

④ 见国务院《"十三五"国家信息化规划》。截至目前，中国已与哥伦比亚、俄罗斯、澳大利亚等 19 个国家建立电子商务合作。

⑤ G20 官网. 二十国集团数字经济发展与合作倡议 [EB/OL]. (2016-09-20)[2022-03-21]. http://www.g20chn.org/hywj/dncgwj/201609/t20160920_3474.html.

⑥ 佚名. G20 发布《大阪数字经济宣言》[EB/OL]. (2019-06-28) [2022-03-21]. https://www.sohu.com/a/326519514_500652.

四、国际层面的完善思路

（一）充分利用 WTO 多边贸易体系

近年来，WTO 谈判一直迟缓，但目前尚没有其他机构能取代 WTO 的位置。针对 WTO 现存问题，各国家和地区需要积极应对并妥善予以解决。互联网具有明显的全球属性，因此构建数字产品跨境交易规则时也必须着眼于全球。在坚持 WTO 地位的基础上，针对目前数字产品跨境交易问题进行谈判时，中国不仅要主动参与谈判的过程，还需要提出切实可行且能得到广泛支持的提案。中国需坚持数字产品跨境交易由 GATS 协定来调整的立场，并尽可能取得更多成员的共识。数字产品中，特别是数字服务涉及的关键部门和重点领域太多，对中国这样数字化服务贸易本身还不是非常成熟的国家而言，会非常不利。

从这个角度看，以美国为代表的成员方很可能就是少数派，其他成员能出价的承诺水平很难达到美国的标准。欧盟本身成员多，影响力广，且欧盟的内外政策相对统一，如果与中国事先达成一致，那么双方共同提案的内容能通过的可能性就大得多。

在谈判过程中，不仅要了解各方提交的议案的具体内容，还要了解各成员的背景、提出议案的动机以及其想要达到的目的。每一个成员都在国内利益相关者的利益驱使下参与谈判，因此尽可能兼顾这些利益，才能使未来的规则真正可行。

（二）构筑双边、区域贸易谈判共同体

中国应充分利用在全球数字产品跨境交易领域的领先优势，加快确立数字产品跨境交易谈判方略，积极参与其他国际条约和区域经济组织，争取主动权，避免被边缘化和孤立化。当前，全球数字产品跨境交易发展极不均衡，所以在许多国际公约和协议中，都有关于开展国际经验交流活动的规定和建议。中国可以通过积极参与区域和多边论坛，了解其他经济体的数字产品跨境交易规则与自身现有规定之间的异同点，借鉴其他国家的先进做法，提升自身的国际影响力和竞争力，这也有利于数字产品跨境交易经验及政策的相互借鉴和利用，进而促进全球范围内数字产品跨境交易规则的趋同。

相比多边论坛的贸易规则谈判，自由贸易协定的谈判方式在实践中更容易取得较好成果，中国目前也在大力推行这种方式。中国应该利用时机，多参

与双边、区域层面的数字产品跨境交易规则谈判，取得谈判中的主动权，以在WTO法框架下进行多边贸易谈判时争取更多的成员支持。中国于2020年签署RECP之后，在2021年9月正式向CPTPP提交了加入申请。另外，正在推行的中日韩自由贸易区谈判、数据流动等议题也加入了电子商务章节。

中国可以以双边和区域贸易谈判平台为基础，在数字产品跨境交易的市场开放、数据流动、本地化限制等议题上构筑区域共同体，从而提升自身在区域规则多边化过程中的话语权，应对美国模板的挑战。还可以适当引入一些前瞻性议题，应对美国贸易保护主义的做法，提升中国在区域协定谈判中的领导力。例如，目前美国企图限制或禁止中国企业接入安卓操作系统以遏制中国企业在国际互联网领域的竞争力，中国可以考虑在区域谈判中引入反垄断等议题，保障信息技术使用者可以接入网络，通过构建竞争性电信市场对抗电信设施和网络平台接入中阻碍贸易自由化的垄断行为。[①]

APEC、OECD、G20等国际平台都涉及大量数字产品跨境交易的规则，中国参与国际谈判时，应充分利用这些平台。"一带一路"倡议涉及的区域范围正在不断扩散[②]，中国应以此为契机，探索提出符合本国国情的数字产品跨境交易规则，并代表广大发展中国家发声，将规则当作模板在双边、区域数字产品跨境交易规则谈判中不断强化，扩大中国数字产品跨境交易规则的影响力。中国还应当特别注重与其他不发达国家之间的规制合作和技术援助，这样既可以帮助不发达国家解决"数字鸿沟"造成的壁垒，也有利于自身在更大范围内构筑共同体力量。

（三）鼓励民间主体积极参与

以国家为主体的RTAs谈判进展相对缓慢，需要更具有灵活性和适用性的行业自律规则对国家规制进行有效补充。数字产品跨境交易比传统贸易更为复杂，广大的经营者不能独善其身，因而企业、政府、职能部门跨界合作正当时。正如G20一直强调的，新型互联网治理模式需要多方参与。[③]企业可以通过制定诸如行为准则、示范合同等自律规范，在一定程度上确保在本行业范围内数字产品跨境交易的健康发展。行业自律规范在某种程度上更能反映

---

① 吴峻. 网络中立理论及其对世界贸易组织架构下互联网政策的影响 [J]. 国际法研究，2015 (6): 93-113.

② 夏友仁. 中国数字贸易发展现状及策略选择 [J]. 全球化，2019 (11): 84-95.

③ G20 官网. 二十国集团数字经济发展与合作倡议 [EB/OL]. (2016-09-20)[2022-03-21]. http:// www.g20chn.org/hywj/dncgwj/201609/t20160920_3474.html.

企业的实际需求，因而在具体实施时，更容易被遵守，从而减少行政部门干预。因此，中国应充分发挥企业的自主性和积极性，鼓励行业协会在各自领域制定行业标准，加强自身安全风险评估，对数字产品跨境交易进行自我监管和保护。

当前，中国的电子商务企业正积极参与构建全球数字贸易行业秩序，如由阿里巴巴提出的电子世界贸易平台（Electronic World Trade Platform，eWTP）便是一个典型。①eWTP 主要利用互联网相关技术建立了一个政府、民间和企业合作的平台，可以帮助全球发展中国家、中小企业更方便地进入全球市场、参与全球经济。该平台兼具政务和商务双重功能，为中小企业提供贸易便利化解决方案。②eWTP 已于 2019 年 12 月在杭州上线公共服务平台，未来全球范围内更多 eWTP 枢纽互联互通后，将为全球范围内包括广大中小企业在内的经营者带来更便捷的数字服务解决方案。③eWTP 还通过与 G20④、WTO、世界经济论坛等组织积极合作，为在民营—公共对话模式下进行数字产品跨境交易规则构建做了较好的示范。

此外，中国丝路集团⑤开展的数字丝路板块业务也有不少跨境数字贸易的内容。中国丝路集团与联合国贸易和发展会议有许多深度合作，包括基于区块链的跨境电商在线争议解决（Blockchain and Online Dispute Resolution，BODR）项目和数字贸易基础设施（Digital Trading Infrastructure，DTI）倡议等，旨在全球范围内创建多边自由诚信贸易新体系。中国丝路集团于 2019年 7 月与联合国贸易和发展会议签署跨境电商合作协议。从合作的内容看，主要是利用区块链技术为交易双方搭建存证、举证的平台，便于交易双方有

---

① 龚柏华. 论跨境电子商务 / 数字贸易的 "eWTO" 规制构建 [J]. 上海对外经贸大学学报，2016, 23(6): 18-28.

② MACEDO L. Blockchain for trade facilitation: ethereum, eWTP, COs and regulatory issues[J]. World customs journal, 2018, 12(2): 87.

③ eWTP 的宗旨为促进公私合作，以改善商业环境，并在一些关键领域为跨境电子贸易提供规则。eWTP 将与 WTO 等国际组织合作，优先考虑 eTrade 的发展需求，并强化 WTO 贸易便利化协议中的 eTrade 相关条款。eWTP 旨在通过开发 eTrade 基础设施和采用最佳实践 (如跨境 eTrade 实验区) 来促进 eTrade 和数字经济的发展，以解决中小企业 (尤其是发展中国家) 面临的突出问题。

④ G20 工商峰会 (B20) 专门就构建 eWTP 的倡议进行了谈判，相关倡议也被写入 G20 杭州峰会领导人公报。

⑤ 中国丝路集团是面向 "一带一路" 的跨国集团，主要协助各方主体参与 "一带一路" 建设，助推 "一带一路" 在各国落地生根。

效解决纠纷。[1]

第二节　国内层面上中国数字产品跨境交易规则构建

中国数字产品跨境交易近年来保持了较高的增速，在数字产品国际贸易市场中，中国的地位非常重要，但中国目前还并不能被称为数字强国，中国国内的数字产品跨境交易规则处于初级阶段，许多规则还不够具体明确。中国要建立完善的数字产品跨境交易国内法体系，就要先了解数字产品跨境交易国内规则的制定现状。

一、国内立法现状

目前，中国国内并没有以数字产品为专门对象的立法文件，现有文本的分析集中在国内电子商务和互联网服务类的规定上。

（一）数字产品的概念和范围的界定

因国内立法中没有将数字产品定性，所以在国内法渊源中能找到的最近似的概念就是"电子商务"。通过前文的分析可知，WTO中电子商务议题基本上都是关于数字产品跨境交易的，但在国内立法中，电子商务的概念更倾向于实物类商品的在线交易模式。从《中华人民共和国电子商务法》的规定看，总则部分明确规定了电子商务的概念和适用范围，其中概念上包含了商品和服务两大版块，并没有将商品的内涵细分，这一规定与本书中广义数字产品的概念基本吻合。但因为限定了在中国境内的互联网销售，所以跨境交易发生地在中国境内时才能适用此法。如果涉及中国消费者在国内登录外国音乐平台付费下载歌曲的行为，那么其是否能适用中国法还需要法条进一步解释。

国家行政机关层级的规范层面上，2014年中华人民共和国工商行政管理总局（现为中华人民共和国国家市场监督管理总局）审议通过的《网络交易管理办法》对互联网交易和互联网服务分别进行了界定。商务部在《第三方电子商务交易平台服务规范》（2016年修正）中也对电子商务进行过界定，将电子商务界定为货物交易、服务交易和知识产权交易三大部分。商务部的立法倾向

---

[1]　新华社. 中国丝路集团和联合国贸发会议签署跨境电子商务合作协议 [EB/OL]. (2019-07-11)[2022-03-21]. http://www.scio.gov.cn/31773/35507/35519/Document/1659164/1659164.htm.

于用 WTO 中的三大贸易形式来含盖电子商务的范围，而《中华人民共和国电子商务法》以商品代替原有货物和知识产权的提法看似模糊了区别，实则为今后立法的解释提供了空间。

其他地方级别的规范性文件中也存在不同形式的定义，如 2017 年杭州市人大在《杭州市跨境电子商务促进条例》中对跨境电子商务进行了定义，但此定义只是侧重于界定"跨境"，包括交易主体跨越关境和交易标的跨越关境。

在数字产品之下的具体分类产品中，中国也涉及部分分类。中华人民共和国文化部（现为中华人民共和国文化和旅游部）在《互联网文化管理暂行规定》（2017 修订）第三条中规定了互联网文化产品的定义。在已被废止的文件中也能找到零星的条款，如在 1999 年，中国国家版权局曾制定过《关于制作数字化制品的著作权规定》，其第一条中将数字化制品界定为有对应物质载体的数字作品。虽然是侧重于著作权方面的规则，但能由此推断出当时将数字化制品限定为作品仅在知识产权法领域进行调整的现实情况。

从立法现状看，中国目前选择的是广义电子商务的概念，选择"商品"来统括与服务相对应的货物和知识产权。区分不同类别的数字产品，进行单独定义、分部立法也非常具有中国特色。

（二）交易的主体规制

《中华人民共和国电子商务法》规定了电子商务经营者的定义及基本分类，可以适用于数字产品跨境交易的经营者。电子商务经营者被分为四类，即平台经营者、平台内经营者、自建网站的经营者和其他主体。其还专门规定了经营者的义务，包括应当遵守进出口监督管理的法律、行政法规和国家有关规定。基于互联网交易的特殊性，国家在制定该法时确定电子商务经营者的义务在很多方面都超过普通交易的主体。

此外，针对从事特定服务的经营者，其他法律条文分别进行了规定，如规定提供电子签名与认证服务的电子认证服务机构经过严格的行政审批后才被准入市场。因为提供电子认证服务的机构保存了大量用户信息，所以法律还规定了保管义务和严格的退出机制等。[①] 国务院针对互联网信息服务提供者提供经营性互联网信息服务或非经营性互联网信息服务，分别规定了许可和备案的制度。特殊行业，如新闻、出版、教育、医疗保健、药品和医疗器械等，其互

---

① 见《中华人民共和国电子签名法》第十七～十九条；《电子认证服务管理办法》第五条。

联网信息服务则实行行政审批前置程序。① 中华人民共和国文化和旅游部要求从事互联网文化服务的互联网文化单位经文化行政部门和电信管理机构批准或者备案后提供相应的服务。② 国家市场监督管理总局针对从事互联网药品信息服务的网站规定了互联网药品信息服务资格行政审批程序。③ 2017年，中华人民共和国新闻出版广电总局（现为中华人民共和国国家广播电视总局）针对从事专网及定向传播视听节目服务的主体规定了信息网络传播视听节目许可证制度，限制外资从事专网及定向传播视听节目服务。④

（三）数据流动规则

近年来，中国在互联网技术、产业应用以及跨界融合方面均取得了较大进步。互联网产业蓬勃发展的过程中，数字产品贸易数据保护在全球范围内掀起浪潮，中国也无法置身事外。在数据流动方面，中国也做了许多努力。2017年6月1日，《中华人民共和国网络安全法》正式实施，其第三十七条明确了重要数据保护的基本原则和具体规则，规定了关键信息基础设施的运营者在中华人民共和国境内运营中收集和产生个人信息和重要数据应当在境内存储。《中华人民共和国网络安全法》及其配套规定不仅影响了在中国境内的内、外资网络经营者，也影响了从事跨境互联网服务的境外网络服务商。2018年颁布的《中华人民共和国电子商务法》第六十九条也体现了中国对数据流动的基本态度。

除此之外，中国也针对一些特定行业和领域在数据跨境流动方面制定了许多限制性的规定和标准。例如，《中华人民共和国保守国家秘密法》第二十五条规定不得邮寄、托运国家秘密载体出境，《征信业管理条例》第二十四条中规定征信机构在中国境内采集的信息的整理、保存和加工，应当在中国境内进行。此外，个人金融信息数据⑤、网络出版相关数据⑥、网约车行业数据⑦ 等也都要求在中国境内存储。在数据基础设施本地化管理方面，中国制定了相关政策标准，在《信息安全技术 云计算服务安全能力要求》（GB/T

---

① 见《互联网信息服务管理办法》(2011修订) 第四～九条。

② 见《互联网文化管理暂行规定》(2017修订) 第六～十一条。

③ 见《互联网药品信息服务管理办法》(2017修订) 第五条，第六条。

④ 见《专网及定向传播视听节目服务管理规定》第二条。

⑤ 见《人民银行关于银行业金融机构做好个人金融信息保护工作的通知》。

⑥ 见《网络出版服务管理规定》第八条。

⑦ 见《网络预约出租汽车经营服务管理暂行办法》第二十七条。

31168—2014）中针对云服务商规定了服务器、存储设备等本地化要求。

2021 年的《关键信息基础设施安全保护条例》第二条划定了关键信息基础设施的具体保护范围。2021 年 6 月颁布的《中华人民共和国数据安全法》提出中国将"积极开展数据安全治理、数据开发利用等领域的国际交流与合作，参与数据安全相关国际规则和标准的制定，促进数据跨境安全、自由流动"。国家互联网信息办公室几番易稿后，于 2021 年 10 月重新发布《个人信息和重要数据出境安全评估办法（征求意见稿）》，该办法如若生效，将作为《中华人民共和国网络安全法》《中华人民共和国数据安全法》和《中华人民共和国个人信息保护法》的配套规则，会更加具体地针对需要出境的数据信息如何处理提供有效的法律指引。

从以上内容可以看出，中国对数字产品跨境交易中数据流动的监管规定散见于国家安全保护内容中，具体国家层面对关键领域的重要信息实行了严格的监管，政府层面各职能部门对本部门涉及的重要信息规定了本地存储要求。这些初步建构了中国数据跨境流动基本法律框架。

（四）个人信息保护规则

《中华人民共和国个人信息保护法》正式颁布之前，有关个人信息保护的规定散见于《中华人民共和国民法典》《中华人民共和国网络安全法》《中华人民共和国侵权责任法》《中华人民共和国消费者权益保护法》以及其他国务院规章和指南中。2009 年，《中华人民共和国刑法修正案（七）》第七条针对窃取、出售或非法提供个人信息给他人的行为规定了制裁措施，之后 2015 年的《中华人民共和国刑法修正案（九）》第十七条加大了对个人信息犯罪的刑事打击力度。中华人民共和国工业和信息化部 2011 年公布的《规范互联网信息服务市场秩序若干规定》第十一条规定，不得将用户个人信息用于其提供服务之外的目的。2012 年，全国人大通过《全国人民代表大会常务委员会关于加强网络信息保护的决定》，其第二条确定了个人信息收集需征得其同意的原则。2016 年颁布的《中华人民共和国网络安全法》第四十~四十二条设置"网络信息安全"专章对个人信息进行了更为系统的规定。2020 年的《信息安全技术个人信息安全规范》（GB/T 35273—2020）在原有 2017 年规范的基础上，对个人信息保护的重要内容进行了更新。该规范全面规定了公民个人信息的收集、保存、使用、委托处理、共享、转让、公开披露以及个人信息安全等相关标准，以保护公民信息权利。

2020 年颁布的《中华人民共和国民法典》总则部分规定："自然人的个人

信息受法律保护。任何组织或者个人需要获取他人个人信息的，应当依法取得并确保信息安全，不得非法收集、使用、加工、传输他人个人信息，不得非法买卖、提供或者公开他人个人信息。"《中华人民共和国民法典》第四编人格权的第一千零三十四～一千零三十九条不仅对个人信息具体范围进行了明确的规定，还对个人信息处理的条件、信息处理者的义务等进行了相应的规定。

2021年8月颁布的《中华人民共和国个人信息保护法》已于11月1日正式生效，宣告中国已步入个人信息保护的新阶段。该法在《中华人民共和国民法典》的基础上，确定了个人信息保护应遵循的基本原则，即确定了合法、正当、必要和诚信原则，公开、透明原则[1]；确立了"知情—同意"为个人信息保护的核心规则[2]；设立了个人信息分级保护制度；明确了个人信息跨境提供的规则[3]；新设了个人信息可携权等[4]，系统、权威地构建起了中国个人信息保护法律屏障。

（五）与数字产品跨境交易相关的其他规则

2019年发布的《中共中央、国务院关于推进贸易高质量发展的指导意见》中有几点值得关注：在优化贸易方式部分，提出了要发展其他贸易，加快边境贸易创新发展和转型升级，探索发展新型贸易方式；大力发展服务贸易，持续推进服务贸易创新发展试点，加快数字贸易发展，推进数字服务出口基地建设，探索跨境服务贸易负面清单管理制度；在提升贸易数字化水平方面，提出要积极参与全球数字经济和数字贸易规则的制定，维护WTO的核心价值，并推进WTO改革。2020年，《国务院办公厅关于推进对外贸易创新发展的实施意见》提出，要加快贸易数字化发展，大力发展数字贸易，推进国家数字服务出口基地建设，鼓励企业向数字服务和综合服务提供商转型。

中国目前还在积极开展自由贸易试验区[5]以及跨境电子商务综合试验区[6]的建设工作，通过发布《外商投资准入特别管理措施（负面清单）（2020年版）》引导外商在试验区进行各项投资，清单中不少类别涉及数字产品服务。这些试验区肩负着先行先试的重任以及成功后复制推广的重要使命，其中形成的规则

---

[1] 见《中华人民共和国个人信息保护法》第五～七条。

[2] 见《中华人民共和国个人信息保护法》第十四条。

[3] 见《中华人民共和国个人信息保护法》第三十八～四十三条。

[4] 见《中华人民共和国个人信息保护法》第四十五条第三款。

[5] 截至2020年9月22日，中国的自由贸易试验区共21个。

[6] 截至2020年4月27日，中国的跨境电子商务综合试验区共105个。

因为有前期的实践，有利于后期的法律适用。

二、国内规则存在的主要问题

（一）核心定义不明确

从前文分析的数字产品类别、各成员方电子商务提案内容、WTO 中的数字产品定性问题之争以及双边和多边贸易协定中的相关规则可知，电子商务交易的内容是含盖实物类商品的跨境交易和本书主张的数字产品内容的集合。

此外，从前文对中国国内立法概念的阐述可知，中国对跨境中的"境"字界定不清。如何界定是否跨越关境，是依主体所在地，还是交易行为地，都会引发争议。依据不同直接影响到了交易适用的法律和税收管辖权等问题。中国国内立法中有关于互联网交易、网络服务等多种概念的解释，同时相关部门在制定单行法时只针对本部门涉及的内容进行界定，这使不同规则概念之间产生了冲突或重叠。

在高度发达的数字产品市场中，市场对特定的服务或者商品产生需求后就会出现某一类交易主体，这是市场发展到一定程度出现的新分工后的必然现象。交易主体大量涌现，法律在进行规范的同时不可能面面俱到，国外在立法措施上一般会选择针对普遍存在的共性问题做出规定，避免对不同交易主体所面临的不同问题分别进行细化规定。规定了哪些不准进入，哪些限制进入后，其余部分便由市场自我调节。

在《中华人民共和国电子商务法》实施以前，行政机关层面针对数字产品经营者进行了大量立法，根据实践中出现的不同类型对网络服务者分别进行了规定。从立法的情况看，中国的基本立场也很明确，特殊行业特殊领域必须加强监管，因而出现各部门积极参与，规则层出。这样的做法确实能及时有效地解决国内数字产品交易过程中出现的诸多问题，如有关网约车服务、P2P 金融服务等方面的规则。

现有立法在一定程度上考虑到了当前市场环境下交易主体的特点，但是立法上采用列举的方式，一方面增加了立法成本，最终会导致市场效率的降低；另一方面，法律规范不可能穷举所有的情形，也不可能规范所有交易主体的一切市场行为。一旦有利可图，监管空缺，这些都会被具有逐利本性的交易者利用。另外，反观监管主体，除了国务院还有 10 多个部门负责涉及其行政职权的监管对象，监管主体的权责交织，界限不明，这也在一定程度上影响了数字产品交易的便捷性。

（二）关键规则不完整

目前，中国数据跨境流动管理制度还处在初步建立的阶段，《中华人民共和国网络安全法》颁布之前，中国对数据流动并未形成统一的管理制度，各个部门各自为政。《中华人民共和国网络安全法》颁布之后，虽然对数据跨境流动从原则上确立了管理方向，但是如何落实到各个行业部门，还需要进一步完善体制。

从《中华人民共和国网络安全法》到各部门制定的规章，中国虽然就数据流动管理进行了立法，但这些均只是原则性的规定，并未有相关的执行细则。数据本地化的具体要求、限制跨境数据的类型及是否存在例外等都没有具体可以适用的条文，数据境外输出时的安全评估也没有设计完成。

中国立法趋向较为审慎的管制方式，原则上重要数据只能在我国存储、处理，不得向境外提供，部分数据如果要出境，只能先通过安全评估，而安全评估的具体操作规则处于缺失状态。在数字经济时代，贸易自由化的发展需要数据跨境自由流动，严苛的管理制度会限制企业的创新发展。

（三）配套措施不统一

在政策制定方面，中国在概念使用上又出现了将多个概念杂糅在一起来表述的情形。从目前政府指导性文件的提法和海关部门统计的跨境电子商务数据看，跨境电子商务仅限于实物商品。最新政策性文件提到的数字服务、数字经济和数字贸易均在大力发展服务贸易的条款之下，但这样也会引发混淆。中国并不能由此确定今后将数字产品跨境交易中通过电子传输的服务贸易列在数字服务之下单独规定。跨境电子商务在政策表述上不清楚也会导致实践中适用的不确定性。

无论是最早公布的负面清单制度，还是《自由贸易试验区外商投资准入特别管理措施（负面清单）（2020年版）》，针对试验区外商投资准入规定的特别管理措施中，都存在现有制度与措施内容不一致等诸多问题。从具体内容看，其所列负面清单中包含数字产品比较多，如信息传输、软件和信息技术服务业，文化、体育和娱乐业等在规定禁止条款的同时会有部分例外，缺乏完整性。

（四）不符措施未清理

前文已经暴露了中国国内立法就涉案产品所制定公共政策例外措施与GATS协定中国民待遇原则相违背的地方，如果这些措施得不到梳理，中国相关贸易可能还会违反 WTO 规则，从而面临被诉风险。在中美出版物和视听文化产品案之后，中国对大部分涉案法规做出了修改。中国现存的法律法规如果一直不涉及某些产品，主要依靠各相关部门的行政命令对其进行管理，容易造成在上位法缺位的情况下，各部门间由于缺乏统一的约束和管理，相互争利、各自为政的情形。

在中美出版物和视听产品案中，专家组认定视听产品的分销包括了网络形式，即网络音乐产品。中国在加入 WTO 时，市场上就存在网络音乐类型的服务，但国内立法对其一直没有清晰的定位。直到 2017 年，中华人民共和国文化部（现为中华人民共和国文化和旅游部）才将网络音乐娱乐产品归入互联网文化服务。中国的意图也很明显，就是想要适用 GATS 协定下文化例外的规定。这样的归类会引发另一个问题，如果与中美出版物和视听产品案相同的外国产品在准入时，被中国以文化例外排除，中国再次被起诉，就要援引文化例外的规定进行抗辩，想要得到与 WTO 已有案例不同结果的可能性微乎其微。

从国家发展改革委、商务部 2020 年公布的《鼓励外商投资产业目录（2020年版）》可以看出，中国目前已开放 13 个行业 480 个部门供外商投资，但在网络服务方面规定仍然比较模糊。因此，中国的指导目录很有可能在未来发生的 WTO 争端中被扩大解释，使本书所述的其他数字产品也被列在 WTO 的减让表中，从而增加中国败诉的风险。

三、国内规则的完善措施

随着《中华人民共和国电子商务法》的正式实施，数字产品跨境交易相关配套法规政策得以加快研制并陆续出台，中国数字产品跨境交易也逐步进入规范发展新阶段。下面从国内层面提出中国构建数字产品跨境交易规则的相关措施。

（一）澄清数字产品跨境交易相关核心概念

中国需界定数字产品的概念，并明确既有规则对数字产品的适用性。数字产品是数字贸易规则的核心概念，其内涵和外延决定了数字产品跨境交易规则的调整范围，因此必须予以明确。目前，国际上缺乏数字产品的统一定义，如果中国予以提出，将有利于扩大其在国际社会的影响力。可以选择开放式的界定方式来界定概念，使概念具有足够的灵活性，可以选择在正式的场合进行界定并反复使用，以确保概念使用的一致性。[①]

---

① 沈乐乐.论国际数字贸易规则领域的中国国际话语权提升 [D]. 杭州：浙江大学, 2019.

数字产品跨境交易主体呈现出分化和融合两种趋势：分化是指交易主体成分复杂化，即谁都可以参与数字产品跨境交易；融合是指传统出口和进口平台逐渐融合。因此，传统的仅以进口和出口来划分的思维方式对数字产品交易主体并不完全适用。[①] 现有立法只是从程序方面做出了一些变通规定，缺乏行业准入和行业自律等规则的具体方案，无法直接管束交易主体，导致当前交易主体良莠不齐。[②] 对于数字产品跨境交易主体的确立方面，需要尽可能总结相似或类似行业的共同点，并联合在一起加以调整，避免造成行政机关各自为政、交易主体无所适从的局面。

在交易主体监管方面，可以考虑将监管的资格和权力交给第三方平台，通过特定的跨境交易平台对交易主体进行监管，至于是由政府主持的公共性质的服务平台，还是盈利性质的交易平台，可以边实践边调整。禁止平台开展除中介和监管之外的其他自营业务，确保平台的中立性。通过立法授予平台必要的监管权限，使其可以制定经过备案的审核标准，以确定交易者的资质或交易行为等是否符合规范。

（二）完善数字产品跨境交易中数据、信息规则

目前，中国还没有一套规范外国数字企业使用中国居民数据的政策，只是在法条上规定了数据跨境的限制，限制中国居民数据向境外传输，并要求相关企业将服务器和数据中心设在中国境内。规则的不确定性导致很多国家认为中国目前只是一味地限制数据跨境，设置数字贸易壁垒。实际上，即便中国按照《中华人民共和国网络安全法》对违反数据本地要求和限制数据跨境规定的经营者进行处罚，但相比欧盟的《通用数据保护条例》中按公司全球全年营业额的 2% 或 4% 进行处罚的力度明显轻得多。因此，在完善规则时可以借鉴欧盟的相关做法，结合中国实际情况确定。立法层面之外，中国应该建立健全国内的数据保护法律机制，对国内企业和国外企业进行统一管理。然而，中国目前还没有一部全面的数据保护法律，虽然新修订的《中华人民共和国消费者权益保护法》《中华人民共和国网络安全法》等都增加了数据保护的条款，但是在执行力和可操作性方面还有待提高。中国数据流动的基本立场是在保证国家安全的条件下，以不滥用个人数据为基础，进行分级管理。[③]

---

① 徐金海，周蓉蓉. 数字贸易规则制定：发展趋势、国际经验与政策建议 [J]. 国际贸易，2019 (6): 61-68.

② 魏爽. 跨境电子商务立法的国际比较研究 [D]. 杭州：浙江大学，2015.

③ 王惠敏，张黎. 电子商务国际规则新发展及中国的应对策略 [J]. 国际贸易，2017 (4): 51-56.

在保护对象方面，要明确哪些数据信息需要保护。《中华人民共和国个人信息保护法》相关配套立法措施应加快建成，以提高个人信息保护的水平。此外，还要缩小与国际标准之间的差距，密切关注互联网新技术的发展，及时对新兴法律问题进行研究和回应。例如，目前的生物识别技术大量运用，其中就隐藏着很多隐私权泄露的风险。对个人信息数据平台进行监管时，事先要建立足够安全的数据平台存储个人信息，事后还要建立相应的个人信息安全评估和监管机构，避免个人信息被恶意使用。

在立法层面之外，可以充分调动行业的积极性，以行业规则和行业自律作为立法的有效补充。不同的行业可根据自身特点确立本行业数据使用自律公约，如保险、金融、信息服务等领域，其他相似的行业可根据实际比照适用。中国作为数字产品跨境交易大国，在发展过程中与美国有很多相似之处，所以也可以借鉴美国的经验。相比立法规制，行业自律具有更大的柔性。数字产品跨境交易与其他国际贸易有很大区别，按传统的监管方式对数字产品跨境交易进行监管，有可能打击经营者的积极性及研发者的创造性。自律机制下，消费者可以选择保护水平更高的网站，促成良性竞争机制。

中国目前并没有个人信息保护水平认证专业机构，行业协会自治方面可以借鉴美国的 TRUSTe① 和 BBBOnline 认证方式，对达到个人信息安全保护标准的企业进行认证或公示，便于消费者查询；也可以参照 APEC 的 CBPR 机制采用行业自律与执法机构相结合的模式，建立个人信息保护行业自律机制。

（三）健全数字产品跨境交易其他配套措施

中国应根据数字技术的发展要求，并结合国际行业分类标准以及各国行业分类标准制定经验，完善数字产品相关行业分类制度，同时尽量统一分类标准，以免标准在适用时出现国内外不一致的情况。此外，还应加快建立与跨境交付相对应的国内服务监管制度。随着互联网使用范围的扩大以及互联网技术的不断发展，互联网使用率开始大幅度增加，但国内相关监管制度严重缺失。因此，中国要根据加入 WTO 时的承诺，对所有涉及跨境交付的行业监管制度进行梳理，建立适合互联网商业模式的行业监管制度，以形成面向全球的高标准自由贸易区网络为原则，提出跨境交付领域的开放要求，提前建立与之相适应的监管制度。

中国需改善自由贸易试验区负面清单制度。具体需要对大量法律法规进

---

① 中国互联网企业中，腾讯公司和小米公司等已与 TRUSTe 建立了合作关系。

行修改或重新制定，以明确采用哪种特别管理措施。对于列入负面清单的不符措施，中央和地方外资法律法规需予以清理。不同自由贸易试验区的执法需要保持一致，避免区域间的不平衡，而且需要将业务规则细化，避免模糊、宽泛的特别管理措施。

推广单一监管平台，使行政部门的职权集中，便于经营者参与跨境电子商务活动，旨在实现制度创新、管理创新和服务创新，推进跨境自由化、便利化、规范化。目前，政府相关部门需要推进改革，提高部门业务信息化水平，突破传统部门之间的"信息孤岛"，提升协同监管能力。建议以部委为单位，内部先实现信息共享，外部开发数据接口，最终实现单一窗口监管平台的有效运转。

（四）消除与WTO义务不符的规则

国内立法要尽快与国际接轨。先要在概念使用上形成统一的认识，特别是当各部门分别立法时。应尽量选择国际上通用的概念，避免在解释概念时，仅凭中国一方的解释难以服众。因为在争端解决机构中，专家组并不以某一国的解释为依据，而是要权衡WTO规则的宗旨和基本原则，结合具体案件进行审理。这也有利于减少谈判时因承诺减让表中词义理解出现的误会。当立法出现变化时，要及时清理不符的规则。如果中国针对有关数字产品跨境交易的措施没有建立定时清理制度，没有对不符合WTO法框架之下具体承诺的法律规则及时予以废止，就会影响数字产品跨境交易规则体系的构建。因此，定期清理不符措施、及时公布可能影响数字产品跨境交易的措施是促使中国与WTO立法接轨的必要举措。

强化事中和事后监管制度。中国政府在进出口管理上一直采用的都是事前行政审查模式，这种模式很容易引起冲突。因此，事前审批需要放宽，与此同时要不断强化事中、事后监管制度。简政放权必须放管结合，如果事中、事后监管制度不完善，就会同时增加微观层面企业违章操作风险、中观层面产业经营安全风险及宏观层面系统运行风险。

在立法技术上，要对中国相关法规进行排查，审查现有的例外规定中还有哪些存在争议，进而在不明显违背WTO已有规则的前提下制定能实现监管意图的规则。此处可以借鉴"日本胶卷案"① 中日本方面的做法，鼓励行业协

---

① 日本胶卷案也是WTO第一个非违反之诉，日本民间批发商对胶卷经销商制定规则，确定本国经营者可以赊销，其他经营者只能当场结清，这一做法引起美国不满，所以其后向WTO争端解决机构提起磋商请求，但专家组没有采纳美国的观点，认为日本政府并没有采取限制措施。

会发挥自律作用，通过行业协会制定规则来影响进出口贸易。行业协会专业性上强于政府机构，政府可以为行业协会提供制度设置空间，使其充分发挥自身专业优势。总之，中国的任何国内措施都应当是在本国公共政策考虑和正当贸易需求之间做出的平衡。

本章小结

中国在 WTO 服务贸易领域的具体承诺是根据 GATS 协定下服务贸易的四种模式做出的，开放的服务部门并不少。数字产品的类型非常复杂，所以并没有列入承诺表。中国可以认为其不属于可开放的服务部门，也可以对现有服务承诺减让表中的相似服务进行扩大解释，从而参照适用。但是，中国对此并没有予以明确，因而在适用上存在一定的争议。

中国数字产品跨境交易发展的时间并不算长，但发展速度惊人。中国在取得国际数字贸易市场地位的同时，积极与贸易合作伙伴展开了多层次的经济贸易合作。中国目前签订的自由贸易协定中只有少数设定了电子商务专章，这些内容与美式、欧式模板一起形成了当今自由贸易协定中数字产品跨境交易规则的三大模板。当前，中国与美、欧在数字产品贸易规则上达成一致还有一定的困难，一方面是因为美、欧担心中国的数字产品跨境交易会冲击其国内市场，另一方面中国现有政策中确实存在承诺开放的范围有限、限制数据流动、网络内容审查等内容。

本章从国际和国内两个层面分别分析中国数字产品跨境交易相关的立法情况。无论是国际层面还是国内层面，中国的数字产品跨境交易立法都存在欠缺，中国在数字产品跨境交易国际规则制定中的话语权也因此受限。在国际层面上，通过中国加入 WTO 时的承诺、中国在 FTAs 中的实践和中国目前正在积极参与区域立法的情况可知，中国有希望改变现状，有希望在 WTO 数字产品跨境交易规则谈判中掌握主动权，在更大范围内争取区域谈判共同体，对抗美国模板的挑战。

国内层面上的主要问题如下：立法部门多；法律效力层级复杂；法律规范缺乏可操作性；等等。目前，中国发展数字产品跨境交易存在概念不够清晰、制度不够健全、与 WTO 义务不符等问题。中国应该在明确自身立场的前提下，积极参与国际交易规则的制定，同时在不同的谈判场合反复强调以形成中国可以推行的模板。立法上要对基本概念和内涵进行比较完整的界定，尽量避免过多的分散立法。信息保护和数据流动之间本来就不是完全对立的关系，因而可以在两者之间寻求平衡。建立数据跨境流动的分级制度，并在认定不同的等级后予以区别对待，可避免国际社会总是指责中国实施数字贸易壁垒的现象。在信息保护方面，可以选择以行业规范、行业自律等方式来进行配合。在具体承诺方面，可以完善自由贸易试验区的负面清单，以便投资者参照适用，梳理国内规则，确保与 WTO 义务相符。

结　论

　　数字产品跨境交易具有与生俱来的优势，近年来甚至今后很长一段时间内，都将占据国际服务贸易市场的半壁江山。数字产品跨境交易的蓬勃发展既是机遇又是挑战，抢占贸易先机的国家在数字产品跨境交易规则制定方面往往会先人一步，而数字基础设施较弱的国家则表现得急迫又无奈。封闭只能被淘汰，不变则会处于被动地位。WTO 作为世界上影响力最大的多边贸易组织之一，应承担起消除矛盾、统一规则、促进发展的责任。然而，WTO 现有法律框架下的货物贸易规则、服务贸易规则和知识产权贸易规则似乎都不能完全含盖数字产品跨境交易的所有类型，与数字产品跨境交易相关的规则除了明显不足，还存在难以适用的问题。WTO 之外，双边、区域贸易协定中形成了大量的数字产品跨境交易规则，其中不少具有相当的影响力，这样的局面如不加以控制，那么 WTO 历时多年建成的多边贸易体系将被无情淘汰。

　　通过分析 WTO 法框架下的数字产品跨境交易规则，本书得出如下结论：

　　第一，数字产品跨境交易只有在高度自由的环境下才能得到充分的发展，这与 WTO 确立的基本原则相契合。数字产品跨境交易的无形性使相应规则从产生之初就具有天然的全球性，在一国范围内、一个有限的区域内都无法彻底解决数字产品跨境交易带来的问题。因此，应该坚持以 WTO 为主导来解决数字产品跨境交易规则中存在的各种冲突。

　　第二，数字产品本身的特殊性是 WTO 内部存在数字产品跨境交易规则适用问题的根源。互联网的发展使数字产品拥有了更多样化的存续形态，因而现有规则无法完全适用数字产品跨境交易的发展将会是常态。在 WTO 法框架内解决数字产品跨境交易规则适用的问题时，不需要过于纠结数字产品到底属于货物还是属于服务，以及选择 WTO 法框架下的何种规则来调整。WTO 的目标是多边贸易协定存续的基础，不可以随意抛弃。据此，数字产品跨境交易选择 GATS 协定更符合 WTO 的目标。数字产品跨境交易在 GATS 协定下选择服务贸易模式时，通常以不对服务贸易自由化构成阻碍为标准。

第三，数据流动是数字产品跨境交易的基本条件。数字产品跨境交易本质上是借助网络传输的数据的交易，而交易过程中又能够产生大量的数据。数字产品跨境交易的全球性、无国界性特点使跨境时的数据流动规则拥有了天然的全球化特点，直接影响到了有业务往来的所有国家的经营者。数据流动引发了许多问题，包括国家安全、个人信息保护等问题也与日俱增，这令各国政府感到不安。不少国家和地区出于国家和地区安全以及个人信息保护方面的考虑，制定了数据本地化要求和数据限制出境的约束性条款，旨在对数字贸易领域的数据进行监管，但这使当前数字产品跨境交易中出现了许多数字贸易壁垒，因而数据流动问题必须得到重视。WTO现有规则对数据跨境流动进行调整时表现出了不适应性，而WTO之外的自由贸易协定和国内立法方面则进行了积极的回应。美、欧在数据跨境流动上的立场也不一样，美国希望自由流动，欧盟看重私权保护。国内先行立法的国家在这场数据大战中很有可能占据有利地位。WTO法框架下想要解决数字产品跨境交易中的数据流动规则不适应问题，需要协调数据流动规则中的诸多冲突。

第四，数据流动问题与个人信息保护问题是一个问题的两个方面，都关乎数字产品跨境交易中的数据。交易中大量出现的个人信息数据产生了巨大的经济价值。数据自由流动会导致个人信息轻易被提取，而过于严格的数据保护措施又会阻碍贸易自由化进程。在国内立法方面，各方对信息保护重要性的认识出奇一致，很多国家和地区通过制定国内法专门保护个人信息。与WTO法框架下个人信息保护规则缺失不同的是，在个人信息保护方面的国际规则十分丰富，保护模式多样。这些都有助于在WTO法框架下确立数字产品跨境交易相关的个人信息保护规则。

第五，区域贸易协定中的数字产品跨境交易规则是WTO多边框架的有效补充。区域贸易协定中达成的数字产品跨境交易对WTO产生了不小的冲击，区域贸易协定和诸边谈判俨然成为国际新规则形成的重要平台。在数字产品跨境交易新规则的内容和议题设置上，美、欧等一直占据着主导权。现已生效的CPTPP协定在电子商务内容方面基本援用了TPP协定中由美国制定的模板。TTIP协定和TISA协定的谈判正在进行，涉及的谈判方在国际市场上的地位较重要，如果谈判能够达成，将会促成新的世界经贸格局。WTO应对此有所作为，在坚持WTO为主导的前提下，积极推进数字产品跨境交易规则谈判的进程，鼓励更多的发展中国家参与区域规则制定活动，形成与美、欧抗衡之势，以免今后陷入美国贸易保护主义的困境。

中国数字产品跨境交易规则的构建也需要确定好方向。从当前中国在WTO已做的服务贸易减让承诺看，正面清单里的分类目录在当前不易适用，中国对此应予以重视。中国还在积极寻找合作伙伴，签订自由贸易协定，提高对外开放的水平，同时在已有的自由贸易协定中涉及电子商务专章的不多，但后续已经在谈判议程中的还有一些。对比美、欧两大主体的自由贸易协定，可以发现中国的版本规定的范围较小，中国的谈判相对谨慎，承诺开放的部门有限。在制定法律规则的时候，中国应积极参与谈判，引进先进立法者的经验固然非常重要，但也需要警惕在规则制定的过程中，部分国家在国际上强推其主导的数字产品跨境交易规则，将国际条约谈判变成其国内法在世界范围内变现的工具。中国在国际上应有自己的声音，在数字产品跨境交易规则构建中，从自己的国际贸易利益出发提出自己的主张，从被动应对的规则执行者逐步成长为主动参与的规则引领者，为中国数字产品跨境交易的良性发展和长期可持续发展奠定基础。

中国数字产品跨境交易的国内法规并未形成体系，还存在概念不够清晰、制度不够健全和与WTO义务不太相符等问题。中国在完善数字产品跨境交易立法规则的过程中，要立足本国实际，对内通过实施自由贸易试验区战略、丰富跨境电子商务试验区的模式，进一步深化国内改革，细化行政规则，自查不符措施以确保中国在GATS协定下的承诺得以有效遵守，并且提升行业协会的地位，充分发挥其专业优势来解决现有问题。对外而言，中国应积极参与多边与双边、区域和诸边谈判，重视服务贸易和投资规则并密切关注新议题，促进国内法治与国际规则良性互动。

数字产品跨境交易国际规则的不确定性还会持续很长时间，中国想要在这个过程中获益，任重而道远。因此，中国需要完善国内电子商务基础设施和法律环境，加强国内层面的监管，弥补各项薄弱环节。如果不想失去数字产品跨境交易赋予的历史机遇，就应当在规则制定的过程中寻求促进自由贸易与保护国内产业的平衡之术。

参考文献

一、中文文献

（一）著作类

[1] 博登海默 . 法理学：法律哲学与法律方法 [M]. 邓正来，译 . 北京：中国政法大学出版社，2004.

[2] 陈建国 . WTO 的新议题与多边贸易体制 [M]. 天津：天津大学出版社，2003.

[3] 高鸿钧 . 清华法治论衡（第 21 辑）：全球化时代的中国与 WTO(下)[M]. 北京：清华大学出版社，2018.

[4] 李国旗 . 电子商务法实务研究 [M]. 杭州：浙江大学出版社，2015.

[5] 刘颖，邓瑞平 . 国际经济法 [M]. 北京：中信出版社，2003.

[6] 上海 WTO 事务咨询中心 . 中国贸易运行监控报告 2016：积极适应外贸发展新形势 [M]. 上海：上海人民出版社，2016.

[7] 沈玉良，李墨丝，李海英，等 . 全球数字贸易规则研究 [M]. 上海：复旦大学出版社，2018.

[8] 石静霞 . 服务贸易协定谈判 (TISA) 与中国的服务业发展 [M]//WTO 20 年与中国 . 北京：中国商务出版社，2016.

[9] 石士钧 . 重视 TTIP 谈判对全球贸易规则的重大影响 [M]// 外国经济学说与中国研究报告 (2014). 北京：社会科学文献出版社，2014.

[10] 世界贸易组织秘书处 . 贸易走向未来——世界贸易组织 (WTO) 概要 [M]. 北京：法律出版社，1999.

[11] 张汉林 . 世界贸易组织发展报告 2014[M]. 北京：高等教育出版社，2015.

[12] 张乃根，符望 . 全球电子商务的知识产权法 [M]. 上海：上海交通大学出版社，2004.

[13] 中国信息通信研究院互联网法律研究中心 . 数字贸易的国际规则 [M]. 北京：
法律出版社，2019.

（二）期刊类

[1] 白洁，苏庆义 . CPTPP 的规则、影响及中国对策：基于和 TPP 对比的分析 [J].
国际经济评论，2019 (1): 6, 58–76.

[2] 陈寰琦，周念利 . 从 USMCA 看美国数字贸易规则核心诉求及与中国的分歧 [J].
国际经贸探索，2019, 35(6): 104–114.

[3] 陈建国 . 难以归类——WTO 电子商务贸易政策探析 [J]. 国际贸易，2002(10):
35–38.

[4] 陈靓 . 数字贸易自由化的国际谈判进展及其对中国的启示 [J]. 上海对外经贸大
学学报，2015, 22(3): 28–35.

[5] 陈儒丹 . WTO 框架下数字产品在线跨境交易的法律性质 [J]. 法学，2008(7): 87–
94.

[6] 陈维涛，朱柿颖 . 数字贸易理论与规则研究进展 [J]. 经济学动态，2019(9):
114–126.

[7] 陈卫东，石静霞 . WTO 体制下文化政策措施的困境与出路——基于 "中美出版物
和视听产品案" 的思考 [J]. 法商研究，2010, 27(4): 11.

[8] 陈咏梅，张姣 . 跨境数据流动国际规制新发展：困境与前路 [J].上海对外经贸
大学学报，2017(6): 16.

[9] 崔艳新，王拓 . 数字贸易规则的最新发展趋势及我国应对策略 [J]. 全球化，
2018(3): 10.

[10] 董瑞玲 . 数字贸易国际规则的分歧及中国的应对 [J]. 对外经贸实务，2019(6): 4.

[11] 弓永钦，王健 . TPP 电子商务条款解读以及中国的差距 [J]. 亚太经济，
2016(3): 6.

[12] 郭鹏 . 电子商务立法：全球趋同化中存在利益分歧——美国与欧盟的立场分析
[J]. 中国社会科学院研究生院学报，2010(2): 60–65.

[13] 郭鹏 . 数字化交付的内容产品的国际贸易竞争性自由化策略——基于美国的视
角 [J]. 河南社会科学，2018(1): 6.

[14] 郭鹏 . 信息产品数字化交易的法律规制：美国的双重标准 [J]. 武汉大学学报
（哲学社会科学版），2010(1): 65–69.

[15] 郭鹏 . 信息混合产品交易的法律性质确定——以美国的司法实践为借鉴 [J]. 华南师范大学学报（社会科学版），2009(6)：114-117，160.

[16] 郭玉军，莫万友 . 电子商务对 WTO 法律规则的挑战和对策 [J]. 商业研究，2006(22)：194-197.

[17] 郭玉军，张函 . WTO 体制下数字产品的法律规制 [J]. 求索，2007(1)：84-87.

[18] 韩静雅 . 跨境数据流动国际规制的焦点问题分析 [J]. 河北法学，2016，34(10)：170-178.

[19] 韩龙 . GATS 第一案——"美国赌博案"评析 [J]. 甘肃政法学院学报，2005(4)：96-102.

[20] 何波 . 国际贸易规则下跨境数据流动分析 [J]. 汕头大学学报（人文社会科学版），2017，33(5)：53-56.

[21] 何其生 . 美国自由贸易协定中数字产品贸易的规制研究 [J]. 河南财经政法大学学报，2012，27(5)：142-153.

[22] 来有为，宋芳秀 . 数字贸易国际规则制定：现状与建议 [J]. 国际贸易，2018(12)：54-57.

[23] 蓝庆新，窦凯 . 美欧日数字贸易的内涵演变、发展趋势及中国策略 [J]. 国际贸易，2019(6)：48-54.

[24] 李海英 . 数据本地化立法与数字贸易的国际规则 [J]. 信息安全研究，2016，2(9)：781-786.

[25] 李墨丝 . 超大型自由贸易协定中数字贸易规则及谈判的新趋势 [J]. 上海师范大学学报（哲学社会科学版），2017，46(1)：100-107.

[26] 李娜，沈四宝 . 数字化时代跨境数据流动与国际贸易的法律治理 [J]. 西北工业大学学报（社会科学版），2019 (1)：90-96.

[27] 李杨，陈寰琦，周念利 . 数字贸易规则"美式模板"对中国的挑战及应对 [J]. 国际贸易，2016(10)：24-27，37.

[28] 李忠民，周维颖 . 美国数字贸易发展态势及我国的对策思考 [J]. 全球化，2014(11)：60-72，134.

[29] 李忠民，周维颖，田仲他 . 数字贸易：发展态势、影响及对策 [J]. 国际经济评论，2014(6)：8，131-144.

[30] 刘强 . WTO 与电子商务——透视《服务贸易总协定》(GATS)[J]. 财经问题研究，2001(3)：49-52.

[31] 刘晴. 论在GATS下对以电子手段跨境提供服务的适当监管——对"美国赌博案"的再思考 [J]. 甘肃社会科学, 2006(5): 194-197.

[32] 吕国民. WTO对数字化产品贸易的规制问题探析 [J]. 河北法学, 2006(8): 38-41.

[33] 莫万友. GATS对电子服务的规制问题及其解决办法 [J]. 西北大学学报（哲学社会科学版）, 2007(2): 142-146.

[34] 彭德雷. 国际服务贸易协定 (TISA) 谈判与中国路径选择 [J]. 亚太经济, 2015(2): 39-44.

[35] 彭年华. "经济北约"(TTIP)重塑国际贸易格局 [J]. 国际技术装备与贸易, 2013(5): 2.

[36] 齐爱民. 数字文化商品确权与交易规则的构建 [J]. 中国法学, 2012(5): 73-86.

[37] 沈玉良, 金晓梅. 数字产品、全球价值链与国际贸易规则 [J]. 上海师范大学学报（哲学社会科学版）, 2017, 46(1): 90-99.

[38] 沈玉良, 李海英, 李墨丝, 等. 数字贸易发展趋势与中国的策略选择 [J]. 全球化, 2018(7): 28-40, 134.

[39] 宋波, 夏廷. WTO规则下的数字化产品定性之争 [J]. 网络法律评论, 2003, 3(0): 131-138.

[40] 宋相林. GATS第6条与第16条关系探析——对"美国赌博案"重新审视 [J]. 法制与社会, 2008(28): 94-95.

[41] 徐金海, 周蓉蓉. 数字贸易规则制定：发展趋势、国际经验与政策建议 [J]. 国际贸易, 2019(6): 61-68.

[42] 徐苑琳, 孟繁芸. 全球化变局中构建中国对外贸易新优势研究 [J]. 改革与战略, 2018, 34(8): 52-56.

[43] 许多. 论TTIP协定谈判对TTP协定谈判的影响 [J]. 南京社会科学, 2014(11): 137-143, 150.

[44] 沙拉法诺夫, 白树强. WTO视角下数字产品贸易合作机制研究——基于数字贸易发展现状及壁垒研究 [J]. 国际贸易问题, 2018(2): 149-163.

[45] 张函. 论WTO体制下的电子商务规则 [J]. 河南省政法管理干部学院学报, 2007(2): 53-60, 64.

[46] 张茉楠. 全球数字贸易战略：新规则与新挑战 [J]. 区域经济评论, 2018(5): 23-27.

[47] 张茉楠, 周念利. 数字贸易对全球多边贸易规则体系的挑战、趋势及中国对策

[J]. 全球化，2019(6): 32-46, 135.

[48] 赵骏，干燕嫣. 变革中的国际经贸规则与跨境电商立法的良性互动 [J]. 浙江大学学报（人文社会科学版），2017, 47(6): 88-102.

[49] 郑淑伟. 国际数字贸易壁垒的现状和我国的应对策略 [J]. 对外经贸实务，2019(7): 42-45.

[50] 周茂荣. 跨大西洋贸易与投资伙伴关系协定 (TTIP) 谈判及其对全球贸易格局的影响 [J]. 国际经济评论，2014(1): 6, 77-93.

[51] 周念利，陈寰琦，黄建伟. 全球数字贸易规制体系构建的中美博弈分析 [J]. 亚太经济，2017(4): 37-45, 173-174.

[52] 周念利，陈寰琦. 基于《美墨加协定》分析数字贸易规则"美式模板"的深化及扩展 [J]. 国际贸易问题，2019(9): 1-11.

[53] 周念利，陈寰琦. 数字贸易规则"欧式模板"的典型特征及发展趋向 [J]. 国际经贸探索，2018, 34(3): 96-106.

[54] 周念利，李玉昊，刘东. 多边数字贸易规制的发展趋向探究——基于 WTO 主要成员的最新提案 [J]. 亚太经济，2018(2): 46-54, 150.

[55] 周念利，李玉昊. 全球数字贸易治理体系构建过程中的美欧分歧 [J]. 理论视野，2017(9): 76-81.

[56] 周晓刚. 澳大利亚《电子资金划拨指导法》[J]. 网络法律评论，2003, 3(1): 387-410.

[57] 郑玲丽. 国际经济法中"3D 打印"的规制 [J]. 法学，2017(12): 145-156.

（三）会议类

[1] 张茉楠. 数字贸易与新型全球贸易规则发展及对策 [C]// 中国国际经济交流中心. 国际经济分析与展望 (2017～2018). 北京：社会科学文献出版社，2018: 235-248.

[2] 陈咏梅，张姣. WTO 视阈下的数据跨境流动规制：冲突预判与法律平衡 [C]//WTO 法与中国论坛暨中国法学会世界贸易组织法研究会 2018 年年会论文集. 重庆：中国法学会世界贸易组织研究会，2018.

（四）学位论文类

[1] 白黎. TPP 规制数字贸易壁垒的措施研究 [D]. 重庆：西南政法大学，2018.

[2] 陈靓 . 从 GATS 到 TiSA——全球服务贸易自由化规则的建构与中国的选择 [D].
上海：上海社会科学院，2018.

[3] 陈希 . 数字文化产品的国际贸易法律问题研究 [D]. 重庆：西南政法大学，2015.

[4] 代彬 . 电子商务中数字化产品的分类问题探析 [D]. 北京：对外经济贸易大学，
2006.

[5] 丁秀芳 . 促进数字贸易国际规则发展的路径 [D]. 杭州：浙江大学，2019.

[6] 龚婧 . TPP 与 TTIP：动因、影响及中国的应对 [D]. 武汉：武汉大学，2016.

[7] 郭鹏 . 国家利益冲突与国际电子商务法律制度构建 [D]. 广州：暨南大学，2008.

[8] 刘雪晴 . 跨境电商国际规则制定的基本状况与中国实践 [D]. 北京：中国人民大
学，2019.

[9] 莫万友 . GATS 对电子商务的规制及其发展 [D]. 长沙：湖南师范大学，2004.

[10] 沈乐乐 . 论国际数字贸易规则领域的中国国际话语权提升 [D]. 杭州：浙江大
学，2019.

[11] 申斌 . 美国主导的 TISA 及其服务贸易影响研究 [D]. 湘潭：湘潭大学，2015.

[12] 谭毓 . WTO 框架下电子商务规则困境的原因分析与对策研究 [D]. 沈阳：沈阳
工业大学，2007.

[13] 王赤宇 . 从美国赌博案看 GATS 市场准入制度 [D]. 上海：上海交通大学，2009.

[14] 王亮 . 美国 FTA 中的电子商务条款研究 [D]. 重庆：西南政法大学，2017.

[15] 魏爽 . 跨境电子商务立法的国际比较研究 [D]. 杭州：浙江大学，2015.

[16] 张帆 . WTO 框架下跨境数据流动规制问题研究 [D]. 重庆：西南政法大学，
2018.

[17] 赵静 . WTO 体制下电子商务归类问题探究 [D]. 上海：华东政法学院，2006.

[18] 张舵 . 跨境数据流动的法律规制问题研究 [D]. 北京：对外经济贸易大学，
2018.

（五）网址类

[1] 艾媒咨询 . 2019 全球跨境电商市场与发展趋势研究报告 [R/OL]. (2019-06-07)
[2019-12-12]. http: //ipoipo.cn/download/4812.html.

[2] 艾媒咨询 . 2019 上半年中国跨境电商市场研究报告 [R/OL]. (2019-08-08)
[2019-12-12]. https: //www.iimedia.cn/c400/65637.html.

[3] 深圳市跨境电子商务协会，飞书互动（深诺集团）. 2018 年全球电商行业蓝皮书 [R/

OL]. (2019-01-07) [2019-12-12]. https://www.meetsocial.cn/paper/17.html.

[4] 网经社电子商务研究中心. 2018 年度中国跨境电商市场数据监测报告 [R/OL].
(2019-06-05)[2019-12-12]. http://www.ebrun.com/ebrungo/zb/336756.shtml.

[5] 浙江大学"大数据＋跨境电子商务"创新团队. 世界与中国数字贸易发展蓝皮
书(2018)[EB/OL]. (2018-09-27) [2019-12-12]. http://rwsk.zju.edu.cn/_upload/
article/files/1b/ee/49ffeb734663ac2538a3a7fdce89/4ffa645f-6fe6-4d60-b0aa-
91812bf77af3.pdf.

[6] 中国互联网络信息中心. 第 44 次中国互联网络发展状况统计报告 [EB/OL].
(2019-08-29)[2019-12-15]. http://www.cac.gov.cn/pdf/20190829/44.pdf.

[7] 中国青年报. 马云呼吁国家出台《数字经济法》[EB/OL]. (2018-04-22) [2019-
12-12]. http://baijiahao.baidu.com/s?id=15984207554778869170&wfr=spider&
for=pc.

[8] 中国网信网. 信息安全技术云计算服务安全能力要求 [EB/OL]. [2019-12-22].
http://zfxxgk.zj.gov.cn/xxgk/jcms_files/jcms1/web1/site/art/2017/11/24/
art_11699_876.html.

二、英文文献

（一）著作类

[1] BURRI M. The global digital divide as impeded access to content[M]// Burri
M, Cottier T. Trade governance in the digilal age. Cambridge: Cambridge
University Press, 2012.

[2] BURRI M. Trade versus culture: the policy of cultural exception and the
WTO[M]//The palgrave handbook of european media policy. London: Palgrave
Macmillan, 2014.

[3] CHANG H J. Kicking away the ladder: development strategy in historical
perspective[M]. London: Anthem Press, 2002.

[4] DREXL J, RUSE-KHAN H G, NAD DE-PHLIXS. Eu bilateral trade agreements and
intellectual property: for better or worse?[M]. Berlin: Springer, 2014.

[5] CHAISSE J, GAO H. Paradigm shift in international economic law rule-
making[M]. Singapore: Springer, 2017.

[6] GAO H. The regulation of digital trade in the tpp: trade rules for the digital age[M]// Chaisse J, Gao H. Paradigm shift in international economic law rule-making. Singapore: Springer, 2017.

[7] KROES Q R. E-business law of the european union[M]. The Netherlands: Kluwer law international, 2010.

[8] MARK WU. Digital trade-related provisions in regional trade agreements: existing models and lessons for the multilateral trade system[M]. Geneva: ICTSD, 2017.

[9] MAYER-SCHÖNBERGER V, CUKIER K. Big data: a revolution that will transform how we live, work, and think[M]. Boston: Houghton Mifflin Harcourt, 2013.

[10] PENG S. Renegotiate the WTO 'schedules of commitments'? Technological development and treaty interpretation[M]//Science and technology in international economic Law. London: Routledge, 2013.

[11] WUNSCH-VINCENT S.The WTO, the internet and trade in digital products: ec-us perspectives[M].Oxdord: Hart Publishing, 2006.

[12] SMITH F. Regulating E-Commerce in the WTO: exploring the classification issue[M]. Oxdord: Hart Publishing, 2004.

[13] SUSAN K S. Private power, public law: the globalization of intellectual property rights[M]. Cambridge: Cambridge University Press, 2003.

[14] TUTHILL L L. Cross-border data flows: what role for trade rules?[M]// Research handbook on trade in services. London: Edward Elgar Publishing, 2016.

[15] BOSSCHE P V D, ZDOUC W. The law and policy of the world trade organization[M]. Cambridge: Cambridge University Press, 2013.

[16] WEBER R H, BURRI M. Classification of services in the digital economy[M]. Berlin: Springer Science & Business Media, 2012.

[17] WUNSCH-VINCENT S. The WTO, the internet and trade in digital products: ec-us perspectives[M]. London: Bloomsbury Publishing, 2006.

（二）期刊类

[1] AARONSON S. Why trade agreements are not setting information free: the

lost history and reinvigorated debate over cross-border data flows, human rights, and national security[J]. World trade review, 2015, 14(4): 671–700.

[2] ZOHUR A S. Acknowledging information technology under the civil code: why software transactions should not be treated as sales[J]. Loy. l. rev, 2014(50): 461.

[3] APTE N K. E-commerce: shopping online and adoption of safety measures[J]. Our heritage journal, 2020, 68(25): 106–112.

[4] BAKER S A, LICHTENBAUM P, SHENK M D, et al. E-Products and the WTO[J]. The international lawyer, 2001, 35(1): 36–37.

[5] BARSHEFSKY C. Trade policy for a networked world[J]. Foreign affairs, 2001, 80(2): 134–146.

[6] BARTELS L. The chapeau of the general exceptions in the WTO GATT and GATS agreements: a reconstruction[J]. American journal of international law, 2015, 109(1): 95–125.

[7] BENSON C L, TRIULZI G, MAGEE C L. Is there a moore's law for 3D printing?[J]. 3D printing and additive manufacturing, 2018, 5(1): 53–62.

[8] BIERON B, AHMED U. Regulating e-commerce through international policy: understanding the international trade law issues of e-commerce[J]. Journal of world trade, 2012, 46(3): 545–570.

[9] BLOCK R. Market access and national treatment in China electronic payment services: an illustration of the structural and interpretive problems in GATS[J]. Chicago journal of international law, 2013, 14(2): 652–701.

[10] BOWN C P. Mega-regional trade agreements and the future of the WTO[J]. Global policy, 2017, 8(1): 107–112.

[11] BROWN A G, STERN R M. Free trade agreements and governance of the global trading system[J]. The world economy, 2011, 34(3): 331–354.

[12] CARMODY C. A theory of WTO law[J]. Journal of international economic law, 2008, 11(3): 527–557.

[13] CHANG H J. Kicking away the ladder: infant industry promotion in historical perspective[J]. Oxford development studies, 2003, 31(1): 21.

[14] CHEONG I, TONGZON J. Comparing the economic impact of the trans-pacific

partnership and the regional comprehensive economic partnership[J]. Asian economic papers, 2013, 12(2): 144−164.

[15] CHOI W M. Aggressive regionalism in korea−US FTA: the present and future of korea's FTA policy[J]. Journal of international economic law, 2009, 12(3): 595−615.

[16] CIMINO C, HUFBAUER G C, SCHOTT J J. A proposed code to discipline local content requirements[J].Policy briefs, 2014, 12(4): 481−494.

[17] CIURIAK D, PTASHKINA M. Started the digital trade wars have: delineating the regulatory battlegrounds[J]. Pontes, 2018, 14(1): 10.

[18] CONRAD M, OLEARt A. Framing TTIP in the wake of the greenpeace leaks: agonistic and deliberative perspectives on frame resonance and communicative power[J]. Journal of european integration, 2020, 42(4): 527−549.

[19] COTTIER T. The common law of international trade and the future of the world trade organization[J]. Journal of international economic law, 2015, 18(1): 3−20.

[20] CRAWFORD J A, LAIRD S. Regional trade agreements and the WTO[J]. The north american journal of economics and finance, 2001, 12(2): 193−211.

[21] CREMONA M. Guest editorial: negotiating the TTIP[J]. Common market law review, 2015, 52(2): 351−362.

[22] DE MESTRAL A C M. Dispute settlement under the WTO and RTAs: an uneasy relationship[J]. Journal of international economic law, 2013, 16(4): 777−825.

[23] DELIMATSIS P. Protecting public morals in a digital age: revisiting the WTO rulings on us−gambling and china−publications and audiovisual products[J]. Journal of international economic law, 2011, 14(2): 257−293.

[24] DETERMANN L. Adequacy of data protection in the USA: myths and facts[J]. International data privacy law, 2016, 6(3): 3.

[25] FLEUTER S. The role of digital products under the WTO: A new framework for GATT and GATS classification[J]. Chicago journal of internation law, 2016, 17(1): 153−177.

[26] FUKUTA Y, MURATA K, ADAMS A A, et al. Personal data sensitivity in Japan[J]. ORBIT journal, 2017, 1(2): 1-13.

[27] GAGNÉ G. Free trade, cultural policies, and the digital revolution: evidence from the US FTAs with australia and south korea[J]. Social science eiectronic publishing, 2014, 9(1): 257-286.

[28] GANTZ D A. Introduction to US free trade agreements[J]. British journal of american legal studies, 2016, 5(2): 299-314.

[29] GAO H. Digital or trade? The contrasting approaches of China and US to digital trade[J]. Journal of international economic law, 2018, 21(2): 297-321.

[30] GAO H. Google's China problem: a case study on trade, technology and human rights under the GATS[J]. Asian journal of ETO & international health law and policy, 2011, 6(2): 349-387.

[31] GILLIES L E. Electronic commerce: a guide to the law of electronic business, 2nd edn[J]. International journal of law and information technology, 2003, 11(1): 102-104.

[32] GRAPENTIN S. Datenschutz und globalisierung-binding corporate rules als lsung?[J]. Computer und recht, 2009, 25(11): 693.

[33] GREENBERG M H. A return to lilliput: the LICRA v. yahoo-case and the regulation of online content in the world market[J]. Berkeley technology law journal, 2003, 18(4): 1191-1258.

[34] GREENLEAF G. Asia-pacific free trade deals clash with GDPR and convention 108[J]. Privacy laws & business international report, 2019(5): 22-24.

[35] HALLINAN D, FRIEDEWALD M, MCCARTHY P. Citizens' perceptions of data protection and privacy in europe[J]. Computer law & security review, 2012, 28(3): 263-272.

[36] HAMANAKA S. The future impact of trans-pacific partnership's rule-making achievements: the case study of e-commerce[J]. The world economy, 2019, 42(2): 552-563.

[37] HUFBAUER G C, CIMINO-I C. How will TPP and TTIP change the WTO system? [J]. Journal of international economic law, 2015, 18(3): 679-696.

[38] HUI K L, CHAU P Y K. Classifying digital products[J]. Communications of the ACM, 2002, 45(6): 73−79.

[39] JANOW M E, MAVROIDIS P C. Digital trade, e−commerce, the WTO and regional frameworks[J]. World trade review, 2019, 18(S1): S1−S7.

[40] JANSEN VAN RENSBURG S J, ROSSOUW R, VIVIERS W. Liberalizing bangladesh's services trade: is joining trade in services agreement the way to go?[J]. South Asia economic journal, 2020, 21(1): 99−121.

[41] TRAN J. The law and 3d printing[J]. John marshall journal of computer & information law, 2015, 31(4): 17.

[42] ZITTRAIN J L.The shifting landscape of global internet censorship[J]. Berkman klein center research publication, 2017(4): 28.

[43] LEE Y S. Regional trade agreements in the WTO system: potential issues and solutions[J]. Journal of east asia & international law, 2015, 8(2): 353−354.

[44] LEE−MAKIYAMA H. Future−proofing world trade in technology: turning the WTO it agreement (ITA) into the international digital economy agreement (IDEA)[J]. Aussenwirtschaft, 2011, 66(3): 279−322.

[45] NEUMANN W T. Data protection and privacy: (in) visibilities and infrastructures[J]. Computing reviews, 2017, 58(12): 732−733.

[46] LIU H W. Inside the black box: political economy of the trans−pacific partnership's encryption clause[J]. Journal of world trade, 2017, 51(2): 309−334.

[47] LODEFALK M. The role of services for manufacturing firm exports[J]. Review of world economics, 2014, 150(1): 59−82.

[48] MACDONALD D A, STREATFEILD C M. Personal data privacy and the WTO[J]. Houston journal of international law, 2014, 36(3): 629−650.

[49] MACEDO L. Blockchain for trade facilitation: ethereum, eWTP, COs and regulatory issues[J]. World customs journal, 2018, 12(2): 87−94.

[50] MARCHETTI J A, ROY M. The TISA initiative: an overview of market access Issues[J]. Journal of world trade, 2014, 48(4): 683−728.

[51] MELTZER J P. A WTO reform agenda: data flows and international regulatory

cooperation[J]. Social science electronic rublishing, 2019(26): 21.

[52] MELTZER J P. Governing digital trade[J]. World trade review, 2019, 18(S1): S23-S48.

[53] MELTZER J P. Supporting the internet as a platform for international trade: opportunities for small and medium- sized enterprises and developing countries[J]. SSRN electronic journal, 2014(26): 56.

[54] MULDER T, TUDORICA M. Privacy policies, cross-border health data and the GDPR[J]. Information & communications technology law, 2019, 28(3): 216-274.

[55] NAOI M, URATA S. Free trade agreements and domestic politics: the case of the trans-pacific partnership agreement[J]. Asian economic policy review, 2013, 8(2): 326-349.

[56] NEERAJ R S. Trade rules for the digital economy: charting new waters at the WTO[J]. World trade review, 2019, 18(S1): S121-S141.

[57] NEUWIRTH R J. Global market integration and the creative economy: the paradox of industry convergence and regulatory divergence[J]. Journal of international economic law, 2015, 18(1): 21-50.

[58] PALMETER D. The WTO as a legal system[J]. Fordham international law journal, 2000, 24(1): 317-370.

[59] PARKER R W. Four challenges for TTIP regulatory cooperation[J]. Columbia journal of european law, 2016, 22(1): 14.

[60] PAUWELYN J. Editorial comment: adding sweeteners to softwood lumber: the WTO-NAFTA 'spaghetti bowl'is cooking[J]. Journal of international economic law, 2006, 9(1): 197-206.

[61] PAWLAK P. Made in the USA? The influence of the US on the European union's data protection regime[J]. Brussels CEPS, 2009(20): 1-33.

[62] PELKMANS J. Business dimensions of EU's new FTAs[J]. Journal of European integration, 2017, 39(7): 781-794.

[63] PENG S Y, LIU H W. The legality of data residency requirements: how can the trans-pacific partnership help? [J].Social scence electronic publishing, 2017, 51(2): 183-204.

[64] PETRI P A, PLUMMER M G. The economic effects of the trans-pacific

partnership: new estimates[J]. Peterson institute for international economics working paper, 2016, 16(2): 33.

[65] QISHENG H. On legal regulation of digital product trade in US FTA [J]. Journal of henan university of economics and law, 2012(5): 142–153.

[66] REGAN D H. Regulatory purpose and "like products" in article III: 4 of the GATT (With additional remarks on article III: 2) [J]. Journal of world trade, 2002, 36(3): 443–478.

[67] ROTH P. Adequate level of data protection in third countries post-schrems and under the general data protection regulation[J]. Journal of law, information and science, 2017, 25(1): 49–67.

[68] SAKO M. Free trade in a digital world[J]. Communications of the ACM, 2019, 62(4): 18.

[69] FLEUTER S.The role of digital products under the WTO: A new framework for GATT and GATS classification[J]. Chicago journal of international law, 2016, 17(1): 153.

[70] SAMUELSON P A. The pure theory of public expenditure[J].Review of economics and statistics, 1954, 36(4): 387–389.

[71] SBRAGIA A.The EU, the US, and trade policy: competitive interdependence in the management of globalization[J]. Journal of European public policy, 2010, 17(3): 368–382.

[72] SCHWARTZ P M, SOLOVE D J. Reconciling personal information in the united states and European union[J]. California law review, 2014, 102(4): 877–916.

[73] SIMÕES B G. Cross-border intellectual property rights in digital data: the legal framework in europe and the united states in the light of clearcorrect v. US international trade commission[J]. Global trade and customs journal, 2016, 11(2): 46–56.

[74] SMITH F, WOODS L. A distinction without a difference: exploring the boundary between goods and services in the world trade organization and the European union[J]. Yearbook of European law, 2005, 24(1): 463–510.

[75] SORGHO Z. RTAs' proliferation and trade-diversion effects: evidence of the

spaghetti bowl phenomenon[J]. The world economy, 2016, 39(2): 285-300.

[76] SOTTO L J, HYDAK C D. The EU-US privacy shield: a how-to guide[J]. Law360, 2016(2): 1-4.

[77] AARONSON S A. The digital trade imbalance and its implications for internet governance[J]. Social Science electronic publishing, 2016(25): 40.

[78] SYLVESTRE F J, MARCOUX J M. The US shaping of state-owned enterprise disciplines in the trans-pacific partnership[J]. Journal of international economic law, 2016, 19(2): 445-465.

[79] VITALE M. Control over personal data, privacy and administrative discretion in europe and the USA: the paradox of italian data protection authority[J]. The john marshall journal of computer and information law, 2013, 30(4): 721-755.

[80] WUNSCH-VINCENT S. The digital trade agenda of the US: parallel tracks of bilateral, regional and multilateral liberalization[J]. Aussenwirtschaft, 2003, 58(3): 327-330.

[81] WEBER R H. Digital trade and e-commerce: challenges and opportunities of the asia-pacific regionalism[J]. Asian journal of WTO & international health law and policy, 2015, 10(2): 321-347.

[82] WEBER R H. Digital trade in WTO-law taking stock and looking ahead[J]. Asian journal of WTO & international health law and policy, 2010, 5(1): 1-24.

[83] WIENER J B, ALEMANNO A. The future of international regulatory cooperation: TTIP as a learning process toward a global policy laboratory[J]. Law & contemporary problerns, 2015, 78(4): 103-136.

[84] WUNSCH-VINCENT S. The internet, cross-border trade in services, and the GATS: lessons from US-gambling[J]. World trade review, 2006, 5(3): 319-355.

[85] WUNSCH-VINCENT S . The digital trade agenda of the U.S.: parallel tracks of bilateral, regional and multilateral liberalization[J]. Aussenwirtschaft, 2003, 58(1): 7-46.

[86] WUNSCH-VINCENT S. The internet, cross-border trade in services, and the GATS: lessons from US-hambling[J]. World trade review, 2006, 5(3): 319-355.

（三）会议类

[1] ACHARYA R. WTO procedures to monitor RTAs[C]//Proceedings of the ASIL Annual Meeting. Cambridge: cambridge University Press, 2017.

[2] BURRI M. The global digital divide as impeded[C]//Trade Governance in the Digital Age: World Trade Forum. Cambridge: cambridge University Press, 2012.

[3] DRAKE W J. Background paper for the workshop on data localization and barriers to transborder data flows[C]. Davos: The World Economic Forum, 2016.

[4] GAO H. Googling for the trade-human rights nexus in china: can the WTO help? [C]//Trade Governance in the Digital Age: World Trade Forum. Cambridge: Cambridge University Press, 2012.

[5] GAO H. The regulation of digital trade in the TPP: trade rules for the digital age[C]//International Conference on Optimization and Decision Science. Singapore: Springer, 2017.

[6] GERVAIS D. Country clubs, empiricism, blogs and innovation: the future of international intellectual property[C]//Trade Governance in the Digital Age: World Trade Forum. Cambridge: cambridge University Press, 2012.

[7] LOEBBECKE C. Electronic trading in on-line delivered content[C]//Proceedings of the 32nd Annual Hawaii International Conference on Systems Sciences.Commonwealth of Massachusetts: IEEE, 1999: 10.

[8] MELTZER J P. Maximizing the Opportunities of the internet for international trade[C].Davos: ICTSD and World Economic Forum, 2016.

[9] WUNSCH-VINCENT S, HOLD A. Towards coherent rules for digital trade: building on efforts in multilateral versus preferential trade negotiations[C]//Trade Governance in the Digital Age: world Trade Forum. New York: Cambridge University Press, 2012.

（四）研究报告类

[1] AHEARN R J. Europes preferential trade agreements: status, content and implications[R]. Washington, D.C.: Congressiona Research Service, 2010.

[2] BUGHIN J. Digital europe: pushing the frontier, capturing the benefits[R]. Washington, D.C.: Mckinsey Global Institute, 2016.

[3] European Commission. Report of the 21st TISA negotiation round[R]. Connecticut: Nov, 2016.

[4] European Commission.Executive office of the president of the unite states& european commission[R]. Washington, D.C.: U.S.-EU Joint Report on TTIP Progress to Date, 2017.

[5] HAHN M, SAUVE P. Research for the cult committee culture and education in CETA [R]. Brussels: European Parliament, 2016.

[6] SCHOTT J, CATHLEEN C. Assessing the trans pacific partnership volume 2: innovations intrading rules[R].Washington, D.C.: Peterson Institute for International Economics, 2016.

[7] LEE-MAKIYAMA H. Future-proofing world trade in technology: turning the WTO IT Agreement (ITA) into the International Digital Economy Agreement (IDEA)[R]. Brussels: ECIPE Working Paper, 2011.

[8] WUNSCH-VINCENT S. WTO, e-commerce, and information technologies from the uruguay round through the doha development agenda[R]. Genève: UNICT Task Force, 2005.

[9] VINCENT S W, HOLD A. Towards coherent rules for digital trade: building on efforts in multilateral versus preferential trade negotiations[R]. Swiss: Swiss National Centre of Competence in Research Working Paper, 2011.

[10] VAN DER MAREL E. Disentangling the Flows of Data: Inside or Outside the Multinational Company? [R]. Brussels: ECIPE Occasional Paper, 2015.

（五）网址类

[1] Asia-pacific economic cooperation. apec privacy framework [EB/OL]. (2005-12-05) [2019-12-21]. https: //www.apec.org/Publications/2005/12/.

[2] Comprehensive and progressive agreement for trans-pacific partnership (CPTPP)[EB/OL]. (2018-02-21) [2019-12-22]. https: //www.international. gc.ca/trade-commerce/trade-agreements-accords-commerciaux/agr-acc/ cptpp-ptpgp/text-texte/cptpp-ptpgp.aspx?lang=eng.

[3] CROSBY D. Analysis of data localization measures under WTO services trade rules and commitments[Z/OL].(2016−12−24)[2019−12−15]. http: // e15initiative.org/publications/analysis−of−data−localization −measures− under−wto− services−trade−rules−and−commitments/.

[4] European Comm'N. Transatlantic trade and investment partnership: trade in services, investment and e−commerce [EB/OL].(2012−05−11)[2019−12−22]. http: //trade.ec.europa.eu/ doclib/docs/2015/July/tradoc_153669.Pdf.

[5] European Comm'N.Eu−japan economic partnership agreement[EB/OL]. (2016− 11−09)[2019−09−25]. http: //ec.europa.eu/trade/policy/in−focus/eu−japan− economic−partnershipagreement/.

[6] Internetlivestat. Internet users in the world [EB/OL]. (2019−01−07) [2019−12−12]. https: //internetlivestat.com/statistics/?ty=internet−users−by−country.

[7] KRAJEWSKI M, KYNAST B. Impact of the transatlantic trade and investment partnership (TTIP) on the legal framework for public services in europe[J/ OL].SSRN Electronic Journal, 2015(3): 2−7[2019−12−14]. https: //papers. ssrn.com/sol3/papers.cfm?abstract_id=2576079.

[8] MANYIKA J. Big data: the next frontier for innovation, competition, and productivity[EB/OL]. (2011−10−31)[2019−12−22]. http: //www. docin.com/ p−280290032.html.

[9] MELTZER J. Supporting the internet as a platform for international trade: opportunities for small and medium−sized enterprises and developing countries[J/OL]. SSRN Electronic Journal,2014(3): 180−235 (2014−12−24) [2019−11−25]. http: //dx.doi.org/10.2139/ssrn.2400578.

[10] Paypal cross border shopping report 2018[R/OL].(2015−11−10)[2019−12−12]. https: //tamebay.com/2018/08/paypal−cross−border−shopping−report−2018.html.